CUENTO DEL PERRO BAILARÍN

Literatura de Hemoficción

Por

JUAN TRIGOS

ISBN: 1-4140-1639-5 (libro en rústica)
ISBN: 1-4140-1638-7 (sobrecubierta)

Este libro se imprimida en papel libre de ácidos.

1stBooks – rev. 11/07/03

Para mis hijas:
María Guadalupe y Mercedes

TABLE OF CONTENTS

El perro bailarín cree en el Eterno Retorno, teoría que asegura que los hombres repetimos la vida del nacimiento a la muerte de manera infinita. **He aquí su historia** (mi vida comienza en el nacimiento, día fatal, mi madre pudo haber sido aprehendida y llevada a la cárcel por cargar en su bolsa marihuana).

Diálogos entre Silvino y el Reloj.
Silvino:
Misma hora, tictac. Acabo de ser parido. Mis berridos aturden. Antes de esta misma hora me encuentro en la panza de mi madre y antes en el cementerio, antes fui puesto en la caja, y antes me pegué un balazo y antes conocí a la vieja de los tamales y antes...
Reloj:
Haz muerto y vuelto a nacer infinidad de veces en el mismo lugar, ¿a quién le importa? Estoy harto de pensar en el tiempo, es un drama.
Silvino:
Los relojes no piensan, marcan lo que siempre han marcado, estúpidamente.
Reloj:
He sido el mismo imbécil en cada una de tus existencias. El tiempo es redondo, espiral, simultáneo, secuencial, intermitente.
Silvino:
¿Debo comenzar mis memorias por el nacimiento o da lo mismo?
Reloj:
Es igual, el tiempo es el tiempo hacia atrás y hacia delante.
Silvino:
Entonces este libro podrá leerse de principio a fin, de fin a principio, del centro hacia atrás y luego hacia el final o comenzando por cualquier capítulo que plazca al lector.

I

HOSPITAL.

Entro de nuevo a la **rueda del tiempo**, sinfín por el que transita la conciencia en resbaladilla, mi madre ha dejado de pujar y piensa en fumarse un carrujo de mota, su premio, ha dado a luz y se siente no satisfecha sino aliviada, porque pronto tornará a sus dominios solitarios en casa, el doctor me nalguea y yo chillo cual trompeta, abriendo el hocico a pesar del temor de tragarme una mosca, fuchi.

Natalidad.
Nacimiento mecánico de perfiles exactos, berridos y nalgadas, suspiros de mi madre por la droga que extraña, ser perverso que en verdad la acompaña porque la marihuana entra en forma de humo y abraza las entrañas.
Maldita sea, irrumpo una tarde del mes de febrero (fecha viva de florecimiento marcada en el calendario místico de Dios, tautología biológica de ritmos expansivos y dolorosos), sólo para arrastrar las patas, por enésima vez, en las flatulentas entrañas de México, donde mal se digieren culpas de un pasado inexistente pero al parecer vergonzoso.

Silvino:
De niño me producía ronchas, sarna, el color de mi raza (soy indio), aunque detestaba la blancura lechosa y racista y el idioma carcomido que se habla en la colonia donde nazco, el que mis antepasados hayan sido antropófagos, perdedores, pederastas.

1

Rueda del tiempo.
En vez de Uróboros (dragón, serpiente que representa el eterno retorno), imaginad un perro –yo– mordiéndose la cola con rabia.

Silvino habla con el Reloj.
Reloj:
A veces imagino lo que sería padecer agruras, tiempo ácido. Tiempo amargo.
Silvino:
Propio para arrojarse bajo las ruedas del tren. Lloramos la muerte de mi hermana Farina.

CULPA.
La culpa no debiera nacer conmigo, sino llegar a mí en el momento oportuno, cuando tenga razón de ser, cuando no haga que el absurdo colme desde el principio mi presencia inocente, ¿lo soy?, quizá, porque no he aprendido a hablar, porque mis imaginerías de bebé emergen tétrica pero autónomamente, con melancolía propia de panteón.
Pienso: **la culpa** es un chicle interno que mi espíritu mastica y remastica en busca de expiación, perdón.
¿Es posible que haya sido una criatura depravada desde recién nacido? Bebés infames nomás en películas de horror, hijos del diablo con ojos rojos, pero comí del árbol prohibido, qué duda cabe, porque la angustia es mi hermana, sangre y nervios, desde el comienzo la respiro, la lloro, sintiendo las manos del doctor y de la enfermera, ¿por qué me obligan a vivir?, en cuanto crezca me volaré la tapa de los sesos.

POCO ANTES, EN MI TUMBA.
Poco antes de lanzar mis primeros berridos la panza de mi madre me cobijaba y, poco antes, la tierra, donde estuve recostado y me convertí en esqueleto amarillo luego de largo proceso de putrefacción (la pata trasera izquierda de mi

esqueletín, pelona, esconde su violenta inferioridad en la caja, los gusanos se han ido reptando en satisfacciones gastronómicas. Los gusanos han comido y se han reído de mi estupidez).

Pláticas de Silvino con el Reloj.

Reloj:
Levántate, Silvi, estás desperdiciando en borracheras el tiempo de Dios. ¿Qué no quieres ser bailarín?
Silvino:
Dios, autor del engaño.
Reloj:
¿Te refieres al de mi madre o hablas más ampliamente?
Silvino:
Soñé... sueño con ser bailarín.
Reloj: ¿Y por qué no relojero? De ese modo estarías hurgando a diario las entrañas del tiempo.

YO SOY.
Silvino:
El bebé que chilla en la sala de expulsión (yo), ESE, ya fue un bailarín frustrado, ya fue un suicida, porque
"Yo soy, yo he sido, **yo seré el mismo siempre**, desde el punto de vista del Eterno Retorno, doctrina que rige y configura esta narración, mi precaria biografía: Cien mil millones de presentes arrancan en perfecta simultaneidad apenas soy arrojado, obligándome a contar la historia a saltos, de la sala de labor al cortejo fúnebre, de la infancia a la vejez y de la adolescencia al nacimiento y a la muerte, según la conciencia -hilo conductor- ilumine este o aquél instante sin lógica o coherencia, salvo por la sensación de ser redondo, ser unido, sinnúmero de personas en cadena que se dicen "yo", yo soy yo, yo fui yo, yo seré yo, yo me llamo Silvino, yo seré bailarín, yo ya no soy bailarín sino un borracho, **quieren hablar las bocas** de todos mis cuerpos al

unísono, voy de un momento a otro, grillo loco, del principio al fin, de la mitad hacia atrás y viceversa, recorriendo una solidez incomprensible, precisamente la forma o modelo tetradimensional de mi cuerpo (s) en el Eterno Retorno, donde mi existencia (alma) pasa y vuelve a suceder como un tren que transitara sobre determinadas vías y caminos hasta el cansancio: **Mismos amigos y vecinos**, misma mamá, mismas fantasías, giros en la infortuna una y otra vez, ignorante, deprimido, suicida: retrato del que brinca (yo) inútilmente para alcanzar las estrellas azuzado por la ambición pendeja de mi tío, rostro del que insiste (yo) en cometer idénticas faltas (tren bufando, tren bufón recorriendo las venas de un organismo inmóvil inventado por Dios).

Reloj:
Tictac, los trenes van y vienen, suben y bajan durante el día que será y el día que transcurre y el día que fue, bufando locamente, como corresponde a su personalidad.

Silvino dialoga con Dios.
Dios:
A imagen y semejanza te hacemos, Silvi.
Silvino:
¿Tú bebes, Señor?
Dios:
Bebe el diablo, por eso inspiró tan espeluznantes asesinatos en la Casa de Piedra.
Silvino:
¿El diablo interviene en el tiempo?, ¿lo modifica?
Dios:
Se las ingenia para meter su cuchara. ¿De quién crees que sale la concepción del Eterno Retorno.

REFLEXION FRENTE AL ESPEJO, CON UNA CUBA Y UN CIGARRO, EN OTRO CORTE DEL TIEMPO.

SILVINO, explicándose a sí mismo la teoría del Eterno Retorno:
Dios modeló en el cielo el destino que yo recorro, con instrumentos o magia que abomino. El tren es mi alma y el organismo sobre el que rueda -las vías-, el destino, es decir, la forma, la forma es el destino, lo inconmovible, el karma o papel donde la Divinidad ha escrito cada letra de mi círculo (imagino un lápiz luminoso y neurótico que pone puntos y comas, que indica mis cantineadas briagas y mis sentimientos depresivos).

El alma es vida.
Mi alma anima los sentidos porque es vida y entonces el aire, ejemplo, supuestamente, me toca, entonces, gracias a mi alma que es vida veo el cielo, siento amor, palpo y como. Parece que el tiempo corre linealmente, pero no es así desde la perspectiva del Eterno Retorno, en el cual sólo la conciencia o luz espiritual está dotada de movimiento.

CASA DE PIEDRA.

Llenaré mi infancia de jícamas con chile. Iré siempre a desayunar locura **en la casa de piedra:**
SILVINO:
Entro, huelo, *percibo la presencia del animal que muerde aquí, dragón, llenó el corazón de los malos sirviendo maldad espesa y burbujeante, ellos ya eran malos, pero los hizo más inyectando substancias oscuras y sutiles, los volvió capaces de rebasarse a sí mismos, estoy en la sala, aquí en la sala, AQUI, pisando huellas del pasado, las paredes se inflan, expiran, podrían hablar si yo les diera un poco más de tiempo. ¿Qué dirían? Cuentan en silencio los crímenes de Chorrillo y su pandilla.*

Crímenes.

Las paredes tienen que hablar, pero más bien vomitan lo que las indigesta, lo que vieron aquí, la sustancia negra que produce acidez en sus panzas de ladrillo, que produce basca contagiosa, deseo gritar como gritaron las víctimas. **Ocurrieron la noche que nací**, que nazco, que naceré, en el inmueble pegado al hospital descolorido que escogió mi madre para parir (dicen los que miran desde lejos, que la casa arroja buches salivosos con sangre por las ventanas rotas y que las puertas rechinan en tono de lamento luctuoso). Más tarde, a causa del horror, ambos edificios serán abandonados y yo los convertiré en talleres para mis experimentos de tortura.

Reloj:
Tiempo de presentar a Modesto, sacerdote de la religión de la sangre.

-Silvino -dirá en mi futuro Modesto, pieza de ajedrez tallada por Dios en marfil celeste, la mueve para influir en mi entorno-, deberías modificar el tono emocional con que naciste, te hace daño, es como una indigestión chica carcomiendo, muerde con dientes ínfimos tu hígado, amigo, es causa de agruras y diarreas.

-¿Tono emocional?

-Tu diapasón, Silvi, vibras en un tono lastimero, hazte de cuenta que te siguen tus lloronas.

-Tengo mis razones, el diablo metió la cola en mi nacimiento, las lloronas me siguen porque saben que moriré, van tras mis pasos fúnebres, me paro aquí y estoy a la orilla del sepulcro, lo más sano en esta vida es quitarse de ella, supresión, lo sé desde antes de entrar a la panza de mi madre, desde que mi padre, borracho, lanzó la semilla fecunda y delirante. En la familia debe haber un loco que nos influye desde la oscuridad. ¿Crees que Dios nos mira desde el manicomio, es decir, desde el paraíso?

VISTA DEL MANICOMIO DONDE VIVIERON NUESTROS PRIMEROS PADRES ADAN Y EVA. CASA DE LA RISA, INVADIDA DE ESPEJOS Y HUMEDADES, SELVA TUPIDA DE MARIHUANA.

REPITO:

-¿Crees que Dios nos mira desde el manicomio, es decir, desde el paraíso?

-Claro que no -afirma el imbécil de Modesto, riendo como el clásico pendejo que se siente superior porque ha leído dos libros de esoteria, su risa cascabelea, es risa de matón paranoico-, eso crees, Silvi, eso te hace creer tu propio karma que te pinta, falsamente, como víctima, como suicida, como asesino, como borracho, como primo hermano de la esquizofrenia, porque tu, que yo sepa, no has matado ni has salido forzadamente del mundo con la navaja de rasurar ni con pastillas ni pistola, al menos todavía. Tu hablas de morir, pero... Dices que Dios pegó un hoyo sepulcral en tu personalidad, pero... Puedes llenar el hoyo si dejas de insistir en ser campeón. Yo adivino en ti la cualidad de la sombra, siendo gris, negro, nada, tu vida transcurriría llena de impresiones sobrenaturales. A ti te sale sobrando la fama, el alcohol y la mota. Aún hay tiempo para que modifiques la letra divina.

-Hablas de karma como si se tratara de una simple sandía, grandísimo ignorante; hablas de destino como si cupiera la idea en tu cabeza de mierda, tal vez tú eres el loco que sale de la oscuridad, acompañas a Dios en los pasillos del paraíso. ¿Chorrillo marcó mi nacimiento con sangre porque Dios quiere que asesine o que me suicide, dices? Concepción diabólica, más bien. Pienso en la sandía dizque budistamente y la veo creciendo, evolucionando, pronto se convertirá en insecto y luego en perro y más tarde en homicida que pinta leyendas con sangre en las paredes de la casa de piedra, bien, ¿es así la cosa? No, tú hablas dizque cristianamente de Eterno Retorno y no de reencarnación, es decir, la sandía es la misma, la que siempre me como en aquel momento determinado. No cambia el peso de la sandía, no cambia el sabor ni el número de semillas, el crimen se repite hasta la saciedad de modo idéntico, como Dios lo dispuso, ¿dices? Concepción diabólica, más bien. La soledad y el encierro en tu iglesia te están afectando, Modesto, comes un solo platillo, bistec con papas, te pones la misma ropa negra, rezas la misma oración. Tal vez estás creyendo ya que al cielo se entra por tu iglesia, que en la mente y el cosmos anidan hoyos negros y biliosos, escapes rojos.

-Es verdad, alimento calculado, tienes razón en cuanto a la sandía, Silvino, eres inteligente, no lo había pensado, pero sí, mi vida consume la misma cantidad de alimento en cada vuelta, como las fuentes. El sistema de las fuentes ilustra bien la idea del Eterno Retorno.

-El agua, misma cantidad, relativamente nunca se consume, las fuentes arrojan chorros por las mismas bocas eternamente, como yo. Tantas vueltas das en tu propia iglesia-habitación, Modesto, que haz inventado la eterna repetición, los dientes de ese perro mascan la pulga de ayer. Sacas -la teoría- de tus paseos y meditaciones puñeteras. Te imagino yendo del altar a la puerta, de la puerta a tu cuarto y a la sacristía, solo siempre, hablando solo, reiterando. ¿Eterno Retorno? En ese caso, Chorrillo descuartizará siempre a la misma familia, regadero en la casa de piedra, escaleras, cortinas, baños atascados que vomitan cosas inenarrables.

-Precisamente así es, Silvi, yo soy como la sandía, cargo idéntico número de kilos en mi cuerpo rojo y jugoso, surgen en mí, en los momentos precisos, los mismos pensamientos y emociones como semillas poderosas, soy lo que Dios ha inventado, ni más ni menos lo que Dios escribió desde el comienzo de los tiempos sobre mí, profecía, sí, meditación, sí, predisposición a lo místico, sí, aislamiento, sí. Mis paseos en la iglesia han hecho surco porque no son de ahora, ni el polvo de los santos es de ahora, ni la sangre que chupamos hincados ahí mis adeptos y yo, sangre húmeda, inteligente, yo soy Modesto, he sido siempre el mismo, misma sandía paseadora que se punza y bebe en nombre de Jesucristo, la sangre es lucidez divina que llena la fuente de mi iglesia, aqua viva, la que transforma en el horno alquímico, la que mata las intenciones perversas y me hace abstinente.

-Repito antojos y vómitos, como y me abstengo según el programa de Dios, que incluye los ojos saltados de las criaturas en la casa de piedra, sadismo trascendente, hasta las alturas asciende como ofrenda la peste que no pudieron soportar los policías del virrey cuando abrieron la casa y hallaron, desde la entrada, un ojo saltado cual aceituna. Ojo descolocado. Fuera de lugar. Ojo más acá de la cabeza o más allá de los sesos. Canica con la que jugaron sus verdugos. Ojo negro. Parecido al ojo de Dios. Parecido al ojo de la paranoia. El ojo salta sobre tu espalda, se posa en la nuca. No tiene boca el ojo pero suelta aliento de ojo muerto, aliento de comedor de pus. Los policías vieron el ojo y temblaron, por fuera y por dentro les quedó el temblor. El ojo que vieron y el ojo que los vio formó una relación nueva entre el mal y el bien, entre policías y ladrones, entre policías y criminales, en general, porque el ojo tenía visos psiquiátricos no vistos con tanta agobiante realidad hasta antes de ese momento exacto. ¿Es la ofrenda de Caín o la de Abel la que sublima a Dios? ¿Dios carece de nariz, dices? Dios no huele, no olió el aliento del ojo. Pero escuchó los chasquidos producidos por los zapatos sobre los charcos de sangre y los gritos suplicando piedad. Dios escuchó y no hizo nada. Absolutamente nada. Permaneció inmóvil en su tetradimensionalidad. Permaneció indiferentemente asustado de su propia crueldad. Los alguaciles del virrey pisaron el crimen y lo sintieron pegajoso, lo es, crimen proselitista, uno de ellos perdió el zapato y se manchó el calcetín. Luego de esa mancha comprendí, Modesto, imposible continuar pisando la tierra que ellos mancillaron, el diablo se cagó en Dios, ¿comprendes?, el diablo cagó mi nacimiento, diarrea roja, diarrea de ojos sacados, aceitunas rojas, obsesiones suicidas en mi cerebro mirante, mirador. ¿Mi deseo de quitarme de en medio a causa de la incomprensión de los demás, de las guerras, torturas y asesinatos, ha sido dominante en mí desde la primera vuelta, dices?

-Lo dicho. Ni más ni menos. Protestar con el suicidio ha sido nota perno en ti, tratas de salir por la ventana, huyes quizá, porque algo de ese crimen rebota en tu sangre, porque algo de esa crueldad habla tu idioma. El ojo que miras es tu espejo. ¿Qué ves profundamente? Reflejos de ti mismo, Silvi, reflejos de la inmensidad, reflejos de una inteligencia superior que mira desde las estrellas, que mandó a su hijo para redimirnos. Las fuentes pierden agua, a la larga: evaporación, cierto desperdicio a causa del viento. Nosotros, a la larga, perdemos energía, ¿comprendes?

-Por supuesto, la pérdida de agua en el sistema relativamente infinito implica muerte, a la larga, si no es que el sadismo clásico de Dios (¿Diablo?) vuelve a regar mi círculo vicioso. Pero una concepción así, Modesto, es más propia del diablo, del Demiurgo satánico, de tu chingada mente enferma volando como mariposa.

-Algunas sectas antiguas adoraron al diablo creyendo que él inventó el Eterno Retorno.

-Me parece que tú eres miembro de esa secta, amigo, me parece que abajo de tu conciencia aturdida se carcajea Satán, el ángel rebelde. Sale sobrando Cristo y los santos en tu iglesia, ahora entiendo por qué te corrieron tus padres, por qué no asisten a tus misas, por qué ni siquiera te saludan.

-Nada de eso, Silvi, las sectas a que me refiero veían la cuestión desde un ángulo semejante al tuyo, diapasón emocional tendiente a lo depresivo. Las sectas a las que me refiero tenían feligreses como tú. Las repeticiones pueden ser hermosas, pregunta a una pareja de enamorados.

-¿Te refieres a Farina, mi hermana, y a ti?

-No solamente. Romeo y Julieta, juventud en el parque y en el cine.

-Debes saber que repruebo tu noviazgo con ella, mi hermana es demasiado para un miserable que se cree santo y que piensa que Dios escribió los horrores de Chorrillo sobre mi nacimiento. Impediré que la lleves al encierro de tu iglesia, Farina tiende a caminar en el mismo sentido que tú, vino arrastrando pesadumbres.

-Es cierto, Farina es demasiado, empezando porque es mucho más joven, pero no dejo de amarla menos por eso. Lo que a ti te parece horror ...

-Desde que te conoce se ha vuelto retorcida, sufre, las ideas se sublevan en su interior, piensa en demonios, caben ángeles en su mundo redondo, girador, cree en un Dios salvaje, repudia el trato social, el horror...

-Yo la hago sufrir, sufre por culpa de tu madre y por ti, Silvino, acepta tu parte. Los tres la fastidiamos, el roce social enciende su timidez, ella quiere pasar desapercibida, atender a sus hijos en un buen ambiente. Tu tío Dominico la envenena, la envenenó.

-Entonces, sería sano para ella cortar con familia y novio, ¿llamas buen ambiente las cuatro paredes de una iglesia, maldito loco?

-No voy a negar esa verdad, quizá Farina debía viajar, dejarnos solos, huir, el horror...

-Si fueras cristiano, entendiendo y asumiendo esa verdad, tú te alejarías de ella, deseando el bien del ser querido. Si fueras cristiano cerrarías la iglesia donde hablas solo.

-Yo la amo, Silvi, tengo las tripas pegadas a las de ella, de hecho no acabo de digerirla, de hecho me duele en el estómago, de hecho tendría que hablar sola por lo menos un año para sacarse la influencia maligna de tu tío.

-Amor destructivo no es amor, Modesto, tú estás loco, predicas doctrinas demoníacas, haces que la gente se salga de trabajar para oír tus boberías, hablar sola...

-Bien, entonces la amo apasionadamente, es decir, endemoniadamente, como un solitario que no sale al exterior porque siente que éste está contaminado, me he hundido en mi iglesia como tú en el alcohol, como otros huyen al campo o se hacen monjes o magos, padezco mis desconexiones con valentía, ligarme a la realidad sería perder el don de profecía.

-Tú no importas, por mí puedes morirte ahora, ver a San Francisco con cara de mosca, de todos modos la locura que cultivas en la iglesia crecerá, los santos y Jesucristo se harán fantasmas altos, arbustos hambrientos, te comerán, sé que ya comienzan a sonar en tus sueños, sé que Jesucristo y la virgen han detenido la entrada del diablo, pero …

-Es que ella me ama a mí de manera apasionada también. Hemos convenido en dejarnos multitud de veces. Es inútil, nuestra unión es tripa, te digo, liga como el hígado o cualquier otra víscera. Seremos felices en mi iglesia.

-Temo que alguien la incendie.

-De no ser tú, Silvi …

-Lo haré, si prometes permanecer entre las llamas, lo haré si no dejas a Farina, el horror …

Reloj:
Me pregunto, ¿que clase de retraso es un retraso premeditado? Son las seis y dos, pero en realidad el tiempo correcto: seis con cinco, tictac. Me pregunto, ¿puede realmente descomponerse mi maquinaria? Dicen que Dios creó seres dentro de seres y tiempos dentro de tiempos. ¿Cómo coordina Dios el movimiento de infinito número de seres dentro de infinito número de seres?

ETERNO RETORNO.

El tiempo (predestinación) es y ha sido para mí duración idéntica que toca, comparte, abarca, parcialmente, el tiempo del grupo al que pertenezco, me refiero a familia, compañeros de escuela, fritangueras, cácaros, policías, merengueros, vecinos, virreyes, oidores, rateros… del nacimiento al morir, suma de gestos del policía devorando una gordita, suma de actos de mi padre y madre, suma de placeres.

El mismo grupo de seres me recibe y despide, adiós Silvino, moriste otra vez, la banda tocó en tu entierro la marcha Zacatecas, hola, pequeñito, ya tu madre volvió a traerte al mundo con la misma pata que te aprieta.

El tiempo (predestinaciones) es parte del ser enorme que contiene a nuestro grupo, del infinito número de personas contenedoras de grupos, del infinito de universos; el tiempo (personal y colectivamente) no es duración sino energía que da la impresión de secuencia.

El alma (tren) de cada uno de nosotros, junta, compone el alma del ser contenedor, hecho de millones de pequeños destinos inamovibles.

Reloj:
Yo no soy un reloj sino infinidad, pronunciando tictac en perpetua reiteración.

Silvino:
Somos células de otro organismo, somos seres dentro de otro ser.

Con Modesto, en otro corte de tiempo.
-Tú cuerpo no crece, Silvino -dirá Modesto, novio fatídico de mi hermana Farina, sacerdote principal de la religión de la sangre-, son muchos, legión, en la cuarta dimensión del universo. Tu cuerpo es como un planeta donde fueron sembradas impresiones y edades, accidentes y apetencias. Es sólido, carne y sangre, huesos, saliva, pudrición durante el lapso de muerte. Posees uno para cada estatura, uno para cada instante de placer, uno es el que comulga, uno el que guisa o corre, uno el que abre la boca en tal o cual desayuno, uno el que se hinca y se punza. A veces pienso en la Montaña Rusa como ejemplo, te lanzas o, más bien, tu conciencia se lanza al abismo circular de las vías, al abismo circular de cuerpos sanos y

enfermos... se avienta y existe intensamente a lo largo de la trayectoria, luego sobreviene una pausa y enseguida la repetición de la existencia en todo su esplendor. No hay manera de recular en la Montaña Rusa, Silvi, tenemos que reaccionar en pleno movimiento de conciencia. Punzarse y chupar la gotita de sangre es convertirse en salmón, amigo, remontar en dirección opuesta, reversivamente, de ahí que muy pocos sean capaces de ... Tus cuerpos del presente conviven con los cuerpos del presente de todos aquellos que respiramos contigo, todos aquellos que coincidimos en tu vivir, algunos vinimos antes y nos iremos primero y viceversa, estamos en el laberinto de la creación, convergencias y divergencias, somos células de otro organismo, seres dentro de otro ser cuyas iras nos afectan, su ignorancia, el ser grande tampoco se mueve, cree en el movimiento por la circulación violenta de la infinidad de almas que componen su conciencia macro, él también, a su vez, se lanza a la Montaña Rusa a recorrer con frenesí el infinito de cuerpos que forman su vida, me agrada más la palabra existencia. Cuando nos punzamos en corro, suspendemos la respiración, suspendemos el movimiento aparente en alguna zona de la conciencia del contenedor con objeto de que él perciba la inmovilidad, el suspenso que lo invita a pensar en la siguiente vuelta, en el engrane que nos ata. Dios, cristianamente, otorga a cada ser una medida precisa de tiempo, engranes de tiempo que engarzan unos con otros, mi tiempo con el tuyo, el tuyo con el de tu madre, el de tu madre con el de Bul, tu padre, ruedas y engranes en infinito número. Coincidimos con los mismos insectos, con las mismas mariposas, negras o blancas, llueve y vamos al cine el mismo número de veces, pronunciamos idénticos discursos porque todo está diseñado, porque estamos insertos en una feria espléndida, iluminada por millones de conciencias en coincidencia. Coincidencia, he ahí la clave del misterio. Mi amor por Farina coincide con tu envidia por ella. El éxito de Felisandro coincide con tu fracaso. Las borracheras de tu padre coinciden con las tuyas, Farina come pan blanco y fuma mota como tu mamá, Anilú, quien coincide en el amor por Bul con la teporocha. Cristo escoge siempre a los mismos apóstoles, la crucifixión se repite. Pedro y Juan son siempre Pedro y Juan, Dimas y Gestas, los ladrones crucificados con el Señor. Pedro niega tres veces, Barrabás es liberado en vez de Jesús, Pilato se lava las manos, la lanza romana atraviesa el costado del Señor, El resucita de entre los muertos al tercer día, habla con María Magdalena y con los discípulos, Tomás mete los dedos en las llagas de Cristo.

-Cambiando de tema, una pregunta enfriadora, ¿cuántas veces nos hemos conocido, Modesto, según tú?

-Muchas, infinitamente.

-Será por eso que estoy tan aburrido. Me cagan tus exaltaciones cristianas, me caga tu misticismo aparente, estoy cansado, me mataría de buena gana mañana en la mañana, un balazo en el paladar y los sesos vuelan de contento.

-Es verdad, cada vuelta en el tiempo acentúa la depresión.

-Yo dije aburrimiento, la cara de mi madre me lo produce, tu cara de predicador, la cara de briago de mi padre, la estupidez de mi hermana, enamorada de un orate, veo que te la llevarás a tu iglesia y la soltarás en los pasillos silenciosos, la soltarás en la soledad, eres capaz de largarte en el momento en que ella se pierda.

-Si no cambias tu tono emocional, Silvi, puedes ser substituido, cuando el agua de tu fuente se seque. Dios, cristianamente, otorga a cada ser un número finito de oportunidades, número finito de litros de agua en la fuente, con el fin de que adquieras conciencia, lucidez. Si el modelo se traba y persiste, crea un doble, un segundo Silvino que concibe una manera mejor de protestar por la injusticia y el crimen, algo más productivo que el suicidio. Yo soy mi propio doble, pienso, lo he palpado, por instantes, en la soledad de mi iglesia, en uno de aquellos pasillos. Mi otro yo, el doble anterior está condenado en el infierno, pero esta vez no voy a caer, voy a levantar las vías de mi camino fijo.

-Buena noticia, el cabrón de Dios lo tiene previsto todo, incluyendo mi aburrimiento, que no depresión. ¿Dios o el diablo? El agua de mi fuente se seca y entra otro en mi lugar con los mismos rasgos y litros de agua, pero con una teoría distinta sobre la inconsciencia, vaya, pegarse un tiro resulta un tanto soso, hay que aguantar. Relevo. Doble. Silvino nuevo resiste la tentación de darse en la madre con una pistola, ¿es así? Silvino nuevo comprende, desde cría, que no debía ser bailarín sino tendero, bibliotecario o cosa semejante, entonces, Dios ya está contento, pues ha determinado con letra sabia la mediocridad de Silvino. Bien, el nuevo, quizá, también se crea suicida, víctima, asesino. ¿Imaginas lo que pasaría si nos suicidáramos millones al mismo tiempo y por la misma causa? Que chinga para Dios. El ejemplo se complica, quiere decir que la teoría es falsa. ¿Por qué Dios habría de sustituirme?, ¿para que la oportunidad subsista, dices? Te veo la jeta, Modesto, y pienso en la trágica crueldad de los dioses griegos.

-Soy cristiano. Dios, Jesucristo, tiene prevista una salida para ti y para tus substitutos, para ti y para tu doble, para ti y para nosotros, me refiero al grupo, y para el ser que nos contiene. Si yo logro salir del círculo vicioso, el doble que está en el infierno puede retornar y seguir mis pasos. Apertura de conciencia, Silvi, a través de la religión de la sangre, podemos salvar a nuestros dobles del infierno, Dios es grande. De hecho, la salida es la misma, tarde o temprano se cumplirá lo previsto por Dios.

-Si no me salvo yo, lo hará mi doble, o el doble del doble. Suena fácil el remedio cuando ni la teoría entendemos.

-No lo es, no es fácil, al contrario.

-¿El ser grande que nos contiene sabe de nosotros?

-Inconscientemente sí, desde luego. Parcialmente sí, desde luego. Yo sé de su existencia, entonces, él sabe de mi existencia. Mis adeptos saben de su existencia y él …

-Pesamos en su conciencia.

-Sí, como átomos pequeños.

-Y, vamos a ver, dime, ¿cuántos de nosotros, según tú, formamos un ser grande, si puedes decirme?

-Multitud, millones y millones.

-Pendejo, me dan ganas de madrearte por inventor, por ignorante, por loco. Tú y yo terminaremos en el manicomio desplumando gallinas. Desgraciadamente Farina te cree, desgraciadamente ella saldrá madreada, ya lo verás, no dudo que se suicide antes que yo, no dudo que corra a tu iglesia y se encierre porque le regalaste un ramito de esperanza, vislumbre de otro mundo.

"El crecimiento es un mito, pues, según Modesto, en el ropero diseñado por Dios (demiurgo juguetón, absurdo) especialmente para mí, están todos mis trajes, zapatos, peines, sensaciones, ideas, golpes. Me miro al espejo y guiño. Ya lo he hecho mil veces. Entro a la escuela o a la iglesia del tío Dominico, repetición. Sé que conoceré a don Cuco, el abogado ebrio, a la Chispa y cuates de la palomilla **una y otra vez, vueltas del infinito,** con razón me inclino al homicidio, porque Dios es bueno y dementemente malo. ¿Dios o el chivo milenario? El mal es un pez negro en la propia sangre, pez ubicuo, conecta mi malvedad con la del vecino, hermandad demoníaca".

Reloj:

Aparición puntual de don Cuco, el abogado teporocho.

-Me apegué tanto al dinero, Silvi -comentará don Cuco **en el callejón de los borrachos** (tarde alumbrada, la cruda del abogado lo hace boquear como pez fuera del agua)-, que terminé en la ruina, solo me jodí, di de comer a la maldad que nada en mi sangre en vez de pescarla, engordé al tiburón, iba a la tienda y compraba chamarras y trajes, perfumes, algún modelo nuevo de reloj o encendedor, discos, libros. ¿Cuánto

17

debía?, pues mucho, ¿y qué? Dejé mis deudas para después, trágicamente necio; reté a mis acreedores, qué carajos, ¿por qué tenía que pagar?

Don Cuco apura dos tragos de ron, directamente de la botella. Luego continúa:

Algo turbio, emoción, idea, no sé, presionaba mis decisiones injustas, ¿contra quién?, pues contra mí mismo, Silvi, mi familia comenzó a odiarme, es decir, primero a temerme y luego a maldecir mi nombre, ¿y qué?, yo gozaba oyendo sus murmuraciones, me sentí como en la iglesia, llena de rezadores absurdos, mi familia le rezaba a Dios para que yo cambiara, porque al principio tenían esperanza, y luego le rezaban al diablo disfrazado de Dios para que me echara de la casa, para que me ocurriera un accidente fatal, había choques y caídas estrepitosas en los sueños familiares, división maniquea en bondades blancas y negras intenciones, ellos, hijos y esposa, agarraron cierto aire de delincuencia.

Vuelve a beber con ansia.

Decía luego en la cantina a mis compañeros ebrios, verán, esta tarde escuché a mi esposa decirme "pinche" en la cocina, ja, ja, más tarde "pinche" se convertirá en "cabrón", ja, ja… Habrá titulares en el diario rojo, "señora se arrojó por la ventana luego de cortarle la cabeza al marido, puso la cabeza en el closet durante ocho largas noches que pasó en vela, habló con la cabeza, reprochó, pidió al arcángel Gabriel que descendiera del cielo a recolocar la cabeza podrida sobre los hombros del marido borracho, pero el arcángel no bajó a ayudarla, entonces, desesperada, la señora cogió de los pelos la cabeza y se lanzó a volar.

El abogado ríe, mientras mueve las manos imitando el vuelo de un ave.

Llega la policía y dice, inteligentemente, como siempre, caramba, la señora se mató porque tenía dos cabezas, ja, ja… Al calor del pulque o de las chelas mis humoradas sonaban de perlas, yo era el amo del mundo, yo, el mejor de los abogados, yo, hombre de leyes, luchador, volvía a casa a las tres o cuatro de la madrugada, dormía dos o tres horas, me cepillaba la barba y regresaba temblando a trabajar. Cogí la costumbre de dormir siesta sobre mi sofá de cuero, olvidé los libros, se me iban las fechas de contestar demandas, ¿y qué?, yo era rico, famoso, comencé a salir con una perra de culo exquisito, mi esposa olía aquel perfume y se secaba los lagrimones, que se friegue, es fea, yo me merezco una dama mejor, tetas en su sitio, pero soy la madre de tus hijos, decía, el pecho se me cayó por darles de mamar, estoy ciega de tanto coser, te he acompañado, les reviso las tareas a los niños, veo que coman sanamente, carajo, valiente madre les ha tocado, ignorante, no hiciste carrera como yo, no ganas lo que yo, pobrecitos, ahora que crezcan serán igualitos a ti, hórridos lavadores de ropa, parásitos comedores de campechanas. Obviamente, **una noche encontré la puerta cerrada**, no me abrieron a pesar de las patadas y gritos, cabrones, soy el amo, ábranme, nada, hice costumbre de dormir en diversos hoteluchos hasta que terminé en este callejón, alegremente amargado, aquí en este mismo sitio me tumbé y al otro día amanecí encuerado y con picazón hasta en el fundillo por las almorranas prendidas, por la mierda comida, por el chile, **vi los tachos de basura**, vi a los otros borrachos tirados, basura y vomitadas, cáscaras de plátano y me dije, estoy entre hermanos.

Además de las paredes derruidas del callejón, ¿qué veo delante de mí ahora?, pues te diré, Silvi, me visita con frecuencia señora gorda y arrugada, ojos de canica, panza abierta con los intestinos de fuera, voz chillona, dice: *Cuco, vengo a abrazarte, vengo a cortarte la barriga con mi navaja*, no, le digo, abraza y corta a mi compañera que está más jodida que yo, y ella, la gorda, responde: es por ti por quien vengo, Cuco, vas a entregar el equipo, te sacaré las tripas y, en cuanto mueras, te llevaré volando a que veas por la ventana lo que ocurre en casa de tu familia, un instante, gracia de Dios, Cuco, tu mujer sigue sola, verás, en el fondo, verás, te sigue esperando, le dejaste un hueco hondo, verás, Dios te pedirá como castigo que lo llenes en el Purgatorio, verás que tus hijos también están vacíos, Cuco, tal vez se vayan por el hoyo de la botella y entonces, también tendrás que pagar por eso, justicia divina, Cuco, el que la hace la paga, tiene los ojos hinchados tu esposa, agarra tu retrato noche a noche y rememora lo que fuiste antes de la botella, habla sola, acaricia el aire y tu retrato.

La gorda apareció, Silvi, porque Dios quiere que me asome a la ventana y vea de frente los males que les hice a mi familia, ya entendió Dios que no la hago en esta tierra y me da la oportunidad de iniciar una vida de penitencia en la otra, penitente seré allá como en las épocas melancólicas del medioevo, conoceré quizá a San Francisco y llorará conmigo, bueno, acepto otra copa, ojalá que tú, amigo, viéndote en mi retrato, puedas remediar tus males ahora, porque afirma la gorda desnuda que la cosa no es simple allá donde me lleva, **el lugar de las ventanas**, tú te asomas y miras lo que hiciste aquí abajo, miras y pagas, ¿entiendes?, yo en las crudas me asomo y veo.

La gorda desnuda jura que son miles de ventanas transparentes las que tengo que mirar, en casa, en el despacho, en la calle, porque donde quiera abrí ventanas malas, Silvi, hasta en este callejón donde yo digo que me la paso de insignificante, qué va, aquí en las paredes he abierto ventanas que mi conciencia mirará en la dimensión de la gorda desnuda, ventanas por haberle robado a mi compañera tragos y dinero, ventanas por haber golpeado al nuevo que se acuesta **AQUÍ**, ventanas por engaño, violación, blasfemia, la iglesia está cerca y no voy, porque enseguida que traspaso el umbral y veo a los santos los cristales de las ventanas comienzan a calentar, se derriten las ventanas y me queman, Silvi, el líquido hirviente que mana de las ventanas baña mi cuerpo, lo he soñado, grito en sueños y me zambulló en esa agua caliente porque deseo transformación, bajaré al purgatorio, de hecho el purgatorio es agua de cristal hirviendo, Silvi.

Murió de frío.

Don Cuco seguirá temblando después de muerto en el basurero (temblores del morir y del nacer, círculo cerrado, su cadáver permanecerá en silencio, sin sufrimiento, durante el lapso de putrefacción, luego retornará a las coincidencias, entrará en el alcohol, se ligará con la misma perra en adulterio), yo lo extrañaré, perro fino, educado, murió de frío, dirá la Chela, su compañera teporocha, ya ni el alcohol lo calentaba por falta de su familia, ellos se lo acabaron cargando más que los tragos, Silvi, se le metían en los delirios y lo jodían de lo lindo, amanecía gritando y sudoroso, pidiendo que le pusiera su algodón mojado de ron en el ombligo: *hoy mi esposa estuvo tejiendo con el estambre de mis ojos, Chela,* decía Cuco, me cortó la lengua y la puso a hablar en la jaula junto a un loro viejo que se llama Romualdo, la lengua canta si mi esposa le da alcohol, canta y luego se seca, tanto se seca que se abre agrietada la lengua que ahora grita y blasfema en vez de cantar.

Por Don Cuco comprendí el destino de mi padre: Justicia del trago, los dos terminarían temblando en el basurero junto a sus amantes teporochas, diciendo que amaban a sus hijos mentirosamente.

La gorda desnuda abrirá ventanas de conciencia para que Bul se asome y diga, como don Cuco, vaya, qué de cosas tengo que reparar, no estuve con mi hijo Silvino ni el día que nació, no me opuse al noviazgo de Farina y Modesto, metí a mi esposa en la mota y en el pan blanco y yo me fui por el excusado".

REFLEXION FRENTE AL ESPEJO, CON UNA CUBA Y UN CIGARRO.

SILVINO:
El mana (tiempo) insufla vida a mi presente, al sinnúmero de presentes que integran mi existencia sólida en la tierra. Es luz negra

y luz blanca, raíz de las sensaciones, fuerza en la vista y en los miembros, en la lengua y el pensamiento: el tiempo o mana vivifica formas, envases, conexiones, porque comunica el aliento de dios que hace fluir la sangre en las venas, pero …

¿Dios existe? Dudo. El Eterno Retorno es un sinfín en la mente de Modesto. Túneles y oscuridades. ¿Dios existe? Creo que no. Tocaré, sin embargo, cristianismo en mi madre, lo oleré en el aliento alcohólico de Bul, mi padre, ambos se besaron con amor alguna vez, ambos desearon que naciera yo y después mi hermana al olvidar los anticonceptivos, ay, Bulito, no trajiste condón de la Farmacia, ¿y si me embarazas?, pues seremos padres otra vez, ¿no quieres una conejita que te acompañe en tus viajes de pan y mota?

Sentiré celos por el nacimiento de mi hermana Farina. Le diré a la ausencia de don Cuco en el callejón de los borrachos: mi hermana vino a incidir en mi deseo de suicidarme, no es justo que mi tío Dominico me lanzara de su lado por cobijarla a ella. Por favor, si estás vivo del otro lado, como padre mío adoptado, regresa y dime cómo debía entender un nacimiento que me minimiza. Ahora sigo los pasos de mis dos padres en la cantina. Bebo pulque y ron. La gorda desnuda me abordará en alguna esquina: Silvi, dice la gorda, tendremos que volver a bañarte en las ventanas de conciencia durante el lapso breve que separa la vida de la muerte, te gusta joder personas y animales, tienes guardado en tu nacimiento el retrato de Chorrillo y su palomilla de asesinos, porque crees que han influido en ti mágicamente.

II

ORGANISMOS DENTRO DE ORGANISMOS.

Con Modesto.
-Silvi, debemos acoplar nuestro albedrío con el albedrío del **ser grande que nos contiene como grupo**, acoplamiento de humildad, la conciencia del ser grande mandará cuando coincida con la voluntad divina, la del ser pequeño, yo, mi persona, regirá cuando refleje los designios de Dios, voluntad micro y voluntad macro, coincidiendo en dos dimensiones absolutamente diversas, pero religiosas, yo he estado a punto de hablar con ese ser, a punto de recibir retroalimentación, a punto de volverme loco, sí, lo admito -afirma Modesto con cierto aire de pesimismo, a veces bajan las pilas del mago y aparece la persona desilusionada y confundida- sólo así, coincidiendo, podremos modificar el destino colectivo, nuestro karma, ¿imaginas el trabajo que tenemos por delante?
-La verdad, no lo imagino, Modesto, me da güeva. Tu religión de la sangre es tan falsa como yo. No admitimos amigos que discrepen, somos excluyentes, estamos encerrados en una cáscara, capullo, la cáscara roza la carne viva, tendríamos que arrancarla. Don Cuco habló de ventanas de conciencia, pasa, de la gorda que se le aparecía en sus delirios, pasa, tú me hablas de sangre, punzarse las patas y chupar para alcanzar la redención, y yo, te digo, que eso no me pasa, creo que más allá de la lumbre que me anima está la nada, el vacío, la muerte completa y definitiva, no habrá resurrección de los muertos. Si mi mamá y Farina continúan comiendo pan blanco acabarán en el panteón. Mamá cree, cuando le entra lo espiritista, que regresará a conversar conmigo en una sesión. Hemos inventado a las ánimas del purgatorio, a los ángeles y espíritus danzantes.

-Deseas afirmar ateamente tu individualidad. Yo, por lo menos, haría la prueba, llamaría a la médium, pondría a funcionar la guija, bienvenidas almas y espíritus, mesas parlantes.

-El ser grande que nos contiene es una paparrucha, Modesto, acepto hablar de eso estando hasta la madre. Los muertos en los cementerio descansan en paz por falta de memoria, movimiento, entendimiento y demás. El alcohol pudre, la mota pudre, el pan blanco, las enfermedades, el tiempo.

-Ya comprendo, simplificando te justificas.

-¿Qué cosa justifico?

-Tienes miedo de estar equivocado. Tu mamá y Farina, luego de morir por el ataque o un atropellamiento, lo que sea, pueden volver, quizá, tocan sobre el ropero y te despiertan, hablan, quizá, cuestión de creencias, tú afirmas que el suicidio puede llevarte a la perdición eterna, crees, pero no es así, ya estás en la perdición eterna, cuñado.

-No me digas cuñado, animal.

-Puedo decirte como quieras, suicida, si te place.

-Me place, voy a morir el día que yo quiera, a la hora y de la manera que quiera. Los suicidas nos adelantamos a las convulsiones, no permitimos ser carcomidos por el cáncer, gobernamos el paso de la muerte, tenemos la llave de esa puerta, no consentimos el dolor de las enfermedades.

-Tal vez no, pero ¿no dudas a veces? De la nada y de lo que se adelanta al suicidio, el misterio, lo repentino, el sopapo.

-Ya no, dudaba, ahora sé que no hay nada más allá de la sensación de ser yo mismo.

-Silvi, puede que yo esté equivocado, es posible que sea, efectivamente, un imbécil, no es raro, pero piensa, somos poca cosa, ¿qué sabemos en realidad? Nada. Afirmar sobre el más allá es tan tonto como negar. Yo intuyo Eterno Retorno, don Cuco ventanas de conciencia y tú nada. Ni siquiera cuando demos el paso sabremos, misterio, porque el Eterno Retorno, si es, nos lanza de regreso en seguida, violencia del sin fin, la muerte total borra la conciencia, ¿estamos? Sólo la opción de don Cuco agrega conciencia del otro lado. Los espíritus que pagan saben que expían, albergan esperanza, el paraíso sonríe en su futuro.

-Don Cuco se sentía culpable, tenía necesidad de creer en el purgatorio, simplemente se lo cargó la fregada, dejó de sufrir.

-Cabe otra opción, Silvi, que existan diversas salidas en el más allá: Eterno Retorno, continuación y nada. Tan descabellada una teoría como la otra. Don Cuco, aceptando esta última posibilidad, está pagando en el purgatorio, yo volveré a ser el que soy y tú te irás a la nada.

-Puede ser, sí, ¿por qué no?

-No te irrites, ¿quieres participar en la continuidad?, pues entonces cree en el cristianismo de don Cuco completamente. Acepta el padecimiento trascendente.

-La nada no me disgusta, es la mejor opción, estéticamente hablando.

-¿Qué pero le pones a convertirte en pájaro?

-Vuelves a la reencarnación diz que budista.

-Estéticamente no está mal la reencarnación que admite cambio físico, ni la que piensa en perfección continua. Mi soledad me hace más drástico.

-Acabo de aburrirme otra vez, me largo, espero no verte en un mes. ¿Drástico? Dirás mamón, mamerto, desquiciado.

-Adiós, Silvi, espero volver a verte siempre, una y otra vez, en el Eterno Retorno. Espero que no pienses que Chorrillo es quien pone en tu cabeza la idea de suicidio.

-Chorrillo no vive en mí.

-¿Estás seguro?

Ínfulas de mi madre.
"Mamá cree, creerá haber acoplado su albedrío con el del ser que nos contiene, claro que sí, nomás es cosa de dejarse ir por los propios gustos, yo a ratos respiro hondo y me voy a una especie de silencio comprensivo en el que mi conciencia fluye

acoplada a una conciencia más enorme, yo antes decía o creía que esa conciencia enorme era la madre tierra o la naturaleza, ahora sé que estoy metida en otro ser, gracias a Modesto.

-En vez de andar pensando en astralidades, debías suspender el pan blanco, te dan ataques, puedes morir.

-Me falta voluntad, hijo.

¿Voluntad? ¿Es posible contrariar lo escrito? Viro a la izquierda por destino, voy a la derecha por lo escrito, comprendo lo que he de comprender, ¿albedrío?, ¿cuál?"

-Yo te parí libremente, Silvi, esa me la debes.

-Nadie me consultó.

-Dios no desea que las madres consultemos, por eso hace que los perros pequeñitos lleguen sin habla.

-Yo llego siempre mudo de coraje.

-Pobrecito, sí, eres muy brutito, hijo.

-¿Por qué me insultas?

-No es insulto, Silvi, sino descripción, te la pasas rascándole a las cosas, te la pasas buscando salir en las revistas, que tu nombre esté alumbrado en una marquesina, vaya, eso es tonto, el perseguir, digo, andar de seguidor, me refiero, es de idiotas, cualquier persona con el cerebro en su lugar sabe que los genios son genios.

-¿Y yo qué soy?

-Una persona más, Silvi, nada más, a mi hermano Dominico le encanta calentarte la cabeza, pero hasta él sabe que eres tan insignificante como tu padre o como yo.

-Menos inculto.

-Atorado entre la ignorancia y la cultura. Más culto, pero más idiota, por inadaptado.

CIRCULO MAGICO.

Asocio el instante en que mi aliento empaña el espejo, círculo mágico, nalgadas y berridos, corte de ombligo -no sé por qué-, con la imagen de Cortés fornicando con Malinche bajo el árbol de la noche triste, con Cuauhtémoc pies tatemados,

Netzahualcóyotl recitándole a la luna "sólo venimos a dormir", la vida es sueñoCalderón, Juárez diciendo "el respeto al derecho ajeno es la paz" y con mi madre rascándose la cabeza en señal de incomprensión: derecho igual a **poder,** corruptor de magistrados y leyes, pulpo sostenido con dinero, policías, ejército y compadrazgo, engendra insatisfacción y revoluciones.
-Si hubieras nacido dentro del círculo del poder, Silvi, yo te tomaría en cuenta, ya me hubiera vuelto de veras abusiva, te andaría pidiendo que me mandaras comida a diario, te andaría pidiendo coches con chofer pa mandarlos por el pan y las tortillas, te andaría pidiendo que me compraras abrigos y joyas, pero tú perteneces a la bola, hijo, así que tienes mi permiso de ser mediocre, empédate si eso te hace feliz, pero no por amargura. Dedícate a cualquier cosa que te de dinero, como la mayoría.
-La bola es mierda, en vez de luchar, conformismo.
-¿Luchar? El ejército del poder nos mataría. Silvi, olvida el arte, no sirves, la política no se te da, ¿por qué no compras un carrito de tamales?

FARINA, MI ESPEJO, CAUSA DE QUE MI TÍO ME ABANDONARA.

¿Por qué mi tío Dominico no me conservó en su casa?
Farina es la respuesta. El pinche cura me quiere lejos para que yo no oiga que repite los mismos consejos y enseñanzas, para que el fracaso me pertenezca por entero. Su recámara es amplia, cabía la cuna de Farina. El dijo que no, las hembras no duermen con machos aunque sean sacerdotes, yo rezo y leo hasta tarde, desvelaría a la criatura. Había sitio para los libreros y la mesa de trabajo en el cuarto de triques. El dijo que no, en ese cuarto la humedad carcome. De querer, habría tirado a la basura tanta cosa inservible. Mamá lo acusaba de haber vaciado el ropero de la abuela, a escondidas, aprovechando el duelo. Me corrió por mi defecto físico, por la esperanza que le despertó el nacimiento de mi hermana Farina,

ella sí persona de talento, Ani, déjame educarla -le ofrecería triunfos tangibles a los cuales aferrarse, ¿y yo?, nada, pero poco le duró el gusto, recuerdo el último papel de Farina **en el TEATRO HIDALGO**, monólogo, cena, calor, tiempo furioso, agrede, por la ventana abierta que mira hacia el prolongado jardín entran chillidos, necias luciérnagas iluminan la candente noche, ranas croan afirmando que en el trópico no cabe la palabra silencio pero sí la pequeñez que enfría los huesos (en este sentido, frustración de Dominico, me alegró la muerte de Farina, sombra en el pecho del cura, salitre, gotera):

Reloj:
Frente al espejo.
Silvino:
Reloj contra reloj.
Reloj:
Tiempos paralelos.
Silvino:
Coincidencia.
Reloj:
El reloj otro, Tictac, copia el exterior del modelo (yo).
Silvino:
Yo me copio a mí mismo.
Reloj:
Reloj real y reloj en imagen, sin tripas mecánicas.
Silvino:
Perro real y en imagen, sin vísceras.
Reloj:
Desgraciadamente, los relojes estamos impedidos para suicidarnos.
Silvino:
Silvino lo hará en tu nombre.
Reloj:

El mecanismo del reloj del espejo jamás se descompone, pero retrataría el tiempo detenido del modelo original descompuesto. Yo seré construido de nuevo, Tictac.

FUNCIÓN DE TEATRO. MONÓLOGO DE FARINA FRENTE AL ESPEJO, COMIENDO PAN BLANCO Y FUMANDO MOTA.

FARINA, dirigiéndose a sí misma:
Considérame un fantasma, por favor, imagen vaporosa, considérame de tu misma consistencia intocable, considérame cadáver que ha escupido el ser, escupitajo sutil, ya no hablo, duermo entumecidamente sobre mi féretro, moriremos de enfermedad o de suicidio, pero moriremos, **amiga del espejo**, ¿moriremos? –mi hermana clava la vista con intensidad en sus propios ojos. A continuación enciende un cigarro de marihuana aspira y devora un bolillo.
Yo me voy, tú te quedas, pastillas o leucemia, seguramente un ataque por excedernos en el pan y la mota: Caigo-caemos entre espasmos epilépticos, arrojando espuma, el techo de mi recámara se abre y entra volando el arcángel Gabriel, luz cegadora, viento espiritual, cierto frío en la espalda, cierto calor en la vagina, sé que moriré después de las convulsiones, sé que tú tomarás mi lugar, gemela, saldrás del espejo, de mi pecho, de mi alma, produciendo un ligero chirrido, libre ya, te colocarás encima de mí como reflejo, repetirás lo que yo digo tirada en el suelo, incoherencias altas y bajas, copiarás los movimientos de mi boca y cejas y brazos arrebatados antes del perecimiento, pero tú no morirás, estás por encima de mí misma, es perfecta la gemela que me verá durante el ataque eterno.
Farina canturrea y mece el cuerpo de manera hipnótica, siempre mirándose con intensidad en el espejo.
Pido al cielo que me de oportunidad de despedirme de mi madre, **espejo de mi espejo**, ella come y yo como pan blanco,

ella fuma y yo fumo marihuana, moriremos espejeadas, habrá entierros cristianos, tierra de por medio, luego, yo volveré a nacer en el Eterno Retorno, tal y como lo predican los adeptos de la Religión de la Sangre, nuevas opciones o las mismas, de modo que el vivir y el morir adquieren nuevo sentido: esta vez como pan blanco y me enmoto hasta el agotamiento, esta vez moriré entre convulsiones (mamá también) antes que logre suicidarme de otro modo (pistola, pastillas, lanzamiento de la azotea), o que adquiera cualquier enfermedad desahuciante a propósito.

Mi hermana aspira nuevamente del cigarro prendido y devora otro bolillo con hambre feroz.

Esta vez el ataque me (nos, a mamá y a mí) permitirá ver la punta ínfima del paraíso o del infierno, pero sólo esta vez, la próxima vuelta seré prudente (¿mamá también?).

Ella aproxima el rostro hasta tocar con la nariz el espejo.

¿Seré yo prudente o la imagen del espejo? Pregunto. ¿Mamá muere y yo muero? Hablo a mi gemela, la que fui y la que seré, mi reflejo, esposa del mismo marido que me encontró en la calle y quiso encerrarme en un castillo blanco, el castillo de la mariposa blanca, repto y vuelo como ángel y lombriz.

FARINA MUEVE LOS BRAZOS IMITANDO VUELO. PIERDE EL EQUILIBRIO. ESTA A PUNTO DE CAER PERO FINALMENTE CONTROLA.

SILVINO: Dominico tiene el hocico abierto, está a punto de babear, venera a mi hermana Farina, más que a Cristo, más que a la virgen María, más que a su propia madre.

Reloj:
¿Podría enloquecer el tiempo y no el reloj? El tiempo (los) no es persona. Carece de razón. Dios le concedió sentido. ¿Lo tiene?

FARINA, paseándose de uno a otro lado de la recámara:

El idiota me encerró a mí pero no a la **gemela del espejo**, la que me mira y me juzga desde que somos niñas, la que quería hacer su primera comunión vestida de negro, pues Cristo había muerto en ella y necesitaba resucitar, pues sabía de mi posible adicción en el fondo de sí misma, la niña otra, la imagen, yo misma proyectada hacia lo negro del hoyo, mi tumba, mi propia oscuridad.

Se detiene y reflexiona. Enseguida vuelve a sus deambulaciones nerviosas.

La imagen de mamá también es libre, pero ella no, apariencias, libertad en reflejo, vislumbrada. La madre del espejo y la hija del espejo volarán al lado del arcángel hacia la luz cegadora de la libertad. Las otras dos personas, las de carne, ¿iba a decir las reales?, permanecerán atadas en la rueda del tiempo.

Extrae de la bolsa de pan otro bolillo y lo devora.

¿De quién es la culpa? Dios conformó el capullo, costra, trama, construyó el castillo blanco y creó a mi marido, creación de cuento de hadas, realidad mágica en exclusiva para mí y los que me rodean, para mí y la que me mira con desprecio, hermana-imagen, para mí y para mi madre.

Misterio. **Hay pasillos en el castillo** que desconozco, pasos secretos y abominables que atraviesan el espejo, de pronto, caminando hacia adentro de la nada, una puede hallar, cavado en la pared, un nicho con la virgen María y rezar, realidad y apariencia en el plano espiritual, laberinto, yo me he persignado en algunos hoyos y altares, amiga gemela del espejo, he pedido que me concedan -que nos concedan de las alturas- el don de dejar el pan y la mota para suspender el ataque mortal por miedo al infierno, por terror a perderme del otro lado, espacio de las torturas, campo de los verdugos. Mis débiles ruegos, claro, levantaron sólo hasta el altar espejeado, insustancial, cuerpo repetido de la santa, porque piensan en la próxima vuelta, en la próxima oportunidad, tendré tiempo más adelante. Te dejo a ti el ejercicio de voluntad, sin mota perdería

31

a mi esposo, comunicación con las estrellas, mamá me cerraría la puerta: no espíes si me vas a juzgar, cariño, bitácora del vicio, mota y pan blanco en la mañana y en la noche, asco, vómitos, dolores de cabeza, quisiera desnudarme, caminar por el pretil de las ventanas, sobre el barandal de la escalera o de la azotea, ser sonámbula, encontrar a Cristo en el fondo de algún pasillo y explicarle de qué se trata el asunto del pan y la mota, invitarlo a comer y a fumar con el fin de ilustrar su entendimiento divino, encontrar a Jesús punzándose el pulgar de la mano izquierda. En realidad, sucedido de veras, hechos, Cristo fue crucificado en el centro de un laberinto, en realidad, el laberinto es el infierno, el diablo subió a la cruz al santo y lo escupió, el malo escupe, el malo caga sobre la hostia, el malo se punza para semejarse al bueno delante del espejo. Cristo sube a la cruz y se deja escupir porque de ese modo reafirma la maldad del malo que anda en busca de la imitación, porque de ese modo El queda fuera de la maldad, puesto que la recibe de parte del que lo imita, el falso Mesías, el diablo. El cielo no es lugar de tortura, por eso la crucifixión sucede en el infierno, casa del malo, nuestro hogar.

GRILLOS, MURCIELAGOS, MOSQUITOS, CALOR ESPESO, DESPRECIATIVO. A FARINA LE TIEMBLA LA COMISURA DERECHA DEL HOCICO. FRUNCE EL ENTRECEJO. ENCIENDE NUEVAMENTE SU CIGARRO DE MOTA. ASPIRA Y RETIENE. EXPULSA. ADOPTA LA ACTITUD DE UNA PROSTITUTA.

FARINA:
Deseo que me golpeen. Palos donde caiga. Me deleita la basura. Despiertan mi apetito los cocidos de mondongo y falda que hacen los pobres en ollas de barro. El olor de las verduras podridas saca la nariz y quiere respirar el aire de la calle, yo capturo esa nariz aspirando, soy ser de esquina, me paro en la esquina a meter en mis pulmones lo que despiden las cocinas y

los muladares de la vecindad. Ser de esquina. Oliendo, aprendí a jugar a las escondidillas, oliendo iba a misa, oliendo estudié el catecismo. Oliendo. Me crecieron en estos orificios olfativos pepinos de olor que florecen en mi humedad moquienta. Oliendo moriré. Oliendo seré recostada en el cajón. Mi cajón. Oliendo. Para la nariz mi muerte. ¿Está viva la nariz?

(Miro a Dominico radiante, nunca seré motivo de una satisfacción tan honda -tal vez sí de semejante insatisfacción-. Farina lo llena -yo lo vacío-, más bien, infla de orgullo su cuerpo y cerebro, oxigenación. Mi fracaso lo ahogará, espero. ¿Qué hará el cura cuando ella fenezca? Llorar por él mismo. Pondrá a mi hermana en un altar tan alto como el de Cristo. Hablará de Farina a los feligreses. ¿Y yo qué? Cuando yo muera olvidará donde quedo enterrado).

FARINA:
Tú ocuparás mi lugar, gemela del espejo. Considérame en el suelo, tiesa, ya han pasado las convulsiones. Soy pulga feliz, pulga dura como bolillo duro, pan para la tierra, estoy en despedida, es decir, me despedí como ejemplo de lo que no debe hacerse. Huele mi nariz los cirios encendidos. Huele mi nariz el incienso. Huele mi nariz el ambiente cargado. He muerto, por fin. Retrocedo ahora y cuento un trozo de mi historia.

Pulgaria.
Farina: Me llamo Pulgaria. Conmigo, abierta de patas, el amor es como llanta de camión, tú serás llanta de bicicleta para el mocho de tu marido. Esta llanta va contra el movimiento. Ha quedado fija en el eje moral. Freno de mano. Vine sucia, como tú, el aroma escandaloso de mi cuerpo lo volvía loco, lo mismo que mis jadeos de orín. Apenas me bañé, querida, el prefiere masturbarse, la llanta ha perdido hasta su olor a hule. Anda solo -él, mi marido- en los pasillos del castillo blanco, reza y se

golpea la cara con el cinturón, porque piensa en mi antes de ser su esposa, piensa en mí cuando yo era mariposa negra, gusano en el capullo de mierda, carne en revolotea delicioso.   Tu marido, querida -el mío marido-, no es Barba Azul, sino un santo que huele caca, santo del baño, profeta del excusado, no encuentra modo de jalarle a sus pecados, ni manera de saciarse decentemente.   Mi marido -el tuyo- piensa mejor metiendo la cabeza en la taza, de ella absorbe ideas gaseosas, meteóricas.

AGUACERO. FARINA RIE.

FARINA:
Pensaba ahorcarme sucia.   El ahorcamiento no produce convulsiones, mata en seguida, de un jalón, reduce el tiempo de sufrimiento, corre las manecillas en vez de alentarlas.   Pienso en el cuello roto en vez de los temblores en el suelo y la espuma en la boca, intercambio violento.   ¿Pienso?   ¿Pensamos?   Podrida soy apetecida.   Me vestiré de novia, novia negra, contraria a la novia blanca.   Vendrá él a olerme, parará la nariz agradecida.   Esta muerte huele bien, como pan recién salido del horno.   Noches de muertos.   Me amará colgada.   Estrenaré calzones y medias, liguero.   Abrirá botellas finas, champaña y coñac.   El santo de la caca perdió mi presencia cuando dejé de oler.   ¿Donde mora ahora la reina putrefacta, la que no iba al mercado, la que no se ponía delantal, la que no barría, sino clavaba los tacones en la esquina?   Mora en el espejo.   Mora en la ausencia.   Ya no está.   Ya no estoy en la casa.   Me fui con el olor.   El olor daba cuerpo a mi cuerpo.   El olor adherido a paredes, puertas, cama, decía aquí está ella, pisando la esquina, haciendo un manantial del que, en vez de agua, brota furor uterino.   Muerta me recuperará.   Esa era, pero ya no soy.   Ni siquiera en el baño dejo presencia de hembra, porque uso desodorante.   Muerta me recuperará si muero sucia, si muero siendo la otra, la gemela de la calle, la indecente.

PAUSA. SACA DEL ROPERO ALGUNAS BOTELLAS DE PERFUME Y LAS DERRAMA SOBRE LA CAMA.

FARINA:

El, claro, me ha comprado perfumes, te los comprará a ti, hermana, amiga, reflejo, pero en realidad quisiera untarme caca, por lo menos queso apestoso, ja, ja... Lo hará ni nos colgamos, vendrá con el queso sobre los muslos, untará pezones y nalgas. Nuestro santo, hermana, espejo, puso dos mojones de su cosecha en una bolsa de plástico que escondió debajo de la cama, poco antes de que hiciéramos el amor hace ya dos meses. ¿Sabes lo que significa? Adorará a la muerta ahorcada, siempre que fenezca untada de su propio jugo. Pero sigo con el negocio de los mojones. Para alcanzar el clímax, el santo metió la nariz en la bolsa y aspiró con fuerza maldita. El placer completo no se dio porque la bolsa no olía a lo que yo olía, la bolsa olía a mierda, exclusivamente, y yo olía peor. Tú me substituyes, querida, mi reflejo. ¿A qué hueles tú? A nada. ¿Cagas tú? Para nada. ¿Sudas tú? Nada. A ti te llevará al cine y a la iglesia y a mí a la cama, diciéndome adoraciones. Extrañaré los tamales verdes, pueden ser sublimes de cochino destripado. Mi ahorcada querrá bajar a comer luego del amor cochino. Querrá sentarse a cantar en la cocina. A mi ahorcada le agrada salir al patio y al jardín. Me bañé para ser su esposa, sueño de blanco, le hice tamales de pollo destripado en vez de tamales sublimes de cochino. Debo ser buena y bonita, me dije al conocerlo. Primera comunión en la tina, arrancar la costra, despedirme de la otra, la gemela. Había una cámara de tortura en el castillo blanco -soñé. Vida invertida. Limpieza. Jabón. Mariposa blanca, talqueada. ¿En qué baúl guardará mis huesos espiados de ahorcada? Los ataques matarán a mamá. Yo me colgaré. Cuando el primer ataque hubo que encerrarme en el cuarto de la azotea, vino el cura y me echó agua bendita. Yo recordé el primer amor: Ferdinando me sedujo en un parque. El pasto fue el lecho prenupcial, sentí la cáscara enorme de la tierra, picazón de hormigas, decidí no bañarme, conservar aquel jugo eterna y románticamente. Su brazo izquierdo -me refiero a Ferdinando- estaba encogido y seco. Me tocó con él, aridez de primavera, ramas de arbusto, mano-planta, ser vegetal, creció de pronto en mí. Solo -fuera de mí, tronco-, Ferdinando aplicaba con furia la brasa del cigarro a la palma de aquella aridez muy suya, brazo que prometía flores y ampollas. Infinito amor hinchado. Claro, me internaron en un sanatorio cuando dejé de bañarme y floreció en mi piel la aridez de mi amante. Verde sequedad de pus. Fuego café. El colmillo izquierdo, este, se pudrió. **Acabé en el callejón**. Gracias al olor apareció tu marido. Le habían cortado la pata izquierda. Cojeando católicamente vino a mi y olió, tanto olía mi presencia que permanecía en la calle para ventilarse. Del primer amor nacen hongos en la piel. Tu marido cojeaba por la gangrena, flor nacida en sus huesos, el la olió antes de cortarla. Guardó en la memoria el aroma hasta que me halló, amada, me dijo, eres la pierna que me falta. Casamiento en la parroquia del Sagrado Corazón.

Modesto: El poder -pulpo-, sacia puntualmente sus apetitos. Es aficionado al presente inmediato, pero piensa mucho en el futuro. El pasado no existe, sus tentáculos, primos, hermanos en tolerancia, configuran una familia.

-Los ejércitos del poder comen, participan del botín, son prácticamente invencibles -comentará Modesto, lanzando llamas de ira profética por sus ojillos pitiñosos-, la conversión conciencial, en este contexto, suena a broma, como la constitución, violentada por la lambisconería general hacia un mismo rostro, grupo, primos, hermanos, camaradas, brazos del pulpo. El pulpo, comprende, amigo Silvino, es la entraña del ser enorme que nos contiene como grupo. Piensa el pulpo épicamente a través del conjunto de sus células, cada uno de nosotros.

-Qué pulpo ni qué ocho cuartos, el poder me lo paso por las tumbas etruscas -diceDirá mi madre, cada vez que enciende un carrujo de mota-. El ejército existe si uno lo provoca.

-Gracias al pulpo los policías trafican, mamá.

-Pus bendito pulpo, ¿qué haríamos sin él?

-Podríamos ser más honestos.

-¿Y pa qué? ¿Te hace más feliz ser honesto?

-Al contrario.

-Ya lo estás viendo, tu padre y yo nos divertimos, amamos lo que hacemos (nada).

-Yo odio lo que hago, mamá (nada).

-Porque te empeñas en deslumbrarnos, ya te dije.

-Ahora resulta que querer ser alguien es una equivocación.

-Vaya, por fin te cae el veinte.

TEZCATLIPOCA: Tengo sed, Chorrillo, dale sangre a tu tata. La sangre que me des será tu sangre.

El poder de Chorrillo y su secta de asesinos -victimaron a la familia y a los sirvientes de la casa de piedra precisamente el día que mi madre me dio a luz- venía de su asociación con Tezcatlipoca: el dios le habló desde el otro lado del espejo: "abre tu alma, Chorrillo, deseo reencarnar en ti".

-Soy tú, Maestro. Soy tus caras. Soy lo que fuiste. Soy lo que serás. Soy el futuro guardado en el espejo. Detrás de ti veo el verdadero templo, vuelvo a ser seminarista.

CHORRILLO: En el seminario conocí el amor divino, pero humano, me enamoré de Prudencio, jamás de JesuCristo.

-Tengo sed, Chorrillo, dale sangre a tu tata Tezcatlipoca, hostias de placer, revirtamos juntos la conquista, es hora de las gorditas de tuétano, hora de los chilaquiles, ya basta de paellas y fabadas y de "coños" por aquí y por allá, los ajolotes son sabrosos, doraditos en el comal.

-Tata, ahora entiendo por qué quise asesinar a mi hermano Prudencio (mi amor), me dan ganas de perforar oídos y lenguas, tu voz me alienta, tu voz me altera.

-Pos anda y hazlo, mijo, ¿quién te impide? Esos impulsitos me vienen también a mí, los saco de mi pecho y te los doy a comer con chorizo de Toluca.

-Es que también tengo fiebre por sacar corazones rojos.

-Moronga española, mijo, derramada pa que me cante sones con tambor y chirimía. Extraño a los emplumados, por eso todavía mando algunos a que dancen en Catedral. Los toros que me brindan los españoles son sangrientos pero nada, comparados a los sacrificios humanos.

-La carne cruda no me gustaba, Señor, se me revolvían las entrañas al verla, me refiero a machucados, me refiero a personas lastimadas y enfermas con manchas y tumores, me refiero a la carne roja mojada en sangre.

-Prejuicios, mijo, el corazón fresquecito es una delicia, muerdes y acompletas con tortilla y chile.

Chorrillo permitió que el humo de Tezcatlipoca manchara su cuerpo desnudo: el ocelote untó su piel en la piel del asesino, convirtiéndolo en sacerdote, sátrapa y guerrero.

-Rápame los pelos del corazón, Señor, rápame las greñas sentimentales, Señor. Soy tus güevos. Al primero que maté es a mi propia persona, el mocho del seminario, el amigo del mocho Prudencio.

CHORRILLO: *El mocho Prudencio se alzaba la sotana y me enseñaba las nalgas en el seminario. Pedía chicote y yo le daba.*

-Por mí, puedes echar las tortillas con masa güera, por mí, haz tacos colorados de tripa española, por mí, sal a la calle y métele cuchillo al más pintado, como corresponde a la bravura de los caballeros tigre, orita ya no entiendo cómo me dio por disfrazarme de europeo, no cabe duda que el tedio es mal consejero.

CHORRILLO: *Tezcatlipoca, caprichosamente, desea meter discordia, pero ahora de los indios hacia los españoles, con objeto de invertir la conquista.*

-Danos el espejo, Señor, lo que nos hicieron les haremos, vuélvenos el crimen, sangre española por sangre india, tú nunca has sido europeo. Prudencio era puto y europeo.

Quería que comulgáramos juntos. Quería que rezáramos el rosario juntos. Quería que usáramos el silicio juntos.

-Escúchame, animal, ve y jode a la familia que ya sabes, mientras nace el pendejo de Silvino.

-Voy y la jodo, si Señor, voy y me como sus corazones fresquecitos.

Sueño alrevesado, maldad revuelta, vómito del nagual, del doble, de la sombra. Los caballeros búho salen del espejo y se sangran en quicios de casas españolas, orinan en las puertas, maldicen, el agüero cuece el aire, echa espuma, sube la rabia contenida por siglos.

-Soy orgasmo, Señor, he meado el rostro de mis padres, cagué la hostia y la cruz, ya estamos de regreso, soy el doble del malo, doblemente malo.

-Estoy sentado fuera de mi jacalito, Chorrillo, ando un poco pedorro y molesto, ya es hora de la fiesta de los pellejos sudados, hora de la gloria militar, ponte las plumas en el pito, cariño, y las uñas en el corazón. Semos viejos y cabrones, nos vienen chiflando sacrificios y comilonas.

-Voy a revertir todo lo que me enseñó Prudencio en el seminario.

CHORRILLO: *En la ceremonia de iniciación el dios tomó y modeló mi conciencia de asesino discordante. Espíritu absorbedor, chocarrero, juguetea en la sangre del escogido, bulle en memorias de amargura e impotencia. Yo sabía: si no soy yo, cualquier otro perro, si no muere la familia seleccionada por mi, perecerá alguna otra, estoy dispuesto a ser el caudillo de la reversión, Tezcatlipoca, mi padre, se quita el disfraz de Jesucristo con que atormentó a los indios haciendo que el tiempo retroceda.*

NAGUAL.

-Quítate la máscara mística, Señor, dame el espejo, ya no veo catolicismo, el rostro de Jesucristo se ha disuelto en el aire agresivo, la cara de la conquista vira, el sol nos da de frente a los perdedores.

-¿Y quién dijo que es católico un Cristo con plumas? ¿Y quién dijo que yo soy el diablo? ¿Y quién dijo que yo deseaba suspender los sacrificios? ¿Y quién dijo que yo había muerto? ¿Y quién dijo que México fue conquistado por la cruz? ¿Y quién dijo que el agua perdió su voz? ¿Y quién dijo que el tiempo es importante? ¿Y quién dijo que semos ignorantes? ¿Y quién dijo que yo no soy Tezcatlipoca?

Chorrillo tenía aire de sacerdote, timidez de seminarista, rabia ciega contra el sexo femenino.

-Confundiré a mis víctimas con máscara de simpatía (con máscara de amor, como a Prudencio, el seminarista). En México no entró el crucificado, la virgen de Guadalupe es Tonantzin, Cihuacóatl.

-Hazte tu tamborcito y llámame con él.

-Me falta ritmo.

-Tu tata oye la intención.

-Despertaré a mis discípulos.

-Lleva navajas de afeitar, tijeras, vasos de plástico y ollas de peltre, la canción tiene hambre.

HACIA EL SANATORIO.

Mi sino, cuerpo tetradimensional que abarca todos los instantes de vida y muerte, sueños, inquietudes, amarguras, silencios, recomenzará otra vez su despliegue en la misma fecha (si ella -mamá- no se da un golpe antes de llegar y me arroja en plena calle): punzadas, ya, vámonos al hospital, pero no olvides tu tesoro, Ani -se dice mi madre, el tesoro consiste en un trozo de pan blanco y unos carrujos de mota. Yo me inquieto en su panza, miedo a que la encarcelen, miedo a salir y encontrármela drogada.

-Dios bendito, estoy tan atarantada que por poco te dejo, motita de mi corazón. Un taxi, pronto. Ella no quiere sentir cuando yo nazca: -La criatura resbalará como mantequilla, ya salió, queda en brazos de la enfermera y saluda correctamente, como si ya hubiese ido a la escuela a aprender modales de cortesía monárquica -se dice Anilú, forjando. Los policías del virrey se darán cuenta de su estado antes de que entre al hospital, carajo, naceré en una jaula. Consciente del daño que podía hacerme, no dejó de fumar marihuana y comer pan blanco durante los meses de embarazo. Ay, hijo, dice tocándose el vientre abultado por mi presencia endiablada, me encantaría dormirme un rato durante el parto y despertar contigo de seis años por lo menos, ya hecho un hombrecito que puede ir a la panadería y a la oscuridad del barrio a conseguirme mi yerba. Escondió la droga y el pan blanco en la bolsa y trató de hablar con Bul, mi padre, luego de pedir el taxi, pero él no pudo ir al teléfono, porque estaba durmiendo la mona en la barra de la cantina "Las Glorias de Cuauhtémoc". "Papá ronca, luego es un animal, se perderá mi entrada al mundo, mejor, así tendré algo más que reprocharle". Mamá estaría sola dando a luz, sola para recibirme, en manos de enfermeras extrañas, del doctor enemigo, caracho, qué le costaba haber dejado de beber un solo día.

SILVINO: Ojalá esté cerrado el conducto, ojalá que me ahogue en el túnel. Si eso pasara me sacarían de la panza de mi madre para volverme a enterrar, quizá en el mismo cementerio, pero no en la misma tumba de mi esqueleto mayor, ahora mis huesos son pequeños, lengua pequeña, cerebrito.

El coche que nos lleva se detiene a las puertas del sanatorio. Bajar. Le descubrirán la mota. Ella se interna pensando en el momento en que el personal se descuide para darse un toque.

-Siento ojos hasta en el culo. Me ven las enfermeras, me ven los doctores, me ve mi mamacita chula y hasta mi bisabuelo, mijito. Los ojos tienen pies. Caminan los ojos. Corretean. Suben a mi cama y velan mi sueño. No sé por qué ando presintiendo al bisabuelo cara de chivo, Silvino, se me hace que en la calle, aquí cerca, anda suelta la maldad.

CONSAGRACION.

Chorrillo asciende a la azotea y consagra cuchillos, navajas, espinas de maguey, maderos afilados, hachas y pistoletes, dejando las armas bajo los rayos de la luna llena, aliento de Tezcatlipoca: soy tu hijo, me arranco, sangrándome, lo mestizo. Arrojo, punzándome las orejas y la lengua, la sangre maldita. Sudando en rojo me hago indio puro, príncipe, rey.

-TaBueno, mijo, ahora ponte en la riata un tantito de manteca y trágate un taco de ajolotes con salsa.

-Me haré un taco de ojos.

-TaBueno, mijo, y me das una mordidita.

-Harás causa justa contra las familias españolas en pos de la independencia emocional: ninguna compasión con los niños criollos. El mandamiento cristiano "no matarás" fue creado por el dios español, los indios fueron sacrificados a Jesucristo, es decir, a Tezcatlipoca disfrazado de nazareno, hijo de dios y de la cruz redentora.

-Dios Tezcatlipoca, abandona tu rostro de Jesucristo, cara de español.

-TaBueno, mijo. Me veo más guapo lampiño.

REVELACIÓN.

Por supuesto, gobierna el "archihonrado" don José María Gudejas y Malpinto: rezador, putañero y roñoso. Casado con doña Margarita Almanza, condesa de Linares, de quien afirma la lengua popular que recién llegada a México, perdió el instinto sexual femenino una tarde dilúvica en que se jugó a la baraja su título de nobleza.   -Simplemente me convertí en hombre -piensa la virreina macha-.

VIRREINA: Simplemente la fruta se hizo consciente de su regio estado homosexual. Tenía la duda, la acariciaba, me decía que iba a sufrir y salía volada a meterme en el ropero. En el ropero olía la ropa diciéndome: eres mandarina, eres mandarina. Esa tarde, tres días después de pisar tierras mexicanas, vi al diablo y me dijo que yo era normal, no venían al caso mis angustias ni mis penas coloradas, podía verle las nalgas, con confianza, a la dama que deseara, india, española, criolla, mulata. Confianza y bienestar. Revelación. Toco esta tierra y comprendo. Había sido engañada. Había mirado mi rostro en espejo europeo y no mexicano. Aquí escurre el agua, digo que agua interna, agua que habla náhuatl. Lo vi -al diablo-, en el espejo nuevo, espejo de la noticia. El diablo tenía aspecto de chivo y luego de indio ladino, estómago voluminoso, ombligo salido. Dijo: acá, en México, mija, tienes derecho a ser lo que eres, Margarita, macho o hembra, tú escoges, haciendo a un lado el temor y la vergüenza. Estoy contigo, diablo, le dije y Jesucristo levantó la mano para hacer sobre mi cuerpo la señal de la cruz. Jesucristo en el espejo. Un Jesucristo que yo no había mirado antes, tolerante, pero algo malicioso. De hecho, Jesucristo y el diablo eran la misma persona que me hablaba desde el fondo negro del espejo: Margarita, sabemos de ti, ya no te escondas, sal a la luz. Mis padre me empujaron a ser esposa y yo fingí que lo era, señor Jesús o señor Diablo mexicano. Me puse máscara de madre, misma que ahora me quito para ponerme en contra de mi esposo. Me dieron muñecas para jugar, coño, cuando yo deseaba espada y pistola. Vosotros lo sabéis. Mi esposo me amenaza con matar personas si yo no le correspondo con deseo, pero yo no puedo evitar que las mate si esa es la condición. El odia a los negros y yo mi naturaleza de hembra, sueño que me crece un pene grande, sueño que vos, Diablito mexicano, me lo concedéis.

Influencias.

Se dice que el virrey no apresó a los criminales de la casa de piedra porque uno de los discípulos era su sobrino: derecho igual a poder, el diablo protege al diablo. Pero Chorrillo niega haberse unido al demonio cristiano:

CHORRILLO: *No lo conocemos en estas tierras. Aquí habla por el misterio el señor Tezcatlipoca y por la guerra, Huitzilopochtli. En verdad les digo que iré en busca de mis discípulos entre la escoria, donde las macetas de rabia dan limones rojos imposibles de endulzar.*

Sus crímenes -que no consideraba como tales- eran peticiones de Tezcatlipoca:

-Chorrillo, haz guerra justa contra los españoles. Ellos nos despojaron apoyándose en Cristo y en Aristóteles. Yo te doy carta de puñalero. Ve y atrae a tus discípulos, mi humo les otorgará estados privilegiados, soy luna llena, tu ser, te has exprimido la infamia, provoca en tus elegidos hemorragias sanadoras. Si tu padre es causa de pecado, córtalo.

-Hágase tu voluntad.

-TaBueno, mijo. ¿Qué crees? Ando con la gana de tamales de niño.

-Nosotros te los haremos, padre, y comulgaremos junto contigo.

¿NADA?

De nuevo seré Silvino el que soy ahora, la misma cara y persona que escribe estas memorias reiteradamente. Acaso la conciencia -formada a base de confesiones y arrepentimientos- rompa la espiral que me tiene adherido a mi historia, ombligo de unión con los asesinatos de Chorrillo, con la necedad de mi tío Dominico y la indiferencia egoísta de mi madre, con el cañón de la pistola apuntando mi sien -explosión, desmemoria y de nuevo entrada en la barriga de mi madre. Hablo de mí mismo, un suicida, siempre lo seré. El momento exacto de mi muerte tal vez pueda memorarlo con detalle en alguna de las vueltas, ahora lo imagino unido a una explosión, mi cabeza revienta por el impacto de la bala, mi vida pasa velozmente en materia de sueño.

-Es verdad, en el momento de morir, la historia personal desfila desbocadamente. Se repite, en instantes, lo que volverá a ser dilatado por el tiempo, mariposa que vuela sobre los cuerpos del presente -afirmará Modesto, de pronto parecido a un mago criminal.

-Si eso fuese cierto yo recordaría.

-Recordarás cuando vuelva el instante.

-El balazo mata de inmediato, no recordaré, no volveré a verte el hocico, no seré nada, no existe el eterno retorno, ni la trasmigración de las almas, ni nada, eres un charlatán, Modesto, engaña pendejos.

-Eso ya me lo has dicho y no me ofendo, Silvi, a veces sí causas lástima, a veces sí eres un ser infinitamente baboso, aunque seas mi cuñado del alma.

-Me insultas y te rompo la madre.

-Retiro lo dicho, nada hay después de la muerte, Silvi, es verdad, porque de la muerte volvemos intactos a recorrer cada uno de nuestros cuerpos.

-Entonces, yo ya te menté la madre en otras vidas.

-Así es, debe complacerte mucho.

-Me complace, sí, no vas a lograr convencerme, no vas a hacer que me punce. Mi hermana y mi mamá son débiles.

-Yo me punzo por ti, Silvino, yo chupo en mi sangre tu sangre.

TIEMPOS DE GUDEJAS Y MALPINTO.

Hablo de mi mala suerte, de mi desacomodo temporal: época de violencia y ratería, de calles sucias y fritangas en las afueras de cines, parques, cantinas, prostíbulos y del Palacio Nacional. Barrios y callejuelas del centro se han hecho independientes, abanderados por drogueros y matones, policías expulsados, madrotas y vendedores coludidos con políticos y alguaciles del gobierno del virrey. Algunos guaruras de Gudejas y Malpinto entran en esos sitios inexpugnables y conversan con los maleantes, hacen planes, salen con dinero y presumiendo:

-Tener permiso de chingar es sublime, compañero.

-Mientras no seas tú el chingado, compañero.

FATALIDAD.

Aquí, urbe de humo y acero, asfalto e insensibilidad, no nos miramos a los ojos y la gente se "conoce" a través de adjetivos genéricos: Se dice "actor" y "pervertidos"; se dice "bailarines" y "maricas"; se dice "músico" y borrachos y drogadictos que no merecen casarse y procrear con objeto de ahorrarles a sus cónyuges miseria y soledad; se dice "sufrimiento" y se piensa en la última telenovela patrocinada por el gobierno colonial. Perro, me habría gustado nacer en un sitio con estaciones marcadas para saber de inviernos abrigados y de primaveras cantantes, de otoños musicales y melancólicos. Ya que iba a ser **eterna** mi integración al momento que pertenezco -gusano en su rama-, caramba, el mismo trabajo le hubiese costado al creador inexistente colocarme en una colonia de bohemios cultos y hambrientos, en un callejón de alquimistas o donde hubiese auroras boreales. Ilusión. Dios dice "tú encajas en este punto y lapso" y ahí permanecemos por los siglos de los siglos dando vueltas en el carrusel mexicano de posadas y judas y días de muertos.

Mucho tardé en descubrir que **aquí** -suelo nacional de mediocridad perpetua, arte convertido en alabanzas revolucionarias, de inclinación reverente al emblema del virreinato, los poetas son santos de la verdad impuesta- a lo más que podía aspirar era a maestro de puños raídos, camisas y trajes repetidos como la vida que me arrojó a la vida -mi fatalidad- por el canal más normal y extraordinario: **las patas peludas de mi madre**, abiertas perennemente al amor borracho que le brinda mi padre (Bul) de lejos, con piropos encendidos como mechero de alcohol: Anilú será la madre de mi hijo Silvino, al que veré lo menos posible para poder seguir saltando de cantina en cantina agarrado de las tetas de mi amante -dice Bul, arrojando, entre risotadas, el peso de su aliento concreto, capaz de electrocutar alimañas.

-Los borrachos tenemos todas las libertades, menos la de dejar de beber.

-También puedes dejar de beber -responde Chema, el cantinero-, yo lo hice.

DESTINO.

Por destino entiendo la red infinita de relaciones, apegos, accidentes, emociones, pensamientos, prejuicios, traumas que me conservan girando en un fragmento tempóreo determinado. Soy, por decirlo metafóricamente, la misma sinfonía que resuena de principio a fin en un mismo corte o instante. La cuerda ataca siempre con el primer tema y pasa al segundo invitando a los alientos y al grupo de percusión. Mi timbre o carácter se reitera, recelo y amargura retornan, hacen síncopas ahogadas mis mentadas de madre. Estas emociones invencidas componen mi cuerpo astral -caballo loco. Seguro estoy de poder retroceder hacia el mundo de los aztecas el día que expiren mis ligaduras afectivas, profundas como el mar, como las raíces de los dioses antiguos, como mis deseos de desmestizar y de guardar mi pequeñez en el ropero.

-Mentira, Silvi, ilusión, tú no perteneces al universo azteca, estás clavado en la colonia.

En fin, **PROXIMO AL NACIMIENTO**: Tormenta, gruesos granizos aporrean calles y edificios, una nevada hubiera tenido aires poéticos. Yo escucho **desde el vientre de Anilú,** mi madre, con oídos sin nombre, en un cuerpecito sin nombre, chupando una pata sin nombre los pasos de Chorrillo y su pandilla ascendiendo la escalera de la casa de piedra, listas las espinas de la tortura, la droga preparada.

-Pendejos míos -susurra Chorrillo a sus discípulos-, hagamos rebanadas de mierda y sangre. Tezcatlipoca cortará dedos y orejas, labios cosidos comerán rezos y maldiciones.

-Cada pinchada con la aguja hace que se ponga el pito como piedra, niños míos.

CHORRILLO: *Yo digo, con Ginés de Sepúlveda: Deleitarse en la guerra misma, sea cual fuere su causa, es indicio de ánimo varonil y esforzado, según enseñan algunos filósofos. La defensa está permitida. Guerra por derecho divino y ley evangélica de Tezcatlipoca.*

TIEMPO ANTES DE NACER, HACIA LA TUMBA.

Aún soy un **cachorrito nonato.** Poco antes, vejez pegada a la concepción y al sepulcro, a los rezos y lloronas en el cementerio, **soy el que llevan a la tumba,** hoya del suicida, ha terminado de nuevo el suspiro de tiempo que me correspondía atado a mi rama existencial, gusano en mi rama, veo verde el mundo: Pensaba que ser bailarín es lo máximo. Desde luego, en el árbol genealógico, mientras se sostenga en pie, penden las mismas jetas y parentescos. Los asistentes a mi entierro comentan entre seriedad luctuosas y risas cortantes:

-Silvi pasó por la vida sin hacer nada.

-Bebía.

-Cero a la izquierda.

-Sabía de baile.

-Era nada y se creía todo, mejor que nosotros.

-Los pendejos son presumidos.

-Usan la grandilocuencia para taparse los complejos.

-Tenía de bailarín lo que yo de tuerto.

-Envidiaba a su amigo Felisandro, el pintor, ese sí que es genio.

-Por eso lo mató.

-La envidia es cabrona.

-Amarga.

-Indigna.

DANZA FUNEBRE.

El día de mi entierro el aire se alebrestará y el cielo eructará luces lánguidas y un aguacero de padre y señor mío. La danza del olor -gusanera perfumada-, irrita mis huesos aún intactos, dejaré de ser, mi último cuerpo es muy feo, mana pus, ha dejado de mantener mi aire familiar, me asemejo al olvido, disolución, independencia breve, sumergimiento en la noche de los dioses, río de nacimientos, los discípulos de Chorrillo comerán el corazón de sus víctimas, embarrarán de sangre las paredes, pincharán con espinas de maguey los ojos de las criaturas y los de los sirvientes, significando la ceguera de la justicia española -imposición a la que cantan los poetas pegados al régimen. Pocos seguirán el cortejo hacia el panteón de Santa Ursula. Dentro de la caja, fenecido, escucharé también suaves gemidos de acompañamiento final, cadencia romántica de violines a la Schuman, mezclados con los gritos de terror en la casa de piedra, **ESTOY OTRA VEZ EN MI NACIMIENTO**, los padres españoles fueron intoxicados, hablan incoherencias, aúllan cuando la pandilla de Chorrillo toca su desnudez con uñas, ojos, dedos de los sirvientes y de las criaturas.

-¿De quién es este dedito?

-¿De niño o de niña?

-¿Perro o perra?

-Cola de rata.

-Ojo de ratón.

MUERTE.

Dentro de la caja, difunto, presentiré el inmediato renacimiento de Silvino, mis últimos cuerpos comienzan a ser pudrición del pasado, ya no soy adulto sino bebé, pero aún me huelo.

SILVINO: El muerto goza su propia pestilencia como el sentado en la bacinica sus efluvios.

La muerte suena a Schuman primero y luego a Beethoven: Fantasía para coros, piano y orquesta. Ahora se parece a una larga fornicación entre cohetería de tambores africanos y resoplidos Stravinskianos: los fagotes ahogándose en la Consagración de la Primavera, Chorrillo pincha pies, pincha hígados, pincha encías, lenguas, los padres españoles de las criaturas no deben morir rápidamente, porque la vida lo es todo: dolor, inmensidad terrorífica, no hay diferencia entre los ojos sacados de los cachorritos y de los sirvientes, los padres, drogados, ignoran a que mano pertenece ese dedo y a que boca esos labios, lo ignorarán en esta y en la siguiente vuelta.

-No son ojos de ellos, son hongos -dice el padre.

-Hongos, sí, hongos -comenta la madre.

-Hongos que parecen dedos y ojos, dientes y pedazos de nariz.

CONCEPCION.

Mi padre, briago, entró en Anilú, semilla alcohólica, ahogo sembrador en la eterna recurrencia, cumpliré los mismos años, volveré a empuñar el arma (suicidio) para separarme de un padre borracho y de la misma madre, volveré a querer ser bailarín, pese a mi defecto físico, el tío Dominico dominará mi voluntad con sueños guajiros: o eres grande, hijo, o mejor muérete, caracho, los mediocres ni de Dios gozan, ya vez tu padre absorbiendo taras en las cantinas.

Mi madre teme malformaciones: "Hoy no he tomado tanto, corazón, mi día no levanta ni las ocho cubas -dice mi padre-, si llego a preñarte el mocoso saldrá que si igualito a mi inteligencia, un querubín", pero tu sangre carga litros de magnetismo animal empapado en ron y aberraciones contagiosas -responde mi madre, salpicando la palabra bestia con temblorcillos de pánico: los niños de dos cabezas resultan diez veces más insoportables que los normales.

MALDITO GRANIZO.

En fin, el cielo compone sobre los cristales de las ventanas del hospital una danza percutiva, monótona y derrotista, propia de países primitivos: Asocio con la tocata de Carlos Chávez y con el informe virreinal, rige la mentira posesiva, condición de ser dos mil años después de Jesucristo, el universo cruza, al mismo tiempo, la era antediluviana, porque Dios ha hecho de la repetición la única forma de perfeccionamiento, en la otra vuelta corregiré lo que quede pendiente en esta, tal vez mañana guarde el arma suicida, tal vez mañana los judíos prefieran a Jesucristo y no a Barrabás, tal vez mañana el gobierno devuelva lo robado.

-Maldito granizo, cómo no se le ocurrió ciscar al niño antes de que lo concibiera y no ahora -dice mi madre, maldiciendo la hora que le permitió a mi padre cargarla-. Ahora, con tanto ruido saldrá idiota, sordo o con cualquier otra tara física y espiritual. Y que digan que no es chinga ser mujer. Más valdría que nevara en serio y que el pobre naciera congelado, porque en la casa hay un solo sarape y ese es para mí-.

III

¿TEZCATLIPOCA HABLA ESPAÑOL O NAHUATL?

Tezcatlipoca habla en el agua humedades significantes, verbo ondulante, ¿es posible que el dios esté vivo y se comunique con los mexicanos?, sí, porque Chorrillo dice que lo oye a pesar del tráfico en las calles, durante sus largas horas de sueño, es posible, porque el dios ha venido diciendo cosas desde hace siglos, cristianismos irreverentes, sugerencias bestiales que enseguida se toman en cuenta tanto en el gobierno como en la iglesia y en el ambiente privado, **la voz de Tezcatlipoca susurra** en el viento convincentemente, el pasado desvirtuado renace en sus sílabas suaves, ha perdido la memoria el dios, trata de mirar el pasado y rejuvenecerlo, pero sólo logra que broten retazos de historia desdibujada; para devolver al pasado sus colores, hay que estar en el pasado, hay que dirigirse a los hombres antiguos, aquellos comprenden de forma diferente el horror y las catástrofes, hoy se han acumulado demasiados prejuicios acerca de los sacrificios y del sexo, el pudor daña la comunicación, envenena el tiempo, se han construido cárceles donde se pudren, confundidos, los hombres de dios y los profanos, qué hace en la misma celda un blasfemo y un ritualista?, el dios parla y se transforma en humo que embriaga a la pandilla de Chorrillo, ellos han escuchado la raíz del ser nacional, parece que el humo tiene relación con la lengua que se habla detrás de los espejos, idioma de espejismos, pero ¿Tezcatlipoca habla español o náhuatl?, es una culebra aérea (ecacoate), dragón, pide desollados, adentrándose en los oídos de los malos, el dios de piedra desea convertir en indios a los mestizos, mediante el **SACRIFICIO DANZANTE** -los discípulos visten ya la piel de sus víctimas y bailan con monotonía ante la presencia alucinante de la luna, huelen el interior vacío de los muertos, sienten las palpitaciones invisibles de las vísceras ausentes, regadas en baños, recámaras, pasillos, escaleras, esas vísceras han dejado de articular pensamientos y palabras, al menos en esta tierra, puede que en el cielo ya estén levantando quejas grandes ante el Dios cristiano-, persigue Tezcatlipoca ubicuo la independencia transformado en jaguar allá en la **CALLE DEL RELOJ, FRENTE AL TEMPLO MAYOR,** aúlla en los cruces de los caminos como la diosa Cihuacóatl, se ha hecho la diosa Cihuapipiltin en el sanatorio, mi madre presiente que naceré con sarna, fuera, el granizo se mancha de sangre, gotas rojas en el jardín, en el sendero, sangre del dios, llovizna irracional, cielo descalabrado, las cabezas de las criaturas asesinadas, sin ojos, miran fijamente en el tapete de la sala el baile de las pieles, mientras otra luna llena alumbra el momento de los trogloditas, semejantes bailes y escenas hace tiempo que no se veían por aquí, recuerdan tiempos idos de barbarie, tiempos en que los metiches españoles no habían asomado la nariz mocosa, tiempo en que la viruela no había hecho de las suyas.

CHORRILLO: *Por cierto, el mismo Tezcatlipoca permitió que se colaran las enfermedades europeas, El cuidaba la frontera y las dejó pasar.*

-Nos los chingamos a todos, tata -grita Chorrillo, mostrando al aire una mano sin dedos, ya no se sabe a quien pertenece, la palomilla ha creado un rompecabezas imposible, las partes, aún vueltas a unir, jamás recrearían lo que fue, ni siquiera en la más leve y efímera sonrisa, el entierro confundirá partes del rompecabezas, nadie podrá adivinar si tal mano corresponde a tal cuerpo, si tales labios a tal boca-, espero que los descuartizamientos estén exentos de cristiano sentido, que mis bailes evoquen nuestro origen, espero, he dejado atrás el seminario, no soy un monje renegado, no soy un cristiano blasfemo o asesino, soy azteca, perro de dios, sátrapa.

-Dale al danzón, mijo, los frijolitos están hirviendo, serás tema de conversación en cantinas y cabarets, ¿quién dijo que los sacrificios humanos se habían terminado? Lástima que no mastiques el náhuatl, Chorrillo, serías un perfecto azteca. Vieras, mijo, que los extraño a los chingados, vieras que extraño los altares y las plumas, la religiosidad esparcida por agua y tierra. Será difícil reproducir en el presente aquellas fiestas honorables, darle el sentido exacto a lo que fue antes de la llegada de Colón, ni yo me acuerdo bien, tanto detalle escapa, ve, mijito, ya estoy llorando como vieja tamalera, aluego traigo los ojos hinchados y chicos y se me salen hartos mocos.

-Te haré un altar, padre, trataré de morder tu lengua, en el centro de la ciudad palpitan todavía las ganas de arrancar corazones, ahí en el Templo Mayor, pasando cerca y en algunos sueños, he sentido deseos de recuperar mi lengua, la del indio.

-Santifícame, sí, con uñas y dedos, haznos justicia, mijo, ¿qué necesidad había del desembarco de Colón?, ¿qué pitos tocaba aquí Cortés y sus soldados? La cruz vino de Europa, buscándome el bigote, derrumbaron los cúes, tiraron los ídolos y disolvieron nuestro idioma, ¿con qué derecho? Derecho blanco, civilización aparente, Jesús le hace fuchis a los muslos hervidos, es un dios remilgoso, no habría comido serpientes, puro pan de trigo, hostias blancas.

-Jesucristo, el verdadero, compadre de la Inquisición, abomina las serpientes y las vísceras, pero tú, padre, disfrazado, has comido ajolotes y culebras durante los siglos de colonia, tanto que ya es imposible separar al dios cristiano del indio, su doble, en México le pegamos un nagual al crucificado, la cruz es doble, doble el crucificado, doble el sentido de los mandamientos, los pobres comemos tierra, bebemos pulque, nos santiguamos, oímos misa, nos golpeamos el pecho, añorando, vendrán tiempos de ferocidad increíble, las iglesias están agarrando sabor de antigüedad corrosiva, ya ves que algunos curas se han hecho ateos y disparadores.

-Momentos de aridez, mijo, instantes de lengua seca los que estamos aguantando, pero aluego brotarán de nuevo las aguas de la inundación, romperemos juntos las fuentes de los tlaloques, río de lobos, río del misterio, el nagual de Jesucristo se adhirió, en efecto, a todas las figuras de la iglesia, incluyendo al sacerdote. Los virreyes, después de algún tiempo en estas tierras, cogieron el estilo del nagual, sus vibraciones dobles, supieron persignarse a la manera mexicana: por dentro el diablo y por fuera la sonrisa hipócrita, por dentro el odio contra los negros de Gudejas y Malpinto, por ejemplo, y por fuera el punzarse las patas delante de terceros que le compran sus comedias, nada, ni las piedras se han librado del sabor a chicharrón, mijo, por decir, digo chicharrón porque me suena, porque representa, digo chicharrón o tamales atorados en la religión presente, la de los santos llagados, la de los santos golpeados y sangrientos, la religión de las vírgenes masacradas, la de las madres echando gritos lamentables, el gobierno también trae atorado el chicharrón, y los poetas y músicos, semos mexicanos, mijo, nos guste o no. Afortunadamente estás renunciando a la clase media, Chorrillito, clase santurrona: jamás colgaría una calavera en la sala, no digo groserías, abomino los desnudos porque son de mal gusto, no como buche ni nana, pura maciza y filete tres cuartos.

-Estamos refundando México-Tenochtitlan, escucha, padre, en los canales silban los caracoles y las chirimías, están sonando los tambores en el Templo Mayor y allá lejos, en las pirámides, música de teponaztle y de huéhuetl, Xochilpilli recibe la humedad de los tlaloques, dará a luz sobre la tumba de los españoles ramos de cempoalzúchitl.

CASA DE PIEDRA.
Chorrillo escribe **en la pared de la sala** con mano sangrada, pequeña mano con un solo dedo señalador, la pluma agota la tinta roja, ahora coge otra parte mojada en sangre, ¿brazo?, no, se trata de una piernita, y continúa la escritura, carajo, escribir

en las paredes leyendas y retos le recuerda a Jack el destripador, sensación de asesino europeo, vulgaridad macabra, la pureza india se ha ensuciado aunque lo que escribe pretende venir del dios mexicano, carajo, Tezcatlipoca no conoció a Jack, no pudo haber hablado con él, Jack despreciaría blancamente a Tezcatlipoca porque el dios mexicano es prieto y no habla inglés, el náhuatl es corriente, de hecho, los pocos nacionales que continúan hablándolo se avergüenzan.

-No entiendo lo que escribes, maestro -comenta Chocolate-, ¿está en inglés?

-Pendejo -insulta Chorrillo y le avienta con furia la piernita que no da en el blanco, sino que se estrella sobre una de las lámparas largas.

-Es náhuatl, animal -corean los otros discípulos.

-Ah, perdón, perdón, me hinco y pido perdón -nadie lo perdonaría, el error había sido imperdonable. Español contra náhuatl, pasa, ¿pero inglés? Jack no representa a un pueblo, como Tezcatlipoca. Leí que Jack el destripador escribía mensajes al inspector en las paredes. Leí que les sacaba las tripas a las putas porque era médico, suponen, leí que se entendía con el interior de las mujeres asesinadas.

-¿Y quién es Jack el destripador, Chocolate?, ¿qué pitos toca en esta casa? -grita Chorrillo, abofeteando a su discípulo rebelde-. Mámame la riata, Chocolate, en seguida, voy a pensar en Prudencio. ¿Tengo blanco o negro el pito, cabrón?

-Casi negro, prieto, diría yo.

-Háblame al chile, Chocolate, ¿quieres Morir?

-Quiero volverme loco y vivir luego de esta aventura mexicana.

-¿Eres puto o macho?

-Macho, pero puto si tú me lo mandas.

CALLEJON DE LOS BORRACHOS.

Con don Cuco, bebiendo cerveza. Me dice, arrancando la etiqueta de la botella con la uña:

-Dios no quiso que nacieras con sarna, Silvi, pero te dio una pata guanga, bien, ¿es eso justicia?, no lo sé, porque yo pienso que la justicia del cielo la entenderemos arriba, imagino una mesa larga, enorme, Cristo sentado en la cabecera, preguntando con voz amable, voz que me hará rebuznar de llanto, yo, yo sólo comprendo a medias la justicia de los hombres, basada en leyes que le ponen alto a ciertas tendencias inciviles que llevamos dentro, las leyes nos indican cómo debemos actuar de manera fría, sin intervenir en lo que somos, en el ser, tú puedes creer que el tener la pata guanga te concede ciertos derechos de venganza o cosa parecida, pero no es así, Silvi, amigo, la pata guanga no concierne a la ley, ella está por encima de defectos personales, a la hora de sentarse a la mesa delante de Jesús, las cosas quedarán claras, nada podremos reclamarle, Jesús llora tanto que parece que tiene gripe crónica.

¿Qué es una pata guanga? Un impedimento, a primera vista, la imposibilidad de ser corredor, bailarín, marchista, doble de cine... tu caminas con la pata guanga, podrías haber sido ingeniero o sacerdote, podrías haber sido tamalero y vivir una vida normal de penuria, Silvi, la persona dueña de la pata, tú, es responsable de ella, como de sus dientes, las patas guangas muerden, causan depresión, estudiando en sus torpezas puede el dueño sacar estupendas máximas de acción o decidir arrojarse por la ventana con el fin de castigar a Dios, con el propósito de demostrar que la justicia divina es retrógrada, absurda.

¿Qué es una pata guanga? Buen pretexto para beber, amigo, buen pretexto para alejarse de la sociedad sacando la lengua. Buena razón para volarse la tapa de los sesos. Mi pata guanga es invisible, no la veo yo y no la ven mis enemigos, pero actúa, me ha traído al paredón del callejón, Silvi, aquí me fusilan las crudas. Yo me creía invencible, el alcohol me convenció de ello durante algunas noches de farra, luego me dio en el hocico, hubo cristales rotos, portazos, huesos hechos pinole y aquí me tienes, llorando cerveza, sudando ron, hurgando en la ley con las pocas neuronas que me quedan vivas. ¿Pero y la ley? Descansa fríamente en el papel. Está escrita. Sobre borrachos y pordioseros, sobre hembras y machos, sobre la misma religión. Chorrillo asesina, debe ser castigado, independientemente de si es loco o sano, de si su madre fue buena o mala, católica o luterana. Las bandas místicoDiabólicas creen que el homicidio es permitido, pero el sano juicio, reflejado en la ley, lo prohíbe sin distinción de profesión o rango. Chorrillo debía ser castigado, en la tierra y en el cielo, aquí y en el más allá. Es posible, concedo, que existan seres cuya condición biológica los acerque al crimen, pero aún así, digo yo, la ley está por encima de la biología, Silvi, fregados estaríamos si no, fregados estamos porque violentamos la ley a nuestro antojo, yo lo hice con el trago, quise ser brillante, corrupto, buen padre, rico y borracho, imposible, ahora pago con horror lo que hice en mis borracheras, ¿entiendes?, los hechos, ¿pude ser borracho y no delinquir?, lo dudo, ¿pude ser borracho y buen padre?, lo dudo, caí en la indiferencia, daba lo mismo robar que no, daba lo mismo una o tres mujeres al mismo tiempo y de la edad que fuera, impunidad, soy tan listo, he sido tan listo, ahora temo a las sombras, Silvi, el callejón se ha llenado de ellas, sombras informes, ánimas y brujas hacen corros aquí, yo veo y escucho, cierta tendencia interna pide que participe, cierta tendencia interna desea que me monte en una escoba y me convierta en brujo o bruja. Tengo pánico, tanto que deseo morir, amanecer seco de una buena vez, como bacalao, lo disfruté en Año Nuevo, alguna vez en compañía de la madre de mis hijos, alguna vez tuve capacidad de respirar satisfacción.

Silvi, Silvi, comienza a cerrar ventanas antes de irte, antes ofrece reparación, porque lo que veo en esas ventanas es dolor, amigo, dolor que busca doctor, medicina tocando puertas en el infierno, por eso me arrastro, por eso aúllo en las noches, morir, por eso la gorda se me aparece y me lleva de paseo por mi propia conciencia, llena de pasillos olorosos a humedad.

Me dice la gorda encuerada que deje de beber, Dios espera que tape la botella, Dios espera que corra entre la basura repartiendo servicios y bondad, pero yo ya estoy muy viejo pa eso, Silvi, en cambio tú sí puedes, haz a un lado vanidades y éntrale de lleno a la redención, te lo dice un moribundo, Silvi, te lo dice la gorda a través de mis labios, ¿acaso, cuando eras cría, no deseaste con rabia que alguien muriera?, ¿acaso no torturaste?, yo sí, perros y lagartijas, arranqué pelos y, lo más terrible, estuve a punto de asesinar a mi esposa con un bastón, poco faltó para que lo hundiera en su cráneo porque me dijo borracho irresponsable. otras cosas que no recuerdo, que no recordaba, me enseña la gorda de las ventanas, ven, Cuco, asómate aquí y contempla lo que hiciste con el martillo en la cabeza del animalito, ve, y vi los sesos del bichito aquel, quemándome los lagrimones, sesos inteligentes, llanto de pesadilla y no de arrepentimiento, Señor, porque aún bebo en el callejón, porque persiste mi necia modalidad de hacerme loco, ¿comprendes Silvi?, me hago el loco, finjo que mi familia puede sin mi, hago como si mi familia no me odiara, Dios santo, qué martirio, en el cielo encontraré a mi familia, me acusará delante del divino Dios cristiano, dirá que fui perverso pudiendo haber sido grande, por lo menos generoso, dirán mis hijos que no hice las tareas con ellos, que no los llevé suficientes veces al cine, los mandaba a misa solos, pero bueno, espero, por su bien, que me perdonen y olviden, Silvi, que perdonen y olviden lo que soy y lo que fui, pero dicen, creen algunos que regresaré a repetir la misma danza, ¿tú crees en el eterno retorno?, yo no, es necesario que no creas en semejante patraña, ¿te imaginas volver?, caigo en el abismo y la gorda vuelve a mostrarme las ventanas una y otra vez, infinitamente, para volarse la cabeza, qué angustia, Silvi, dame un abrazo, por favor, dime que tú me perdonas, que tú eres mi amigo, que al menos tú no me guardas algún rencor?

CAPAS DEL TIEMPO.

Dios nos hizo **células de un ser superior**, cuerpo enorme que no alcanzamos a imaginar, contiene las vidas pasajeras de cada uno de nosotros ayer, hoy y mañana, en él está comprendida la historia y la prehistoria: corre el ferrocarril al lado del mamut, la boa ataca, los conspiradores independentistas se reúnen en casa de doña Josefa Ortiz de Domínguez, Carranza es asesinado, mientras un grupo de concheros danza en la Villa de Guadalupe, superposición tempórea, cebolla dentro de la cebolla, el universo es como las bolas de marfil chinas, simultaneidad maravillosa, Moisés se retira de Egipto luego de las siete plagas, al tiempo que el presidente Cárdenas decreta la expropiación petrolera y Chorrillo decapita a la primera criatura, pero la simultaneidad no es arbitraria, en el libro de Dios está escrito cada instante coincidente con cada otro instante en otra capa del tiempo, nada es azar, predeterminación con libre albedrío a través del crecimiento conciencial, ¿es posible?, Modesto lo cree, de alguna manera será dado interferir en otra capa de tiempo, de alguna manera él meterá la mano y tocará cierta realidad concreta del pasado o del futuro, preferiría del pasado, el futuro se le muestra demasiado confuso al maestro Modesto, futuro personal y futuro del ser contenedor, máquinas complicadas, computadoras, coches voladores, edificios gigantescos, tal vez desplazamiento mental, desdoblamiento, comunicación telepática entre pequeños y grandes, mentalidades micro y macro, pero un toque con la mente macro del ser contenedor podría causarle a Modesto un derrame cerebral, volverlo estúpido, paralizar su entendimiento y mantenerlo de por vida con la boca abierta, el ser camina y habla con otros seres que son de su tamaño en una dimensión galáctica, fenomenal, su existencia implica relación, comercio, casamientos y tragedia, estos seres guardan memorias al igual que nosotros, los pequeños, son chicos comparados con Dios, ángeles y arcángeles, se desarrollan más o menos, comparados con otros de su tamaño, mueren y renacen en un eterno retorno más abarcante, Modesto asegura que podría darse comunicación entre conciencias micro y macro, aunque él no la ha logrado, pero sabe de sabios que sí, poetas que sí, cuando los micros entran en éxtasis -como San Juan o San Francisco- y tocan semejante absoluto (la conciencia macro) dejan de sentirse solos, modifican sus aficiones al dinero y al modo de comer y beber, se vuelven maestros mansos, tolerantes, guías experimentados que comienzan a viajar por países lejanos en cruzada, San Pablo viajó, la cuestión dificultosa es que resulta prácticamente imposible convertir, Modesto habla diariamente con sus feligreses y nota la distancia, el tremendo recorrido que hace falta para llegar al despertar, a veces siente que ha lavado demasiado su interior, que ha confesado demasiadas cosas, escalofríos, de nada sirve la confesión sin la gracia del arrepentimiento, Jesús, griposo, llora nuestros pecados. En este ser colosal los niños que son abortados vuelven a ser arrojados por sus madres una y otra vez hasta el infinito, pero hay posibilidad de cambios mínimos, repetición con variantes en el infierno, que consiste en la casi imposibilidad de modificar el tiempo sólido -afirman los de la religión de la sangre, en realidad, Modesto, día y noche limpia el polvo de su iglesia, meditando, ¿por qué no fue un caballero andante?, en realidad, ¿los caballeros andantes eran verdaderos cristianos?, más bien se trataba de caballeros creyentes en la esoteria exterior, buscaban horizontalmente a Dios, siempre jugando a las escondidillas, metido en cuevas profundas, ardiendo en zarzas, en la cima de alguna montaña, es decir, que el espacio, en las aventuras caballerescas, estaba tocado por la maravilla, también para los alquimistas lo estaba, espacio cargado de sorpresas místicas, espacio indómito, donde la piedra de los sacrificios encierra misterio, la cruz oculta espíritu, crecimiento, estados superiores de conciencia, espacio de brujos y brujas, hadas y damas absolutamente fieles, más los caballeros andantes eran soldados, imponen la justicia con las armas, entonces, se sienten dueños de la verdad y están acelerando el convencimiento en el medioevo, a fuerza debes creer en Cristo, por fuerza debes convertirte, los caballeros recorrían los caminos en busca de entuertos que remediar, se ¿trataba de personas honestas o déspotas ingenuos?, a México emigraron caballeros andantes disfrazados de sacerdotes, ladrones disfrazados de caballeros andantes, España metió en las minas a los hijos del diablo Tezcatlipoca, ¿este último nos traicionó?, es posible que le haya endemoniado la conducta de Moctezuma, vencido por el augurio, pero el augurio pudo haber sido invención de Tezcatlipoca, igualmente, porque el dios es engañoso como el diablo.

GRANIZO MAGICO.
¿Tenía que granizar el día de mi nacimiento? Granizó (los tlaloques se hicieron así dueños de mi sangre, aquellos señores dioses que gobernaban las aguas conocen y conocían el granizo, la nieve mexicana, pero no las nevadas blancas europeas, pero no el hielo polar, mandaban lluvias y municiones de agua, pedían lágrimas en los nacimientos infantiles, empujaban al ahogo a personas y embarcaciones, los tlaloques sabían entonar el estruendo de las cascadas). En un sencillo acontecimiento natural está implícito el destino (frialdad, tentáculos helados). Dios dijo (¿Jesucristo, Tláloc, Huitzilopochtli, Tezcatlipoca?): venga el granizo, y el granizo enfrió mi nacimiento, provocó en mi interior tendencias graves, inconscientemente homicidas (los católicos dirán que el Dios cristiano no influye ni determina la inclinación homicida. Entonces, los dioses mexicanos -malos- entraron en mí, sus dedos fríos me tocaron, entonces, tengo que pensar: el frío nada tiene de europeo en mi nacer, entonces, lo mojado en mi sino es por completo indio, sonajas y sartales, penacho, entonces, ¿los dioses tlaloques, como malos, son también cristianos?, ¿o habría que entenderlos de otra forma?, ¿a la manera de

63

Chorrillo?, por supuesto que no, Chorrillo es un renegado del seminario, Chorrillo estudió las santas escrituras, cantó gregoriano en el monasterio, aprendió el catecismo y alguna vez se vislumbró como héroe independentista a la manera de Hidalgo). Yo habría preferido nacer en Europa, ser español, que mi madre pariera durante una verdadera nevada (el granizo es mediocridad, estado intermedio, subdesarrollo).

NEVADA.

A propósito de nevada, **estoy en otro tiempo**, engrane adolescente, mi padre bebe con su amante, no ha habido aún una conversión general, cósmica, mi madre espera el regreso de su esposo fumando marihuana y yo decido neciamente ir en busca del frío a la Marquesa, ¿por qué?, presentimiento, la frígida indiferencia de mis padres me mata, me matará una mano helada en el corazón, infarto, paso al más allá, espero que me extrañen pero lo dudo, iré pese al peligro y a la oposición de tío Dominico, claro que iré (llamada de los dioses malos), recuerdo los guantes que me hicieron falta, el abrigo, Dios bendito: A quién se le ocurre salir de excursión con un tiempo así de anémica ventisca -dijo mi tío Nico alzando las orejas. ¿A quién? Pues a Silvino, hecho ya un adolescente tímido y desmirriado, indio perdedor, mis parientes aztecas comieron carne humana, sacaron corazones, Moctezuma almorzaba niños en salmuera o enchilados, Jesucristo está enojado por eso y se desquita con las generaciones indias y mestizas. Pero qué no ves pedazo de animal que vas a ponerte morado, ni siquiera llevas una buena chamarra, las patas se gangrenan con el frío.
-Algo voy a comprender, así lo intuyo, tengo que ir (¿llamada de Tezcatlipoca?).
-Baboso, entenderás que el frío mata.
-Si muero será porque ya estaba escrito por Dios en el eterno retorno (¿cuál Dios?).
-Estupideces, Modesto le ha sorbido el seso a medio mundo, yo soy católico, no creo en el eterno retorno.

-Eso no modifica que pueda ser cierto.

-¿Quién te crees tú para estar en contra de la iglesia, mequetrefe?

-Nadie, por eso voy de excursión, presiento que sabré quién soy verdaderamente.

-Claro, en vez de Dios, te lo dirá la nieve. Comprenderás que fuiste un estúpido cuando estés morado.

-Eso y más me dirá la nieve, sí, que existe o no el más allá, que retornaré a la vida a través de la panza de Anilú.

Silvino, joven pequeño, tonto, manejable, naco inculto, iba a conocer, en la excursión, un hueco negro en su personalidad, iba a tocar en él, parte del odio de Chorrillo, concentración asesina contra las familias españolas, contra cualquier triunfador, tenga la raza que tenga. El pulpo frío que tocó a la palomilla homicida abrazaría mi alma:

SILVINO: Yo seré como el frío que sacó los ojos de las criaturas en la casa de piedra, placer congelado, paleta de sangre, yo seré mi propio asesino: me odio más a mí mismo que a los demás.

En la cueva.

Me emperré. Vaya frío, Felisandro -muérase el desgraciado-me hizo ingerir unos tragos de ron Bacardi en la cueva donde nos echamos a dormir -puto el que no chupe-, y en el preciso momento en que había conciliado el sueño me vomitó, humillación española, Cortés vomitó en la puta Malinche, Huitzilopochtli vomita en Tenochtitlán, regurgitó hacia arriba, chisguete, dormido -eso dijo pero yo no le creí, porque el gato siempre me ha tenido tirria, compasión mezclada con desprecio -tal vez él pudo identificar su infancia con los güeros católicos, tal vez el gato no sueña con la independencia india, cree en la ley natural que hace distinguir en el interior de las personas lo bueno de lo malo, tal vez no siente depresión cuando bebe y venera al Dios cristiano, al verdadero, no a Tezcatlipoca disfrazado.

-Felisandro, le dije, si no fueras mi amigo te habría asesinado a sangre fría.

-¿Por una vomitadita?

-Por eso, porque te huelo, porque huelo tu interior, porque huelo tu piel, porque apestas, hijo de la chingada, hueles a sardina, conciencia de sardina, cerebro de sardina.

Ahí -noche de excursión en la Marquesa, noche de revelaciones- no había agua con qué lavarse, y las servilletas de papel se habían acabado en la cena: una miserable lata de sardinas. Al vómito de Felisandro siguió, por supuesto, el mío.

SILVINO: Carajo, me da asco mi cobardía, Chorrillo no habría perdonado, espina de maguey, cuchillo consagrado, navaja de afeitar, más tarde cumpliré lo que hoy no puedo, pinche Felisandro, gato de mierda, españolizante, ganador, ascenderé las escaleras de tu casa y reventaré tu cráneo con una varilla de fierro, freiré tus sesos en la sartén con mantequilla y comprobaré que huelen a sardina.

HELADEZ.

Anticipo esto a mi nacimiento, porque lo ligo con el frío asesino que se apoderó de mí y con náuseas, mareo y repudio: Mi madre, al saberse embarazada se jaló las mechas: Carajo, ahora me la voy a pasar devolviendo hasta que no salga la cría jodona a chillar y a quitarme el pan del hocico. Yo no quiero vomitar, me da asco.

Felisandro contó el incidente **-vomitada sobre mi jeta india en la cueva-** delante de las muchachas y la Chispa, mi adoración, me miró con asco -hay imágenes que lo marcan a uno, sitio de Tenochtitlán, ganaron los gachupines, desde entonces las barbas vomitan la lampiñez indígena, desde entonces mis rabietas crean puñaladas y descuartizamientos, herencia que dejó el astro Chorrillo en mi astrología criminal -subiría quizá con ellos, los discípulos, la escalera de madera en la casa de piedra y usaría las espinas para sacar ojos y pinchar lenguas y cachetes.

-Felisandro me vomitó, es cierto -confirmé delante de la Chispa-, pero el se llenó primero de asquerosidad.

Yo amaba en secreto a la Chispa. Sabía que jamás podría besarla -ascos insuperables, sátrapas untados de sangre, la guerra se hace criminalmente, mataré a Felisandro -me digo influido por el astroChorrillo: puso en mi alma ansias homicidas contra el gato desde el día de mi nacimiento helado (granizo azteca, soy hijo de Aztlán).

-Hablando de ascos, por qué no vamos esta noche al Cancerbero.

-No pienso que sea adecuado para la Chispa, Felisandro.

-¿Por qué no? -dijo la Chispa molesta-, ya veo que Felisandro tiene razón, eres antifeminista, Silvi.

-¿Porque pienso en ti como una dama?

-Precisamente, Silvi, ¿quién te da derecho a encasillarme?

-Es verdad, Chispa, te desconozco.

-Desconoces lo que soy, por supuesto, que te quede claro, yo no quiero por ningún motivo, ser lo que tú imaginas que soy, Dios bendito, piensas mierda y me conviertes en lo mismo, ¿te parezco vulgar?

-Sí, un poco vulgar, ¿no lo eres?

-Lo soy, Silvi, ultra vulgar, indigna de ser tu amiga, pero con todo darías las nalgas por que yo te las diera.

ESTAMOS EN EL CABARET CANCERBERO y, como siempre, me digo:

"Acepto que me vomitaste, Felisandro. Acepto que soy menos talentoso que tú. Acepto que me quitaste a la Chispa". Acumulación.

SILVINO: Tu sangre responderá a mi furia india. Lo supe el día de la excursión a la Marquesa. Desde el momento del vómito hubo un parto en mi interior: no sirves para maldita la cosa, Silvi, me dije, pero puedes hacerte grande a través del asesinato, grande como la cabeza grande del pintor. Tu cabeza, Felisandro, comenzó a crecer, se hizo motivo de golpes, suda, muestra magulladuras. Caerá tu cabeza.

-Sabes, Felisandro, estoy empezando a concebir la idea de cambiar de vocación –comento al gato, luego de dar un trago largo a mi bebida.

-Felicidades, Silvi, jamás serás bailarín. Eres pequeño, pero al reconocerlo, te estiras un poco.

-La pequeñez es modesta, yo no, estoy enfermo de orgullo.

-Habrá que tragárselo si pretendes continuar viviendo.

-Eso no lo sé, Felisandro, quizá me mate uno de estos días.

-Bien, eso habla bien de ti, el suicidio es una salida digna.

-Voy a pensarlo, mientras me beberé otra cuba. A veces sueño con Chorrillo.

-Yo también, Silvi, es curioso.

-Sueño con Chorrillo y con don Cuco.

-Ser un perro común y corriente te hará bien, Silvino, de verdad, no estás hecho para la fama.

-Podría ser vendedor de seguros.

-Posiblemente.

-Podría escribir crítica en el periódico, publicar algún libro sobre danza.

-Lo dudo, Silvi, no eres persona de datos, las ideas, para ti, son laberintos, te enredas con facilidad.

-Es cierto, entonces, escogeré entre cosas simplemente motoras, pura acción, cero pensamiento.

-Cualquier cosa estaría correcta si no ardieras en rencor.

-Trago odio, por eso me mataré.

-No antes de hacer algo que se considere grandioso.

-¿Crees que no soy capaz de desaparecer así como así?

-Lo creo. Tampoco eres un auténtico suicida, Silvi, tu infantilismo escandaloso te hace falso también en eso.

-Cualquier razón es válida para ser lo que soy.

-Al contrario, Silvi, tú te la pasas buscando, desesperadamente, las razones de por qué eres como eres.

-Dios no existe, naturaleza, azar, tengo derecho a no estar conforme, Felisandro, ¿tú lo estás?

-Pero yo tengo demasiado y tú muy poco, Silvi, eres lo que se llama un miserable espiritual. Más que suicida mendigas talento, amigo, esa actitud peligrosa puede llevarte al pacto demoníaco, de ahí que sueñes con Chorrillo, él pactó con el mal para crecer, construyó un altar a Tezcatlipoca para alzarse, el dios antiguo le dio güevos para matar, cosa que a ti te falta.

-¿Estás seguro?

-No enteramente, Silvi, no, a veces quiero creer que los tienes.

-No cualquiera se suicida, pienso, no cualquiera castiga a Dios inexistente por su falta de juicio. Soy infantil porque deseo castigar a la divinidad cuando ésta es una invención.

-Tu monumental berrinche ha creado un escenario y un espectador, amigo ateo, ¿sabes quién observa?, precisamente el que niegas, Dios.

-El ojo de Dios.

-El ojo de Jesucristo.

-O el de Huitzilopochtli.

-¿Te gustaría ser defendido por los dioses antiguos?

-No creo en dios ni en dioses, Felisandro.

-Pero te agradaría, eres indio.

Reliquia.

Comentario: Bajo la almohada escondía un huesito de tamarindo que ella, la Chispa, había chupado y que yo lamía después del desayuno, de la comida y de la cena. Chupe el huesito hasta que se hizo nada (ojalá algunos pasajes de la historia pudieran desaparecer: Cuauhtémoc pende de un árbol, su cuerpo en movimiento dice que no, él no vomitaba al oler a los sacerdotes aztecas, al contrario, su corazón palpitaba de emoción en simpatía con el del sacrificado).

SILVINO: Estoy esperando tu crueldad, señor Cuauhtémoc, te dejaste joder, desamparaste a los tuyos, tu memoria pende del árbol, ahorcamiento, tú debiste coger con la esposa de Cortés, la Marcaida, y no al revés".

Proselitismo.

De tanto dar vueltas el alma puede llegar a morir. Estas almas que no cambian, como la mía, nos convertimos en desecho que el cosmos termina abortando (substitución, ¿el Gran Arquitecto no había calculado mi necedad? Albedrío, el Gran Arquitecto tolera mis desvíos). Desgraciadamente no nos es dable salir de la rueda del eterno retorno por mérito propio, necesario es hacer labor de convencimiento y convertir a todos los que pertenecen al bloque donde a uno le tocó nacer y vivir **(conciencia colectiva, igualdad espiritual, basura).**

-Felisandro, ¿tú crees que morirás violentamente?

-Si continuo viniendo al Cancerbero puede que sí, se ha llenado de pelusa.

-La violencia accidental nos amenaza a todos.

-Comprendo, hablas específicamente de mi muerte.

-Sí, hablo de venganza y de odio.

-Supongo que no te refieres a ti, Silvi.

-Yo soy insignificante, Felisandro, hablo de resentimientos populares, historia, además, don Cuco me enseñó a respetar la justicia católica.

-¿Qué justicia enseña un teporocho, Silvi?

-Me habló de ventanas, me habló de la conciencia, de la gorda que veía en el callejón, es posible que las ventanas se abran de pronto y nos muestren nuestros actos más horribles, lo que hemos olvidado y reprimido.

-Para variar, Silvi, no has comprendido, don Cuco no se refería a ver o a que la gorda le enseñara parte de su vida horrible, no, don Cuco pensaba en la redención cristiana, es decir, en el modo de ver los propios actos, Silvi, en la calidad de la emoción, en el arrepentimiento, porque sin este sentimiento las cosas horribles que hicimos no nos parecen tan espantosas. Hay una gorda encuerada en ti, Silvi, que te enseña lo que haces, pero tú aún te crees puro, relativamente, porque concibes actos peores.

-No he sido tan malo, es verdad.

-Esperas ser peor, por eso no ves el presente. Puedes ser más malo, indudablemente, pero podrías también arrepentirte ahora mismo.

-¿De qué, de no ser un buen bailarín?

-Las ventanas son simbólicas, es modo de decir que puedes adquirir ojos nuevos, corazón de carne, como afirma la religión. Con estos ojos nuevos los actos aparentemente más inocuos revelan su maldad, como ver con una lupa espiritual.

SANGRE Y CONCIENCIA.

SILVINO: Anilú, mi madre, afirma que la religión de la sangre forma la conciencia liberadora, ¿liberadora de qué?, en fin, ella cree que cree, de ahí que se punce las patas. Acto mecánico, sin arrepentimiento, base del perdón cristiano. Punzarse a ritmo y beber. Punzarse a ritmo y fumar marihuana. Punzarse y fornicar. El cuerpo enorme que nos contiene entra en ritmo cuando el bloque de la actualidad se punza -los hermanos de la sangre chupan y se identifican, ¿pero cambian?, ¿realmente dejan de envidiar?. Lo dudo. Yo he chupado mi propia sangre. Preguntemos a mi madre.

Punzarse.

-Silvi, yo me punzo y siento que el dolor del piquetazo asciende hasta la conciencia de otro ser que me sonríe.

-Esas son baciladas de Modesto, mamá.

-Púnzate y verás, púnzate y entrarás al mundo de la religión, no que te la pasas en el ateísmo cavilando zonceras.

-Voy a dejar la danza, seré vendedor de seguros.

-Imposible, Silvi, tú quieres trepar las escaleras de la fama a como de lugar, has querido ser cantante, y antes guitarrista, y antes pintor, y antes bailarín. Hablas de escribir en los periódicos, hablas de meterte a la política, estoy segura que hasta piensas en robar, carajo, se un borracho sencillo, métete las cubas que te plazca, pero no friegues con ideas de grandeza

71

y perfección, aburres, Silvi, de verdad, tu padre es borracho divertido, no que tú …

-Trato de ser coherente. Soy ateo y borracho. Soy borracho y mal hijo. Pienso que un briago como mi padre necesariamente es malo, de nada le sirve punzarse y medio arrepentirse, el cristianismo…

-Animal, estúpido, eso eres, Silvi, yo soy egoísta y me punzo, gracias a Dios, yo soy viciosa y me punzo, pido perdón, mucho perdón porque no lo merezco, porque estoy fuera del sendero divino, porque piso en la vía de los perros perdidos. Tú también estás perdido, pero crees que no. Crees que Dios te debe, que yo te debo, que tu tío Dominico te debe. Empiezo a ver demasiado odio concentrado en tu mirada, Silvi, corre donde Modesto y arrepiéntete, golpea tu pecho y púnzate, chupa tu sangre, siente a Dios en ella.

-Lo que ves en mis ojos es frío, mamá, indiferencia, soy un borracho aburrido, es verdad.

-Odio congelado, Silvi, el peor, te hace creer que no existen leyes en el mundo, que la justicia es basura.

-Yo aprendí de don Cuco la idea de justicia.

-No aprendiste nada, Silvi, don Cuco hablaba de corazón, murió llorando, murió venerando a su familia y a su amante, la teporochita. Tú no quieres a tu hermana, ni a tu madre ni a tu padre, ni a ti mismo. Nos juzgas, crees que tú sabes más de religión, que tú sabes más de la vida y de la muerte, hasta del amor, pura soberbia, fría soberbia.

IV

RELIGIÓN DE LA SANGRE

MODESTO: Los adeptos de la religión de la sangre, los verdaderos, sienten cuando el cuerpo eterno responde punzándose, a ritmo, inmerso en su dimensión trascendente. Alfileres macro y micro perforan la piel, punzada, gotas de sangre, ahora las lenguas macro y micro chupan en comunión. Chupamos y sentimos, toque cósmico. A esta simultaneidad entre conciencias micro y conciencias macro en el acto de punzarse le sigue la etapa llamada de suspiro, Silvi, etapa suspirante, en la que entra el ser contenedor y durante la cual mantiene su respiración ligeramente agitada, como de parturienta. Lo pequeño y lo grande, junto, suspirando, lentamente y apenas por un instante, se tocan, saben que son parte de lo mismo y que fueron creados dentro del Eterno Retorno. Yo lo sé, lo he sabido siempre. Lo sabe Farina y tu madre, y hasta tú lo sabes. Precisamente la religión de la sangre busca que el ser grande, nuestro contenedor, dueño de las células tempóreas, de la historia en grande, se punce para que alcance un estado de conciencia superior, privilegiada, conciencia de nosotros y de El, supraconciencia. Palpándose a través de esta conciencia, el ser grande y los adeptos comulgamos en místico contacto, haciéndonos dueños de más y más momentos que quedan registrados en un almacén nuevo de memoria perfecta, la memoria que se piensa y se sabe. La suma de recuerdos forma la sensación trascendente de la tetradimensión.

-Paparruchas, Modesto, no somos parte de nada, la integración, la estructura, digo, es un mero concepto salido de nuestra necesidad, todo está separado y en desorden, vivimos el caos, pero con ganas infinitas de orden, el universo nació por azar, la suerte me hizo cojo y deprimido, más allá de mi posible suicidio no hallaré nada, mi hocico dejará de pronunciar lamentaciones, mi panza dejará de apetecer, no soy religioso, no lo seré, no lo sería, veo a mi padre y a mi madre en las persignadas y me dan ganas de golpearlos, son hipócritamente ingenuos, la iglesia se cae a pedazos, tus ideas esotéricas equivalen a mierda, ojalá fuesen verdaderas, ojalá el Eterno Retorno me brindara la oportunidad de mandar a la chingada mis errores, pero lo hecho, hecho está, Modesto, no me vengas con mamadas.

-Si las cosas son como dices, Silvi -comenta Modesto-, entonces ¿de qué sirven tus resentimientos? Tomo el caos y lo acepto en los términos que acabas de expresar, es decir, nosotros ordenamos y no Dios, inventamos nosotros y no Dios, tanto inventamos que nosotros inventamos a Dios, bien, así consta en el acta. Entonces, conclusión: Eres como eres y más vale aceptarlo porque a nadie le importa tu jeta ni tus dolores de muela, paraísos, cielos y demás lugares trascendentes están vacíos; más vale aceptar, insisto, el vacío desordenado al que haces referencia porque nadie visitará tu tumba más allá de lo razonable, ¿entiendes?, nos vale madre el destino del otro, son sus calzoncillos y su culo, aceptación, he ahí la clave, pero ¿por qué Silvi está resentido?, si estás resentido por tu pata torpe es porque achacas la maldad a Dios, Dios es el culpable de tu mediocridad, resulta cómodo, si eres religioso, pero tú eres ateo, Silvi, ¿entonces?

-Me odio a mí mismo y no a Dios.

-Ajá, bueno, ¿y eso en qué te beneficia, siendo incrédulo? Dios no existe, el caos es un hecho, deseamos ordenar, el azar golpea. Tu resentimiento sin receptor carece de sentido, amigo, así que pregunto de nuevo, ¿de qué te sirve?

-De nada, pero me caigo gordo, ¿no puedo?

-Puedes, pero ese no es el punto, yo pregunto, ¿de qué te sirve tu encabronamiento?

-Me da cierta satisfacción, puedo insultarme y gozar.

-Aunque te chingue admitirlo, Silvi, tú esperas un cambio milagroso, por eso pospones tu muerte. No crees en Dios, pero creerás en El luego del milagro. Dios debe probarse a sí mismo que existe demostrándoselo a Silvino.

-Cierto, sueño que un día amaneceré con la pata curada, sueño que el dedo gordo arroja pus a chorros, sueño que los huesos entran en aceite y se derriten, sueño que un ángel vuelve a modelarlos, sueño …

-Sueñas que te punzas, Silvi, punzarse es entrar en el horno alquímico y cambiar, remodelarse de raíz, dolorosamente.

-Metáforas.

-¿Estás seguro?

-Hasta ahora, mis dolores me han llevado a la amargura, Modesto, donde pienso permanecer cómodamente acostado, le plazca o no al Dios posible que me observa.

-Porque no has tenido aceptación. Ser bailarín o no, carece de importancia, frente al problema de conocerse, Silvi, frente al problema de ser, Silvi, frente al problemón de Dios, digo, porque sin El, el diseñador, el creador, el concebidor, ¿de qué te sirve el dinero? pregunto y respondo aunque sonríes, de nada, ni tu nombre en la marquesina sirve pa un carajo, Silvi, si la presencia de Dios no llena el tiempo, porque, digo, no es igual sonreír desde Dios que en el exterior de El, ¿me entiendes?, yo quisiera amar a Farina desde adentro de Dios, envuelto en su aliento, sumergidos en su halo divino, quisiera y, en ocasiones, siento que así lo hago, pero no dejo de dudar, como tú, Silvi, no dejo de ser humanamente inteligente, inquiridor, entonces, como ahorita, me entran ganas de encerrarme en mi iglesia y ya no salir nunca, olvidarme de Farina y de ti, y de mis feligreses y meterme en un ataúd a respirar vacío, je, je, je…

-Vaya, cuando hablas de ataúdes y de abandonar a mi hermana hasta me simpatizas, Modesto, y por eso voy a ayudarte en tu decisión, que no te quepa duda, estás en el exterior de Dios, amigo, estamos, tu féretro descansará fuera de la respiración del creador.

-Te creería si tú lo creyeras completamente, Silvi, pero dudas, el ojo de Dios te mira, te falta hombría para adoptar un universo vacío, desmitificado. Rascar la idea, te agrada, pero no puedes asumirla enteramente, entonces yo, tu alumno, absorbo duda y resentimiento, lo que te impide mandar a la chingada a Dios, tanto lo odias que lo traes hasta en la sopa.

-Odio a Dios, es cierto, y a mis semejantes, a ti te odio, Modesto, ya que estamos en confianza te lo digo, te odio y te envidio, conste, porque yo no he sido capaz de despertar en nadie lo que tú en Farina.

-Tienes momentos grandiosos, Silvi, dan ganas de abrazarte.

-Abraza a tu chingada.

-¿Otra vez la vuelta?

-Soy yo, el mismo, Silvino.

INCIDENTE EN EL HOSPITAL.

Nacimiento: El parto -que se demora quizá por mi rebeldía- es maldecido con un mal presagio: una mariposa negra, prima hermana del diablo Huitzilopochtli, revolotea en la sala de labor y mi madre (enmotada, aprovechó cinco segundos de descuido para encender su primer carrujo dentro del hospital) grita, se cubre el rostro, patalea, sufre escalofríos: los efectos magnificadores de la droga proporcionan al monstruo dimensiones antediluvianas y mitológicas, de pronto se siente en medio de la selva oscura, dueña de un físico inadecuado, demasiado moderno y pervertido para andar luchando al estilo cavernícola, de pronto, la forma exagerada en que ha reaccionado la delatará, ha fumado mota dentro del hospital, acusarán, a escondidas se drogó, traigan a la policía, échenle a los gendarmes, por lo visto, madre desnaturalizada, quiere que el bebé entre en el sueño de los justos, pues con el humo mágico de Tezcatlipoca circulando enloquecidamente en el torrente sanguíneo de Anilú, deseará quedarse a descansar otros nueve meses. Maldita sea, el mal de ojo, el Nagual que vuelve a salir del infinito, sombra que busca mi muerte en la panza materna, ay, ay, la mariposa planea en la sala de labor como si estuviera consciente del modo agrandado como la siente Ani, animal cornúpeto, se acuesta en el aire en tono burlón, sólo le hace falta reír para ser el diablo en persona negra.

Decía DON CUCO: Esas mariposas muestran el rostro negro de Jesucristo, martirio, pústulas, cruda del amanecer, cruda del anochecer, cruda del atardecer volando. Anuncia la sombra alada - Armagedón, Sodoma y Gomorra- que habrá temblores y que vendrán tiempos pestilentes de bubones contagiosos, Silvi, sí, entre todos los borrachos alimentamos con maldad la sombra de la mariposa negra de la noche, sus alas avientan aire y sed, su cuerpo de gusano nos llama al delirio y a los golpes, salgamos esta noche en procesión con la salvadora de las aguas, la virgen de Guadalupe, ¿te sueno medieval, amigo? ¿Te sueno pedo? En mis delirios secos recorro campos apestados alemanes, bajo escaleras de castillos viejos italianos, escucho lamentos del pasado francés, quizá, Silvi, el infierno no está tan lejos, sólo lo cubre un muro, sólo lo separa un muro, pienso, la puerta, pienso, uno va volando en la idiota y de pronto se topa con que ya está adentro, segundos, amigo, yo he volado sobre sus llamas, me he quemado las alas. Me pongo místico, ¿no?, profético, ¿no? Silvi, la profecía, en los borrachos, es síntoma de infierno, significa que el borracho, yo, ha cruzado el muro, la puerta del averno en carne y sangre, significa que he conocido a Lucifer y no recuerdo por el trauma. Allá adentro, tras el muro, revolotea la gran mariposa negra que es modelo de todas las demás, gorda y jugosa como una naranja de ombligo, viene la mariposa a mi cama de enfermo y me muerde las orejas, viene la mariposa cuando duermo la mona.

Monstruo negro.
-Ay, sáquenla -berrea Anilú.
De nada le sirvió entonces a mamá haberse sobado el ombligo con la imagen de San Tuno antes de salir camino al hospital con su guardadito de pan y mota: la bolsa y el churrito cariñoso preparado para ser encendido al primer descuido de enfermera y doctor.

SILVINO: San Tuno es comedor de pecados, tiene esa función en el libro de Dios, donde fue creado cada instante, donde cada instante ha quedado sellado mágicamente. San Tuno oye las confesiones al parejo que los sacerdotes y se da un festín con las inmundicias que sueltan los pecadores, está asimilado al tercer nombre y función -Tlaelquani- de la diosa Tlazolteotl, comedora de cosas sucias. Cualquier cosa que se confiese a San Tuno, sobre todo de índole sexual, será perdonado. De hecho, él perdonó el que mi madre tolerara la entrada a mi padre en perfecto estado de ebriedad y sin preservativo.

-Sáquenla, carajo, ay, es el diablo, es Huitzilopochtli o el cabrón de Tezcatlipoca disfrazado. Escuchen los tambores del sacrificio, en alguna parte, aquí cerquita, se está celebrando una orgía de sangre, ay, ay, los dioses viejos tienen sed y andan con las lenguas de fuera.

De haber sabido yo a lo que venía me hubiese agarrado a las tripas calentitas de Anilú, tripas protectoras como un buen vaso de vino: el ron ha substituido a la madre que no tuve, cada cuba que ingeriré se hará panza en mi panza. De existir, esa noche los dioses de piedra me influyeron en la panza de Anilú, creo que, efectivamente, fuera del desequilibrio producido por la mota, mi madre estuvo inserta en un ritual azteca, si no, yo hubiese podido elegir permanecer por siempre en el limbo senil de los bebés nonatos, ya que todo el tiempo estuve oponiendo resistencia a mi estúpido nacimiento, desde el cual -raíz- los dioses bárbaros de los cúes, me condenaron al fracaso y, por consecuencia, a beber siguiendo los pasos de mi padre, pero la teoría precolombina pierde fuerza cuando pregunto por qué no me dio por chupar pulque en vez de vino o ron.

-Ay, ay, llévense a esa mariposa, mátenla que me muero -chilla mi madre, presintiendo tumbos de huéhuetl.

SILVINO: ¿Es india o cristiana la mariposa? El huéhuetl suena percutido con pata de cabra, carajo. La pata cogida a modo de baqueta, obviamente, está adherida a la mano peluda del músico cristiano, es decir, el diablo, ¿qué diablo?, el único diablo, el cristiano, aficionado a tocar instrumentos de percusión y de aliento, entonces, la mariposa es india y cristiana, india renegada o el huéhuetl dejó de ser instrumento indio a partir de la traición de la Malinche.

-Ya mero la agarro, ya ... lo que pasa es que ... qué bruta, salta como demonio, esta mariposa es la locura de fea -responde la enfermera sonriente, muchacha buena y poco ambiciosa: sus metas a corto y largo plazo confluyen en el matrimonio:

ENFERMERA: *Iré al altar del brazo de un perro bueno, trabajador, consciente. Lo guapo lo dejo de lado, lo guapo es lo de menos pero será guapo y feo, es decir, por feo guapo, por feo formal y hasta religioso, ¿por qué no? Iré chapeada y del brazo de quien quiera acompañarme. El, el feo, el bueno, persona de respeto, acostumbrado a proporcionar bienestar. Seré ejemplo con mis hijos cuidando sus enfermedades y tareas. El llegará temprano a casa con la misma cara de siempre, alegría y perdón, alegría y amor.*

Un perro por marido.
La infeliz se casó seis meses después de mi nacimiento y, por supuesto, no tuvo suerte, así que, creyéndose mariposa o paloma, se arrojó de la azotea porque el perro -su marido- prefirió explotar a otra enfermera más joven. Se le practicó la autopsia al cadáver, pensando el forense en lo animales que somos, pensando en los crímenes de la casa de piedra, en la posible influencia de ese astro negativo, presintiendo mi deseo paralelo de suicidarme, sembrado en mí como un recodo cortado del alma de la enfermera. Sus parientes negaron el parentesco y fue enterrada en el panteón de San Eulogio, en la fosa común, como Mozart. Según yo, el pedazo de madre que ayudaba a la enfermera a sentir lástima y envidia de Anilú, viene a mí en ocasiones, cuando estoy borracho perdido, y me acaricia con suavidad de persona entendida, hablo con ella de macho a hembra, le digo que a mamá la hundió su egoísmo, la droga y el pan blanco, distinto modo de suicidarse, efecto retardado.

MODESTO: Las goteras que abren los suicidas en las familias manchan con paciente persistencia, tic tac cósmico, joder, joder, el aliento de Dios sopló en la maquinaria de la enfermera, pero luego el soplo, degenerado, se convirtió en obsesión, joder, joder, puncémonos, nuestros momentos se repetirán indefectiblemente, la enfermera que recibió a Silvi está otra vez arrojándose al vacío, cae, rebota en la banqueta, se ha desgraciado el rostro, ahora sabe que no es mariposa y que la gente que se suicida muere; pero si el sol de la conciencia ilumina las áreas negras, entonces, mañana, la enfermera no se aventará a morir contra el pavimento, recordará la descalabrada en su vida anterior y pedirá perdón arrepentida a la orilla de la azotea, su salvación será tu salvación, Silvi, podrás retirar el cañón de la pistola de tu sien, ella abrirá la puerta si nos punzamos y la convencemos de que no valía la pena el marido que la dejó. Cualquier persona que se desatore del nudo de tu nacimiento intrincado, Silvi, amigo, hará que el agua sucia de la tina se vacíe, comenzará la inversión del fenómeno negativo congelando los suicidios, el de la enfermera primero, claro, y el tuyo más tarde, cuando comiencen a borrarse algunos rasgos en los crímenes de Chorrillo en la casa de piedra.

Suicida.

-Allá, mírela allá, se paró sobre el tubo de la cortina -dice el doctor que me trajo al mundo. Yo no quiero nacer, por favor, carajo, Dios recibe ruegos como las vacas a las moscas, meneando su divina cola (entiendo que a Tláloc le agradan los niños chillones y a Huitzilopochtli los sangrones). Tengo que salir de la panza de Anilú para que el sin fin de la vuelta se cumpla, según la voluntad del Divino. Ya después, en el momento escrito, podré tomar la pistola y volar en la otra ala de la mariposa enfermera. Ella quiere llevarme a la banqueta, banquetazo, yo deseo escoger el impacto de la bala.

-Dele un zapatazo, doc, arréenle un chancletazo, ay, ay mamacita chula -se queja Anilú, zangoloteándome.

La matriz se contrae al tiempo que el polvillo maléfico que suelta el bicho nocturno espolvorea la frente de la parturienta y baña los asesinatos en la casa de piedra, el universo está pasando por la edad del hierro y del fuego al mismo tiempo, las cuchilladas han vuelto a repetirse, cortan el cuello de los sirvientes y de la familia española, Tezcatlipoca aúlla, enseña los dientes en la dentadura del sátrapa Chorrillo, ruedan las cabezas por la escalera, pom, pom, hacen ruido las cabezas con cerebro que pensó, rebotan en los peldaños conocimientos de geografía e historia.

Coyolxauqui:

Coño, coño, por qué no me abortó. Dios es sádico, respetuosa miedosamente. Anilú pudo haberme sacrificado, recordando a la madre Coyolxauqui: sangre para los dioses muertos, sangre para los engranes del tiempo y para el sol y la luna, no habrá conversión sino perversión, el mal solidifica el tiempo y el bien suaviza la materia con el fin de poder introducir cambios en el infierno. La dureza en la materia determina el grado de renuencia al cambio. Yo soy terco porque mi cerebro es duro, fue una piedra.

-Me desmayo, ahí, babosa, ahí -grita mi madre a la enfermera suicida, señalando a la mariposa negra, encarnación de Tezcatlipoca, el señor de las discordias, sombra en el callejón de los borrachos.

-A su izquierda, enfermera, no haga ruido, ¿la ve? -dice el doctor un tanto contagiado de la alegría de su enfermera.

-Voy, voy, sí. Está sobre la piecera, pronto, sin titubeos, eso es, vaya, por fin la enfermera suicida y sonriente la ha prendido, índice y pulgar, bendito sea Dios, y sale regañando al monstruo travieso: "Bien que la asustaste, corazoncito".

-Doc, de esta me estalla el corazón, de verdad aquí se pare con horror, me ha visitado en el parto la sombra de Tezcatlipoca, el niño traerá enfermedad, tal vez me agarre el aire y grite con las diosas, ese monstruo lo echaron dentro mis enemigos.

-Supersticiones -dice el médico a punto de soltar la carcajada-. Se trata de una mariposa negra nomás, mariposa igual a las otras salvo por el color. Mariposa bella, al fin y al cabo hija de Dios, pero del verdadero, quiero decir, hija de Jehová.

-¿Jehová?, ¿qué no hija, en ese caso, de Cristo?

-Yo hablo del Padre de Cristo, niña.

-Usted habla de la secta a la que pertenece.

-Soy católico.

-Testigo de Jehová, se le nota hasta en el sudor.

-Nada de eso, yo de niño fui acólito, soy médico porque lo considero un sacerdocio.

-Solito se echó de cabeza, doc, ahora sí lo tengo en mis manos.

Enemigos imaginarios.

Médico canalla, enemigo, y tiene muchos Anilú: imagina madre mía, oh consuelo del mortal, que tantos como hormigas multiplicándose en el aliento de Quetzalcóatl, tantos como ángeles caben en la punta de un alfiler picudo. Aparecieron a partir de que mi padre (Bul) inició a Anilú en la mota:

-Andale, mi amor, el humo de Tezcatlipoca te acompañará mientras yo sigo de pinche en las cantinas, mientras las patas no se me cansen y regrese a ti como el esposo pródigo, dame tiempo, Ani, fuma y no nos divorciaremos, Dios nos ve juntos desde que nos juramos en la iglesia.

-Ay, Bul, el humo este me da risa, pero pienso en polecías que vienen a llevarme, pienso en vendedores mandados que hacen intercambio de carrujos por sexo.

-No seas paranoica, mi cielo, yo te traeré lo que haga falta pa que no me extrañes.

-¿Los vecinos no se darán cuenta de que camino borrachita, Bul?

-No van a encarcelarnos, si a eso te refieres, corazón, la justicia nos la pela, yo fumo en los parques y en el cine, tú harás lo mismo en chico rato, cuestión de controlar, cuestión de hacerse perito en los aires.

La mota hizo más reales algunos fantasmas que la atormentaban desde niña, sombras, ánimas en pena, naguales, el hombre búho, quien se sangra sobre cosas y personas odiadas para que perezcan, la mujer serpiente (Cihuacóatl) que hace acto de presencia cuando se trata de sacrificar recién nacidos. Los enemigos -ahí mismo, en el hospital, apenas encendió su carrujo- prohíben el pan blanco por sus efectos nocivos en la salud, aparecen beatamente y advierten de los ataques con caída y espuma, de los gritos y retorcimientos, de las alucinaciones perrunas. Tarde o temprano los ataques expulsan el alma del cuerpo y la ponen a vagar. Los enemigos de Anilú llaman a la puerta -cuando fuma allá en la casa- disfrazados de indios carteros. TanTan, avisan los carteros, han dejado escrito un trozo de destino: morirás boca arriba, perra, lanzando espuma. Ella va al buzón -en la casa, en el hospital no han dejado escrito- y al sacar la carta maldita escucha una risita de burla, es el coyotl minimizando la doctrina cristiana de las pinches advertencias mochas -la risa sí la ha escuchado en el hospital, es parte del humo que se fumó. Aquí, en el sanatorio y allá en la casa, Tezcatlipoca remeda a los asnos enemigos del pan blanco: no comas pan, Anilú (rebuzno), por los ataques - dice y rebuzna el dios chocarrero. Ignorantes, burros (rebuzno), yo permito que comas pan y que te enmotes, mi amor, échales un pedo a los puritanos (rebuzno), sé lo que digo, encanto, soy antiguo, acumulo en mis tripitas milenios de experiencia, nada te hará el pan si me das tu alma, si te me rindes, si te me humillas, yo te invito a sacarte la sangre enemiga de los buenos mandamientos, púnzale la sangre española a tu hijo mojada en cristianismos secos, sácate la tuya y comienza a perseguirte, los sacerdotes de la religión de la sangre enseñan malamente la teoría del Eterno Retorno y la manera de salir de él, están contra todo lo que hace sólido el tiempo, el asesinato, el egoísmo, la envidia; yo permito que mientas y que adulteres, corazón, me gustan los ataques epilépticos y las mamadas, soy tu Dios complaciente, me verás en las convulsiones asintiendo siempre, tus temblores sacros alimentan mi presencia y mis desdoblamientos. Disfrazados de dulceros y aguadores, los enemigos de mi madre mencionan en el baño a la Santa Inquisición, los sacerdotes de la infamia, también mojigatos y obtusos, aseguran que el vicio cede sólo quemando al vicioso. Ani cierra los ojos, se dice en silencio: no comas pan ni fumes mota y los familiares de la casa chata no vendrán por ti ni te harán cabalgar en el potro de los gritos, es verdad, señores inquisidores, soy una mierda pecadora, dejaré el pan blanco y la mota, dejaré de fornicar y de mentir, mi egoísmo lo echaré a la basura, y pese a ustedes, untaré ceniza en las coyunturas de mi bebé apenas nazca, no sea que luego los huesos le chirríen a Silvino, o quede cojo o manco.

Piensa Anilú que ellos, sus enemigos, se hacen bultos en la noche, son amigos del virrey don José María Gudejas y Malpinto y fueron amigos de Colón, quien los trajo en la Niña, la Pinta y la Santa María, amigos de Maximiliano y Carlota, compadres de don Porfirio y luego de Álvaro Obregón, el manco asesino y de los siguientes virreyes revolucionarios, forjadores de la presente cultura táctil. Por cierto, se dice que Gudejas y Malpinto, como el obispo Palafox (enemigo de los frailes), fue arrojado por una sirvienta de su madre en la corriente de un río y salvado por un amigo de su padre, momentos antes de que su ahogo cortara la posibilidad de venir a Nueva España a ver todo color de rosa. Gudejas y Malpinto cree que los regulares y los seculares acabarán siendo amigos y que los indios, a la larga, serán perfectos españoles - podrían, de tener dinero. Piensa Anilú que las dichosas sombras (brujas, ánimas, naguales) perjudican riñones y traen palpitaciones y cosas parecidas al enamoramiento, azonzamientos e idioteces. Para combatirlos es necesario trepar en un caballo blanco y rociarlos de metralla espiritual (madre mía habría sido soldadera, amiga de Valentina y Adelita, peleadoras voraces, favoritas del pobre que sigue pobre y del pobre que no dejó de serlo). Anilú no sabe si sus enemigos son marcianos o vienen de otra dimensión, a lo mejor saltan del calendario azteca, porque el calendario gira en las noches de luna llena y abre puertas astrales para que vengan a joder los antiguos dioses mexicanos. En estas vueltas del tiempo, Zapata no ha perdido la cabeza, sigue repartiendo tierras y aridez, continua buscando la bandera revolucionaria y rastreando se mete en los balazos que avientan los traidores de Guajardo contra la causa aparentemente buena. Los enemigos, obviamente, están en contra de mi madre, desean meterle alambres en los huesos y sorberle el seso a base de simplificaciones retóricas: bueno es lo que de España es, bueno punzarse las patas y chupar gotitas de sangre para que la vida entre en un ritmo más flexible, para que los huérfanos disfruten más tiempo de sus padres, a fin de que los leprosos no contraigan la enfermedad. Quizá la enfermera echó a propósito en el cuarto a la mariposa (diablo), piensa Anilú, mal de ojo, tomará su carabina y fusilará al doctor y a la enfermera. Se cree Adelita vuelta a nacer, revolucionaria pegada al pueblo, a la ignorancia y al suicidio, tengo hambre, los pedazos de tierra que reparte Zapata son cada vez más pequeños, ideales para sembrar dos o tres zanahorias. Quizá el doc es un sádico que pretende acuchillarla en el momento culminante, porque sus ojitos no son confiables, porque sus actitudes huelen a entierro. Zapata fue enterrado en tierra improductiva. El doc es borracho y traicionero como Huerta, anda queriendo poder, alardea de macho cuando se empeda, carga pistola y dispara, caen los inocentes, sembramos secamente a Zapata en surco de héroes, junto a Madero. El sombrero de Zapata sobrevuela el campo, nadie se lo pone porque en seguida provoca sed, tanta que cuartea la lengua.

-Qué tal si usted es el malo que estrangula damas, doctor, qué tal si a usted le agrada el amor de las muertas y esas cosas destripantes que leemos en la nota roja.

-Qué tal si deja de pensar en criminales y levanta su ánimo a Dios, no vaya a ser que la criatura coja ganas de ahorcamientos y descuartizadas.

-Levanto mi ánimo a Jehová, pero tengo tan mala leche que mi hijo será asesino, qué duda cabe.

SUEÑO ANTERIOR AL PARTO.
Pancho Cardencio.

Tiempo. **La víspera del parto** mi madre despertó sobresaltada porque soñó que un chivo le pelaba los dientes a un centímetro escaso de la nariz. Chivo sucio. Mal aliento. Discípulo del diablo. Chivo expulsado del catecismo. El chivo milenario, voz de caverna, dijo en el sueño:

-Me las vas a pagar, bribona, mañana que des a luz te jalo de las patas al infierno y le inyecto de mis rabias a tu hijo Silvino a través de Chorrillo y del bisabuelo Pancho Cardencio. ¿Recuerdas al bisabuelo? Se parece a mí, es uno de mis desdoblamientos diabólicos. Me ve en el espejo cuando él se ve. Somos uña y mierda. Al bisabuelo le encantaría violarte y morderte, es especialista en arrancar pezones. Don Pancho se las pela de malo con Chorrillo, pero prefirió pactar con el demonio cristiano, es decir, conmigo, su igual. Yo me veo en el espejo y él se ve, mi compadre. El parecido bien ganado lo fue adquiriendo mi compadre poco a poco, con cada acto diabólico fue borrando los antiguos rasgos de su cara, le creció la barba de chivo, mi barba, se le ensuciaron los dientes de sarro y ahora hasta le apesta el culo del mismo modo sabrosón, te lo antojo por si decides adorarme, ya ves que me gustan los besos de lengüita ahí, delicia de pascua, mi Navidad. La palomilla de Chorrillo va a dar motivos de orgullo a la familia mexicana allá arriba en la tierra, ya escucharás las linduras que hará con el cuchillo, poniéndose mi máscara de Tezcatlipoca, aprovechando el tiempo que tu estés en el hospital, que será un rato, pues ya ves que la mota apendeja tantito y tú vas a fumar, culera, y el humo hará que Silvino agarre melancolía. Como preámbulo, para bautizar el nacimiento de tu hijo, el bisabuelo ha cogido sabandijas para dejar en el jardín de vírgenes y parturientas, siembra de alimañas imposibles de acabar, estremecimientos de injusticia epiléptica que anda repartiendo como Santa Claus en hospitales, sanatorios, escuelas, internados. Tezcatlipoca le dio al bisabuelo una madre asesina, la madre de mi compadre estuvo a punto de ser ejemplo de desnaturalizada. Sabemos que ella quiso meterle un gancho en el paladar a don Panchito, su criatura adorada y colgarlo en el closet como en carnicería. La abuela podía tener razón en cuanto a sacar del mundo a un cabrón como don Pancho, pero el gancho no son modos, digo, que agraden a Jehová. Los padres de Chorrillo debían haber colgado a su hijo, dejar vivas esta clase de personas solidificantes de la materia no es bueno para alivianar el tiempo, cristianización de la materia.

-Eso no es cierto -alega mi madre en pleno sueño-, usted es el diablo cristiano, le veo las barbas de chivo y la pata de cabra, le huelo el culo apestoso, es verdad, digo que no es cierto porque la banda de Chorrillo adora a Tezcatlipoca, lo sabemos por el intento de asesinato que sufrió el señor virrey en catedral, la palomilla y su líder confesaron sus ligas con el dios viejo, gritaron al pueblo reunido en el atrio, que eran mexicanos bravos, nuevos y viejos, renacidos del sacrificio y de escuchar la palabra del agua donde creció el nopal y bebió el águila y la serpiente, agua de dios, agua que otorga fiereza. El bonachón de Gudejas y Malpinto, el pendejo, perdonó el atentado, se hincó en las puertas de catedral, donde quisieron enterrarle los cuchillos de pedernal, y rezó a gritos el Padre Nuestro. Perdonó el pendejo cuando debía haberlos colgado de gancho carnicero. Acto seguido del Padre Nuestro rezado teatralmente, Gudejas y Malpinto se punzó la pata derecha y bebió una gotita de sangre. Chorrillo y sus discípulos se punzaron con el virrey, juraron ponerse del lado de Dios (Jesucristo), volver a la iglesia, asistir a misa domingos y días festivos. Hubo perdón y llanto y no gancho de carne. Gudejas juró amar a los indios echando lágrimas y moco, pero no a los negros aborrecidos, llenos de sangre remolida, recipientes vivos de la Santería, gallos inferiores, gallinas putas y pollos perversos que practican limpias. Si el intento contra el virrey lo hubiesen realizado negros en vez de blancos, Gudejas los habría colgado de los huevos, el perdón de Chorrillo y sus secuaces le convenía al virrey, porque sabemos, los usaría para deshacerse de ciertos enemigos. Del bisabuelo no me extraña el lazo con vos, es verdad que dejó rencores indelebles en casa de la bisabuela, donde construyó altar negativo, culto al chivo, culto a vos. Es verdad que don Pancho rezaba al diablo y a Tezcatlipoca y que soñaba sacrificios en un altar cristiano, me refiero a sacada de corazones y canibalismo, pero todos sabemos que Tezcatlipoca es Tezcatlipoca y el diablo el diablo, todos sabemos que el bisabuelo era españolizante. No me diga ahora que Chorrillo es la otra cara del bisabuelo, porque me río. -Vieja ignorante -dice el chivo a mi madre, atusándose el bigote-, cómo se ve que no has elido a Sahagún, el describe claramente a Tezcatlipoca como otro diablo cristiano, ¿o no? Tezcatlipoca es un chivo, babosa, tiene mis mismas barbas, lo que pasa es que le encanta disfrazarse. Toma la personalidad del santo o del virrey, según conviene a sus travesuras. ¿Es Cristo o Tezcatlipoca quien permitió guerras y asesinatos? ¿Es Cristo o Tezcatlipoca quien toleró las epidemias de viruela, sarampión y escorbuto? ¿Quién crees que metió discordia entre los aztecas y los tlaxcaltecas? Cortés obtuvo aliados contra Moctezuma gracias a Tezcatlipoca y no a Jesucristo ni a la virgen María. Tezcatlipoca quemó las naves de Cortés y las patas de Cuauhtémoc, trajo la Inquisición, puso en mal a criollos y peninsulares, reventó a Juárez y don Porfirio. ¿Cristo avaló a Cortés y a don Pedro de Alvarado? Lo dudo. ¿Alentó las masacres en Tlaltelolco? Lo dudo. Matar a los enemigos de Cristo no es un acto criminal -dijo Tezcatlipoca, es decir, el dios cornudo, quien hizo putas a las indias y a los españoles violadores. Tezcatlipoca otorga riqueza y bienestar cuando y a quien se le antoja, y te despoja el día que amanece de malas. Tezcatlipoca le dice a Chorrillo que puede matar en nombre de México. Tezcatlipoca ha influido en el alma de Chorrillo y en la del bisabuelo, dos magníficos mexicanos, mitad española y mitad india. Ambos sembrarán fracasos en el espíritu de tu hijo nonato. En Silvinito se darán brotes de criminalidad patriótica en cuanto comprenda que no nació para bailar, sino para hacer bailar ojos saltones y lenguas y tripas. Soñará Silvino que ahorca a sus enemigos, que sumerge en el agua tibia de la tina la cabeza de su tío Dominico, soñará. El cristianismo es universal, chatita, abarca la era de los trogloditas. Del cristianismo nace Huitzilopochtli y la diosa Temazcaltesi, madre de parteras, adivinos y sangradores. Santo Tomás estuvo en estas tierras antes que Colón y que Cortés, ¿no has oído hablar del güerito Quetzalcóatl? Jesucristo lanzó de adelantado a Santo Tomás Quetzalcóatl.

-Cristo no había venido, ni Santo Tomás, Quetzalcóatl era prieto como los frijoles, qué se cree, pero el diablo fétido sí vino con los aztecas desde Aztlán, comiendo personas y sabandijas grises, y me da que a usted le gustan las colebras y alimañas, de usted nos vinieron los modos de apetecer ajolotes y ranas.

-El Señor me la dio de adelantado en estas tierras chingonas, indita pendeja, yo soy el dios de la guerras floridas. Haré obsesión en el cerebro blando de Silvino los crímenes del bisabuelo y los de Chorrillo. El bisabuelo es como yo, inventor de males, demonio creador, contradictorio como Tezcatlipoca, versátil, ha estado siempre en el poder, con Juárez y Santa Anna y ahora con los priistas, aceptó tomar el lugar de Jesucristo y reírse a costillas de los mexicanos. La cara del chivo tenía semejanza, en efecto, con el bisabuelo paterno, don Pancho Cardencio, descomunal perro que afirmaba:

PANCHO CARDENCIO: *Todas las hembras del planeta, jorobadas, soldaderas y catrinas, incluyendo a mi madre y hermanas, son brujas y prostitutas, entran al cine a cachondearse, tejen y se masturban, matan y dominan a sus hijos, se los revientan con agujas de tejer. Mi madre quiso darme gancho cuando cumplí mi quinto cumpleaños, no pudo, la agarré punzándose las patas y amplié su derrame de sangre* de pies a cabeza. ¿Creerán que todavía sin tronco la cabeza de mamá seguía repartiendo consejos con el hocico muerto? La escuché perorar sobre bondad cerca de dos horas que le duró la cuerda a la cabeza y luego la llevé con un taxidermista amigo a que la disecara. La colgué en el closet, donde sólo asomaban la cabeza mis compadres, quienes escupían a la santa atinándole a los ojos o la boca, qué canallas. La cabeza de mamá había dejado de hablar, pero se movía negativamente, en son de compadecerme a mí y a mis camaradas. Entonces decidí enterrarla con el resto del tronco. Abrí la zanja y la lancé. Abajo, los brazos de mi madre cacharon la pelota y se la pusieron sobre los hombros. Dijo: debías estar muerto, cabrón, te salvó el demonio.

Bebida mortal.
Anilú creía que el bisabuelo había sido envenenado por su esposa, escuchemos qué opina la señora:

BISABUELA: Sí sí sí, disolví en las cubas de Pancho, las últimas de su carrera, algunas gotas perniciosas que bebió con sed, echándome ojos de perro. Yo lo miraba, mientras bebía, pensando en el gancho de su madre, la muerta descabezada, pensando que el veneno actuaría como gancho, pues luego del veneno podría colgarlo tranquilamente en el congelador, colgarlo una temporada en el patio o en algún ropero apropiado para el caso. Colgar a un cabrón de tal calaña es obligación de la esposa cristiana. Por lo menos colgar su cabeza en son de escarmiento en plena Plaza Mayor, yo quería hablar a las madres mexicanas mostrando la cabeza ejemplar, mostrando el camino de cierto feminismo nacional, enganchador de cabezas machas. El notó el sabor extraño del veneno ya que se había llenado de convulsiones exquisitas. Ahí en el suelo, sobre el tapete, amenazó que regresaría por mí convertido en diablo colonial. Ya vete al infierno, cabrón, le dije a su cuerpo temblorín, déjanos un instante tranquilas, iré al cine y al teatro, sábelo bien, me comeré los dulces de las monjas a placer, y puede que hasta me acerque a un burdel. Ganas de venganza tengo, hijo de puta, pero el señor Jesucristo prohíbe que te odie, por eso nomás te chingué, por eso no uso el gancho y te arrastro, pero no me amenaces. Dije esto y del muerto convulso saltó su doble, el nagual, a *besarme la mano, diciendo, señora bisabuela, yo la respeto a usted, puedo acompañarla al cine de la mano, cumpliremos cincuenta perfectos años de casados. El nagual de mi marido era guapo, otra personalidad, me inspiró confianza y amor en seguida, así se las gasta Dios, es tan generoso, cincuenta años:*

-Los cumpliremos si sois diferente al muerto semejante a vos, porque yo estoy dispuesta al matrimonio y a la paz, porque yo soy buena si no me chingan -dijo la bisabuela al nagual de su marido.

-En sueños entró en el alma del bisabuelo un fraile franciscano que no pudo convertirlo a él, pero que en mí hizo influencia grande. El catecismo dirigido a vuestro anterior esposo, el igualito físicamente a mi, lo asimilé yo poniendo atención creciente. Dios tiene implementados estos cursillos para todo el que esté interesado, malos y buenos, si no se salva la persona directamente, se salva a través de su nagual, como es el caso de vuestro esposo, quien, acá entre nos, se le pasó la mano. Durante infinidad de tardes oníricas, sentados en una banca, adentro del muerto envenenado por vos, escuché al fraile bueno con oídos atentos y abiertos. Este fraile hace su labor en la conciencia de manera excelente. El sueño es su dimensión. Me consta que trató de convencer al bisabuelo, mi doble, con sus más legítimos argumentos, pero el bisabuelo levantaba los hombros y decía, convierte a este, refiriéndose a mí, yo deseo ir al infierno, bajar al subterráneo y comenzar una vida nueva de eternidades maléficas.

-Lo entiendo porque mi marido el bisabuelo ha descendido, en efecto, al meritito infierno, ya no vive conmigo en este momento de vida en el Eterno Retorno, ahora serás tú, su doble bueno, su parte mejor, el que renazca una y otra vez. Aceptándote a ti significo que me arrepiento, amor, aceptándote a ti alejo el crimen, significo que me hincaré horas y más horas en la capillita. Dios, con la punta fina de su lápiz rescribirá el momento en que nos vemos por primera vez para que la raíz renazca sana. Nos conoceremos en la feria de

Aguascalientes e iremos al casorio cuatro meses después, muy chamacos, luego que se cumpla este ciclo en el Eterno Retorno. Así Dios compensa mis dolores en el matrimonio. Amo a la misma persona, pero sólo su parte santa, de responsabilidad.

-Allá abajo, desgraciadamente, me refiero al infierno, el bisabuelo, mi doble, sigue haciendo de las suyas, no creo que podamos regresarlo junto a usted, ni evitar la mala influencia sobre Silvinito. Diablo, bisabuelo y Chorrillo se han propuesto hacerlo asesino. Tiene dos caras a quien salir: el demonio cristiano encarnado en el bisabuelo y el indio, coyotl metido en Chorrillo.

-Que se quede con el diablo don Pancho Cardencio, tu doble, yo pa qué quiero presencia mala en mi matrimonio cuando tengo tantas cosas que corregir, tanto arrepentimiento pendiente, no señor, acepto el cambio y me quedo con su doble, que venga conmigo a misa su nagual, que me ayude a punzarme y a ponerme el silicio, iremos caminando una vez por año a la basílica de Guadalupe. Silvino se beneficiará cuando barramos de casa torturas y aberraciones, tal vez quede limpio el nacimiento del bebé cuando en ti nazca otro nagual que te reemplace y deje definitivamente al bisabuelo original en el infierno, porque entonces yo habré sido perdonada por el gancho de veneno, mis lágrimas habrán ahogado ya al Dios de misericordia. Quiero dos partes tuyas buenas, doble del doble bueno. Los asesinatos del bisabuelo y sus cosas sexuales puede que no toquen más a Silvino, trataremos de llevar aquí un matrimonio hasta correctísimo, contraste total del anterior. Ahora dejo hablar a mi otra parte, la envenenadora, la del gancho, mi nagual:

BISABUELA: *Muere el bisabuelo Pancho Cardencio, la parte mala de mi marido, después de tremendos retorcimientos que le duran todo el velorio y parte del mismo entierro, parecía lombriz embarrada de chile. Me retencanta que el cabrón bisabuelo haya hecho tirabuzones en el cajón, él se retorcía y yo sentía placer de orgasmo, palabra, como si el chile se me untara a mí, como si me rozara deliciosamente el clítoris abuelero. Espero que mis formas de no dejarme las herede Silvinito, a quien digo: Si tu marido es motivo de pecado, córtalo al chingado en pedacitos y mételos en bolsas de basura que se lleve el camión oloroso. La rabia que le heredo a Silvino me la fui guardando a lo largo de tantísimos años de casada, silencio, trágate el berrinche, al cajón de encabronamiento, hasta que zas, un día, corrí a la farmacia a traer el veneno, pero si no hubiese sido veneno lo friego con el picahielo o con el hacha. Está hablando mi nagual vengativo con amor y experiencia. Los asesinos no nacen, se hacen -dice el nagual del bisabuelo y el mío-. Si Silvino mata, no será nomás por culpa nuestra, él pondrá de su parte, a eso se refiere mi ser negativo, el santo en mí dice que no debía haber matado al bisabuelo y que Silvino debe agarrar el camino del bien, pero volvamos* **al infierno:**

Recibió Lucifer al bisabuelo en el averno diciendo:
-Pasa, compadre, no sabes qué regusto me da verte por éstas tus calderas de fiebre, por éste tu jardín de torturas, ven pacá, mi perrazo del alma, hermanazo, échale un ojo a mis últimos aparatos para cabronear a las almitas que nos caen por acá. Tenemos a Panchito Villa baleando por ahí, incendiando cachorritos en sus convoyes, fusilando y golpeando con el cañón de la pistola; nos asiste don Venustiano Carranza enseñando la constitución en la Casa del Obrero Mundial. Carranza lee ininterrumpidamente a los condenados que no entienden un carajo, pero eso sí padecen aburrimiento mortal por la solemnidad con que habla el señor Carranza, qué sueño que les da, carajo, que ya no hable el demagogo, todo se le va en hablar, abre el hocico el barbón Carranza desde que Dios amanece, sus peroratas le dan monotonía al tiempo de verbos prometedores; tenemos postes porfirianos pa colgar de los pulgares, Juárez sube condenados indios a su carreta y los atasca de sueños: lo naco no impide la grandeza, animal, dice, lo prieto se te quita en el poder, somos iguales a los gachupines, somos libres, luego, ya bien confundidos, entrega sus cabezas llenas a verdugos gringos: lo prieto no se quita y lo

indio, menos, ven, allá nos esperan otros cien héroes inmaculados chingando, ven, te enseñaré la casa de los descalabrados, donde los condenados indios apedrean a Moctezuma II. Las descalabradas matan a Moctezuma y a los indios identificados con su rey, derrame de sesos colorados. Zapata reparte tierras para cultivar con las uñas que los condenados se dejan crecer grandes, pero se les rompen en la tierra y echan sangre. Compa, yo te nombro, por güevos, mi lugarteniente (asocio con elecciones y agachamientos), y pa que veas qué tanto te aprecio, vámonos por las putas y a beber aguardiente en La Bandida, que al fin y al cabo aquí tienes un titipuchal de tiempo pa curarte las crudas. Has roto con el ciclo del Eterno Retorno, el mal viene hacia acá y el bien se sube al cielo. Te distinguiste como asesino y torturador, por tus invenciones sexuales. Practicando aquí influiremos en Silvino. En cuanto se chingue al gato Felisandro se hará revolucionario. Yo, diablo y coyotl Tezcatlipoca, crearé la vomitada en la caverna, el día de la excursión a la Marquesa.

-No sé cuantas vueltas me costó matar el alma, compadre coyotl -responde el bisabuelo Pancho Cardencio, retorciéndose el bigote de idéntica manera que el diablo-, lo que sí sé es que no voy a permitir que me regresen, mi doble, el nagual, puede quedarse con lo mío allá arriba. Vamos por las putas monjas poseídas de furor, que tus diablos arranquen uñas mientras me adentro con el pito encendido a la salud de Silvino, quisiera, con esas pinzas negras que están sobre la mesa, duro pa que griten y yo goce. Últimamente me chifla ver a Cristo sangrando y a las vírgenes con puñales enterrados, perros cieguitos que piden limosna haciendo sonar monedas en sus latas de puré de tomate. Últimamente pienso en sangre y me vengo, qué carajos, el camino de la conciencia duele como muelas careadas, como cólicos renales.

-La sangre tiene lo suyo, es una hostia propia para profanar -te lo digo a ti pa que pare las orejas Silvino, el recién nacido. En mi iglesia se bebe sangre. En mi iglesia se derrama -el perrito pendejo la derramará cuando tenga edad de encabronarse. Somos de este mundo, queremos el tiempo petrificado en el mal. Le abriremos de par en par a tu bisnieto las puertas del infierno.

-Antes de descender, compadre coyotl, en el instante en que caían las primeras paladas de tierra sobre mi caja, he visto, alucinantemente, perros adoradores de la sangre que se punzaban pronunciando mi nombre, Panchito Cardencio, y en seguida, chupaban la gotita, haciendo ojos de loco, misticidades cómicas, buscan el cambio porque no saben disfrutar, les dije enterrado. Quieren que me arrepienta y regrese al lado de la vieja bisabuela, la asesina. Así, arrepentido, ella no tendrá que envenenarme en la siguiente vuelta. Comulgan de ese modo extraño, los perros, unidos alrededor de un altar rojo. Soñadores, imbéciles, el crimen es necesario, mi bisnieto Silvino asesinará. La bisabuela asesinará, pese a que mi doble la trate decentemente.

-Ellos, los perros de la religión de la sangre, reverencian el jugo de la vida, lo que derramó Caín el bueno. Soy también adorador de la sangre, me veo donde los cuchillos cortan, donde se hacen sacrificios, donde las personas que ambicionan matan a Abel con una quijada de burro y luego le entierran trece mil espinas de maguey. Silvino matará, porque su cerebro cederá a la presión de Chorrillo y de su bisabuelo. Porque la bisabuela justificará el asesinato, asesinándote a ti, compadre.

-Yo hice reverencias cortando a las perras que amaba.

-Silvino te imitará.

-Deseo librarme de mi carga seminal sobre el hocico de alguna monja que no muerda, ja, ja, ja ...

-Silvino te imitará.

-Deseo cortarle la cabeza a un sacerdote y remojarme, ascender.

-Silvino te imitará.

-Ahí las veo desnudas y de nalgas, listas para sangrar.

-Ahí también hincadas, rezando, listas para sangrar.

-Dame la navajita de rasurar, compadre.

-Soez, versificadora, salmódica, se la pasaré a Silvino, quien te imitará.

EL BISABUELO SE APROXIMA AL MURO DONDE ESTÁN ENCADENADAS LAS MONJAS. LEVANTA EL FILO DE LA NAVAJA Y CORTA EL LABIO SUPERIOR DE UNA MONJA VIEJA Y DESDENTADA. GEMIDOS RONCOS.

-No te preocupes por el labio, abuelita -dice el bisabuelo introduciéndole el pene en el hocico sangrado-, aquí en el infierno vuelven a crecer los miembros que se mutilan. Crecen dolorosamente y yo los corto con mi pito pulido. Silvino, mijo, fíjate bien cómo se hace.

El bisabuelo fornica oralmente extendiendo la vista en dirección de la fila interminable de monjas encadenadas.

-Sangre y semen -pronuncia el diablo al unísono con el bisabuelo-, blasfemia, blasfemia, blasfemia, que toca a la criatura de Anilú.

El diablo y el bisabuelo llegan juntos al orgasmo.

-Sangre y semen, sangre y semen, que nos herede Silvino.

Por dedazo del diablo, al bisabuelo le tocó regentear los burdeles del infierno, atender las cámaras de tortura y gobernar los casinos de juego y el tráfico de droga. Además de las artes mágicas de Lucifer, posee ahora castillos, casas de campo, ranchos, mansiones chicas y grandes, demonial de dinero y un número impresionante de esposas que constantemente está mutilando.

Desde el infierno ofrece transmitir sus bienes a Silvino. Tanta cisca le tiene mi madre a don Pancho Cardencio que por si las moscas siempre se protege de posibles males con la imagen de San Tuno, misma que sumergió en la pila de agua bendita antes de presentarse en el hospital.

-San Tunito de mi corazón, no dejes que el cabrón de don Pancho ronde el parto y menos que influya en mi hijo Silvino.

V

MARIPOSA NEGRA.

Desde cría, las mariposas negras (PanchoDiablo, DiabloCoyotl) le han causado vómitos caudalosos a mi madre, gruac, y como se ve, no falta que se hagan nerviosas aparecidas, donde menos... zas, siempre más gordas y grandes de lo que en realidad son (gusanos alados, gelatina en propulsión), siempre provocando corrientes rápidas de miedo helado, sensaciones de vampiro que confirman con un sí rotundo la existencia y materialidad del reino de las tinieblas: La tortura sangra en la casa de piedra, remolinos, la tortura son moretones que vuelan, mariposas moradas de Semana Santa, Chorrillo es un jaguar nocturno, alas, levanta el cuchillo y lo clava en el pecho de la madre española, perra güera, el humo de Tezcatlipoca entra, calienta las entrañas, se hace garra para extirpar el corazón.

-¿Qué tal la muerte antigua, mi reina? Su corazón late fuera del guacal gallinero, hermanitos, echa plumas y sangre noble al vacío, honrando a mi padrecito. Comulguemos, una mordida tú y una yo, salados buches de vida, absorbemos la potencia peninsular del enemigo, hacemos nación, está resurgiendo Tenochtitlán.

-El guacal trae tripas cagonas, Chorrillo, se las vamos a sacar, el jaguar tiene hambre de convertirse en pájaro.

-El coco de sesos está lleno, los vamos a embarrar en la pirámide, sopa de letras blancas como semen, inteligencia fofa repleta de prejuicios inexpresivos.

-Escaleras abajo, arrojémosla con todo y plumas, amanece florido México Tenochtitlán.

-El tiempo rebota en el pecho de Huitzilopochtli, se hace mariposa, colibrí. ¿Escuchan los caracolazos y tamboreos?

-Aprenderemos a comer muslos de semejante, como en la ciudad antigua, fritos o asados sobre el comal. Cristo y

Aristóteles quedan vencidos por la lógica rebanadora del cuchillo emplumado, serpiente afilada cercenando como antaño, remembranzas bárbaras revoloteando en tiempo delantero, en el hoy de la pandilla, acá donde ya brota cempoalzuchitl de piedra gracias a Chorrillo y sus discípulos, donde la voluntad de destrucción en los ídolos enterrados abre grietas, raíz nacional, volveremos a ser lo que fuimos, la rabia hierve, nuevo estado de conciencia pétrea, idólatra, hundimiento en un raudal de la realidad que no corresponde con la civilización blanca del ahora, donde los negros mata gallos sirven y conspiran santeramente -mataremos gachupines-, donde los modernos indios sacrificadores sirven e intrigan y son regañados en misa por adúlteros, por niños -mataremos gachupines, somos católicos caníbales, en el fondo, cristianos desolladores, en el fondo-, pero las personas decentes (españoles, criollos) saludan hipócritamente en la iglesia en son de hermanos, ¿hermanos de negros y cambujos?, ¿hermanos de mestizos y lobos?, no, ellos son distintos porque no dicen groserías, diz que honran a sus padres y al gobierno y dan gracias porque los conquistadores trajeron la doctrina de la cruz, porque Gudejas y Malpinto cuenta con ejército para mantener la paz y con novelistas y poetas que apuntalan su parcialidad creyente, Ave María, Padre Nuestro, ayúdame a desaparecer a mis enemigos, México es un carrusel, los discípulos aztecas de Chorrillo muerden el corazón crudo de la perra española, comulgan en el pasado sobre la piedra de los sacrificios, embriaguez de independencia preGuadalapana, **el tiempo asustado quiere replegarse del lado de la conquista,** vuelve al momento en que Anilú va camino a la sala de labor, tal vez los locos (lunáticos) se arrepientan, tal vez no haya crimen en la casa de piedra, quizá sólo los sirvientes perezcan, mijito, dice mi madre, en cuanto me dejen sola prenderé la chimenea, a ver si mis señales de humo contactan con Bul y lo sacan de la cantina, qué va, papá medio abre los ojos en la barra de la cantina y balbucea: Chema, por el amor de la santísima, dame cerveza con ron, me está llevando la chingada, qué lengua, escupo piedras y plumas secas, te juro por Dios y por San Tuno que ora que nazca la criatura dejo el chupe, me está indiotizando, ya parece, contesta el cantinero, no menos de cien veces te he oído proferir la misma promesa, pero hoy se trata del nacimiento de Silvino, no es lo mesmo, el perrito viene a redimirme, no es lo mesmo, puede que hasta entre de nuevo a la iglesia y me deje de infidelidades, ya parece, lueguito te haga efecto la copa que te sirvo volverás a hablar basurerías hasta que te entre el sueño y te quedes rendido aquí mismo, si no te falta dinero y te aviento a lavar platos y a sacar la basura, ya parece, me da la impresión de que te vengo diciendo esto desde hace milenios, me da la impresión de que tu hijo ha nacido tantas veces como promesas regadas en la cantina, te falta conciencia de tu entrega al alcohol, Bul, te falta entender que de este callejón no se sale prometiendo sino actuando, tapa la botella hoy y la taparás mañana, ¿comprendes?, pero estoy que me muero, Chema, mañana será otro día, el de siempre, horas de inconsciencia, transcurrir atado: Chorrillo y su pandilla han entrado de nuevo en la casa de piedra (colonial), los crímenes se llevarán a cabo bajo el techo envigado, los sirvientes perecerán, los niños serán violados, las espinas de maguey perforan cachetes, entran entre las uñas de los pies, lastiman las axilas, el postre serán los ojos, ¿qué tienen los cachorritos en la mirada?, reflejos de antigua paz, creencia en los Santos Reyes, fe en el derecho español, confianza en la administración de Gudejas y Malpinto, el tiempo, aterrado, ha retrocedido nuevamente: llanto de lloronas mestizas, visten a la manera española, luto colonial de santos heridos, mi féretro desciende, hoyo, tierra, rezo y prometo no volver a suicidarme, la bala quebró el hueso, atravesó los sesos resentidos, rezo y prometo no ser bailarín sino perro común y corriente en la próxima vuelta, mediocridad, me inclinaré razonablemente a la religión de la sangre, Ave María, Padre Nuestro, te suplico, Señor, no permitas que los padres españoles toquen los pedazos mutilados, ¿dedos de sirviente o de niño?, ¿dedos o falanges?, ¿dedos sin uñas?, ¿uñas sin dedo?, no me dejes ir de excursión el día de las vomitadas, no deseo odiar a Felisandro con dolor de hígado y aliento podrido, dirige sus burlas hacia otro perro menos agresivo, Felisandro no podrá contarle a la Chispa que vomité, ¿verdad?, ella olvidará sus ascos hacia mi persona y alguna vez, quizá, besará mis labios con amor, ¿verdad?

-Ya me siento mejor, Chema -dice mi padre en la cantina-, la única manera de aguantar es bebiendo.

-Aguantas y mueres, Bul.

-Pero el tiempo corre hecho la madre.

-Puede que no me lo creas, pero yo fui como tú, Bul -murmura Chema con cierta dificultad-, bebía mañana tarde y noche, perdí a mi mujer en un accidente, íbamos a Cuernavaca y mocos, me di un putazo en una curva, nos fuimos al precipicio, desmayo. Desperté en el hospital, crudo pregunté por Marilú, ¿dónde está?, el médico me reveló la situación, Bul, ¿qué situación?, ella perdió la cabeza en el accidente, Bul, enterramos el tronco y la cabeza y me pareció que la persona había sido siempre así, ser con cabeza separada, ser que podía ir al closet y al baño y olvidar sus pensamientos sobre el ropero o en la cocina, desde entonces abro los ojos a media noche gritando, veo su cabeza, me habla su cabeza, Bul, estoy en rebelión, dice su cabeza desmelenada, si pudiera bajaba a morderte, pero Dios dice que te perdone, algún día podré, Chema, fuiste mi amor y me arrancaste de tu vida, soy árbol sin raíz, coágulo, fuiste mi cielo y me diste hasta cansarte con la botella de alcohol, el choque de mi fallecimiento no fue lo único, que quede claro, hubo cachetadas y llegadas tarde, que quede claro, hubo infidelidades con la sirvienta y con otras, hasta putas, porque no me digas que la gonorrea te la pegaron mis piernas, Chema, estás condenado, yo no veo que alcances el perdón, no de mi parte, bueno, a lo mejor en los próximos mil años, eso si tú entras en penitencia, eso si tú también pierdes la cabeza en un choque o asalto, eso si alguien te quema el hocico, pero sobre todo, si dejas de beber y te arrepientes de haberme quitado horas y días y años de respirar y cantar, podía haberte dicho buenos días mil quinientas veces más, Chema, podía haber comido pepinos y hamburguesas, asistir al cine y ver la tele.

Vejez de Dios.
Tezcatlipoca es sangre en la sangre de la mariposa polvosa que revolotea en la casa de piedra, haciéndose cada vez más presente, cuerpo aviador desmoronándose cual polvorón de átomos milenarios, explosión sedienta, vejez del dios mexicano cayendo y provocando asma en los discípulos aztecas, los perros tosen o estornudan cuando aspiran el polvillo de momia, los cachorritos españoles aún no han muerto, tiempo antecedente, **se trata de prolongar la noche delirante,** se trata de socavar un nicho feroz en este presente de perfecta atrocidad para los moradores inocentes, las criaturas apenas sufren enterramientos de espinas en los labios de fuego, hinchazón, Chorrillo vierte en sus orejas delicias amorosas, mi cielo, voy a meterte la verga en el hocico, mi amor, violaré tu ojete con la navaja, lo tienes ardido, que se me hace que anduviste oliendo omixóchitl, las flores de las almorranas, que se me hace que te pulverizo dientes, muelas y colmillos.

Más vale morir.
Criaturas, sirvientes y los padres españoles cultivan en sus mentes aterrorizadas la idea de morir lo más pronto posible, pero la naranja negra crece dilatando el dolor, si en México brotan ya sembradores como Chorrillo y su pandilla, más vale perecer, más vale intentar subir al cielo a reclamar, Dios, la familia es inocente, no son parientes de don Hernando Cortés ni del Rey Felipe II ni de Carlitos IV, nacieron españoles por azar y por azar vinieron a la Nueva España en busca de expansión económica, nadie les dijo que el momento reunía hambre y descomposición, desenfreno, dominio de matones y

políticos: Gudejas y Malpinto acaricia la idea de que Dios envíe al ángel que arrasó Sodoma y Gomorra para joder a los negros.

VIRREY: *Coño, huelen a prieto las conspiraciones, huelen, y el olor se extiende como queriendo cubrirlo todo, ahoga el olor que nos refleja del otro lado, del oscuro, mi horror, me lo comeré, me los comeré, yo soy blanco, haré mermelada de zapotes oscuros para mi postre, devorar, devorar a los caníbales, ellos nos devoraban a nosotros, ellos nos metían en ollas con epazote, mientras haya negros en Nueva España el sueño no vendrá, desvelo que nos lleva a mirarnos de frente en el espejo, ¿quién soy yo?, ¿acaso no vine a gobernar?, ¿acaso me estoy convirtiendo en mexicano o en negro?, olvidarán mis ojos lo que es parpadear, pupila fija, fija obsesión, la idea del postre me excita, sexualizará a mi dama, había una vez una dama que se transformó pisando tierra mexicana, padezco erecciones, soy virrey y me desean impotente, ¿quién?, hay humo en el espejo, señor virrey, falta de claridad mental, falta de definición, soy blanco, sí, blanco, soy superior, sí, superior, fuerte psicológicamente, sí, soy ese que se mira, este, soy el que soy, el que vino, el que está delante del espejo que lo engaña, carajo, reconciliación, me atan de manos, al rey de España le falta seso, piensa llevar en paz la fiesta con todo y negros, con todo e indios rebeldes, paz la del sepulcro, paz la de la horca cristiana, mis meados corrosivos levantarán ámpula en la historia. Los que llegamos nos hicimos dueños a punta de cabronazos. No hay fiesta ni paz, estamos los de un bando y los de los otros bandos, división de razas, segmentación, hombres, semi hombres y animales, enemigos a rabiar, hasta el exterminio fogoso. Pese al rey yo me los chingo, le pido a Nuestro Señor Jesucristo que le conceda filo a mi espada porque El está de mi lado, lado blanco del espejo, lado del amor y no de la magia, lado de lo racional, lado de la ciencia y de la religión, lado del control, porque El hizo las diferencias irreconciliables entre perros y gatos, porque El es blanco, Dios de blancos. Coño, las conspiraciones hacen frutos de tortura en mi cárcel, traen colgados por doquier, persecución sudorosa, masacres necesarias aún a los ojos de Dios. Dios es militar, entre otras cosas. Dios levanta ejércitos contra herejes y blasfemos. Pensemos en Las Cruzadas. Dicen que los negros lanzan mal de ojo,* es posible, digo, que la frigidez enferma de mi esposa se deba a eso, brujería, santería, ah, pero los negros trabajan esclavamente, dice el rey, y piensan en venganza, Señor, les agradaría verme colgado de los huevos y a vos también, los animales no son vengativos, pienso, tal vez lo sean, cuando se les tortura, cuando se les lastima sistemáticamente ... Estos animales son vengativos, adoran a otro Dios y no a Jesucristo. Mi mujer retomará sus calenturas en la cama en cuanto yo acabe con ellos, pasta negra y roja embarrada en los caminos, los colgados estimularán su apetito sexual femenino, tanta lengua malcriada y prieta excitará su naturaleza regia, la voltearé de regreso, ya le dije que la reconquistaré, ya le dije, serás mujer, hembra y no lesbiana, volveré a amasarte, amor, a base de visiones crueles, a base de visiones crueles vendrás a verte conmigo de este lado del espejo.

Mal agüero.

Las mariposas negras hablan, sus vocecillas menudas mal aconsejan a los cachorritos y a las personas mayores. Cuando se posan encima de un templo antiguo, en el centro de la ciudad, se inflan hasta hacerse perros, sátrapas, magos. Bajo su influjo negro, indio, mi ser toma presencia, soy arrojado en suelo de abusiones, llanto parlante, milagro que comerá tamales, comunión con Huitzilopochtli el guerrero, siento las manos del doctor sobre mi cuerpo, la mirada turbia de Anilú me toca, gira el cosmos, Dios relee en el libro de los destinos, dice que soy, he nacido, su energía llena el instante inmediato, la palpabilidad de mis primeros cuerpos se abre como una flor, posiblemente la presencia fantasmal de Cortés eche marcha atrás para que renazca la era del calendario, de todos los rincones brotarán groserías, golpes, escopetazos, los aztecas vienen de Aztlán nuevamente, se abren cancha y desentierran los antiguos cúes, piden perdón a los dioses, Tláloc remoja, Xihutecutli incendia, Huitzilopochtli arremete, Tezcatlipoca engaña, que comience a sangrar la piedra de los sacrificios, nacen sapos en Teotihuacán, y yo berreo a la luna como Netzahualcóyotl, ha comenzado mi tiempo otra vez, mi madre me ha lanzado al mundo, pensando en marihuana y pan blanco, Chorrillo se corre en la criatura menor al tiempo que rebana, cercena, la cabeza cae, rebota, los discípulos hacen cantina, vitorean, meten las patas en el charco y luego en el hocico.

-Salpicón de camarón.

-Magia chida.

-Siento al dios.

-Es rugoso.

-Su verga tiene escamas.

-Nos ha estado viendo untado en puertas y ventanas.

-Nos ha estado viendo en la sangre de las criaturas.

-Nos ha estado viendo en la sangre escrita en las paredes.

-Nos ve ahora, sonriente, como sombra, en el rellano de la escalera.

-Es alto, pero puede ser chaparro.

-Es guapo, pero puede ser horripicoso.

-Es cruel, pero puede ser blando y cariñoso.

-Está bebiendo Tezcatlipoca.

-Se está desempolvando.

Racismo del virrey.

Gudejas y Malpinto, en su despacho, firma un documento en contra de los negros. Heredó el terror y la furia de don Antonio de Mendoza, primer virrey de Nueva España, por esa raza de esclavos en constante malestar, próximos al levantamiento. Habrá que escarmentarlos de raíz, por lo menos mil negros irán al matadero. Los colgarán en los caminos, les darán garrote y tortura:

VIRREY: Confiesen, hijos de puta, digan que son negros, digan que son caníbales, digan que adoran a Xangó, digan que son irracionales, ¿quieren levantarse con el poder? El rey de España, a través mío, les envía este mensaje de caricias bruscas, amor, señora virreina, ¿te excita saber que penden como changos de los árboles?, México se ha llenado de zapotes, árboles cuajados de lenguas, me abrirás las piernas, ya verás, volveremos a ser marido y mujer, ¿no te calientas?, entonces te provoca náusea, bien, podemos evitar el negricidio si te muestras condescendiente con tu vagina, si tu vagina me acaricia y me muerde con pasión.

Milagro.

Anilú tiene la costumbre de pedir con cierta frecuencia a San Tuno que le haga el milagro, si no del exterminio absoluto de los engendros, cuando menos de las mariposas del barrio, porque se le traban las mandíbulas y toditito le da vuelta en cuanto ve el cuerpo grueso de gusano, las alas color café, los ojos grandes y móviles, las patillas nerviosas; ellas son diseños del demonio, configuraciones para hacer que los caballos relinchen, maldiciones que emergen del vientre mexicano para chupar sustancia poética, sangre pegostiada de historia, cabrioleando como chupamirtos delante del espíritu de los recién nacidos. Segura estoy: El bisabuelo se hace mariposa y entra a las recamaras de las niñas a sangrarles las muñecas suicidas, come materia fecal en las bacinicas y baños, sopla desesperación en las orejas y antojos de podredumbre, invita a ser parte del gobierno, de las mochadas y mordidas, del pulpo que rapa descontentos enviando asesinos y/o soldados, parte de la palomilla de Chorrillo. Mi llanto rompe el aire, el de los padres de las criaturas subraya la sangre en las paredes de piedra, mueran los gachupines, las navajas cortan, hacen trocitos de carne que lloran coloradamente, sudor de martirio, ofrenda a Tezcatlipoca disfrazado de Jesucristo.

-Pelos pendejos, escuchen los tambores.

-El coño de dios está irritado.

-Tezcatlipoca se pica el culo.

-Masturbación.

-Mi dios es puto.

-Dios es dios.

-Dios es carne.

-Dios es sangre.

-Pito y coño al mismo tiempo.

Vaticinios.

Segura estoy: Las mariposas negras anuncian desgracia, descarrilamiento de trenes, violaciones, nuevos impuestos, caprichos del virrey y de sus rateros subalternos, atropellamientos infantiles, errores clínicos de toda especie, quemaduras por descuido, ollas de frijoles que se vuelcan, temblores de enfermedad, muecas, asesinatos (don Pancho, la mariposa, revolotea cerca del oído de su víctima. Don Pancho se achica. Entra por el oído haciendo cosquillas. Sube al cerebro y pone doscientos huevos de vida ingobernable. Los huevos fornican entre sí. Paren igual que conejos. Por millones, los huevos se multiplican: -Tezcatlipoca me otorgó el poder de los tamaños, crezco y me achico como Alicia en el País de las Maravillas -ríe el bisabuelo, don Panchito Cardencio).

Virreina macha.

Doña Margarita Almansa, condesa de Linares, esposa del virrey Gudejas sabe del documento en contra de los negros infelices, el virrey se lo ha leído de cabo a rabo, pero aún así se niega a fornicar, no me levantaré las faldas, no lo haré, por dios santo, manque perezca toda la raza negra, tendrás que forzarme, como siempre, macho cabrío. El virrey va sobre ella y la derriba, le rasga el vestido, ella se finge muerta, el virrey le saca las pantaletas, voy a meterte el pito, pendeja, porque odio a las indias y a las negras. Al menos ellas sienten, señor, yo prefiero comer alcachofas a coger contigo.

-Soy el virrey, te mando que sientas.

-Estoy sintiendo, muévete más despacio.

-Finges.

-¿Es suficientes para no herir el orgullo de un virrey?

-Jadea.

-Lo hago cuando Carolina me masturba.

-Piensa en Carolina.

-Es negra, redonda, nalgona, tiene el clítoris del tamaño de una patata frita, se lo chupo.

DON PANCHO, MARIPOSA NEGRA.

Silvino dejó una mariposa negra entre los dos cojines de la cama (don Pancho vivo, sediento, crudo, siente náusea y ardores de muerte en la boca del estómago, abre las alas, desea que su bisnieto le clave un alfiler), hace mucho tiempo, claro, travesuras, sonriendo y lleno de rencor malsano coloca el bicho negro: Ani se llevará la sorpresa al abrir los ojos legañosos, pavor, don Pancho salido del infierno le meterá los dientes y en seguida se dispuso a esperar a que su madre despertara, pero no lo hacía porque se había acostado tarde (desvelón), tres de la mañana, muy picada leyendo una novelista que reconstruye los crímenes cometidos en la casa de piedra, al lado del hospital, precisamente la noche en que parió a Silvino, el perro bailarín (sangre y semen, blasfemia embarrada en las paredes blancas. Sangre y semen, blasfemia embarrada en los cuerpecitos de los niños y en las alfombras.   Tortura religiosa, morbo y vulgaridad, pero el virrey Gudejas no había encontrado pruebas que acusaran a su sobrino, uno de los discípulos de Chorrillo, del espantoso asesinato múltiple: el muchacho es bueno, no lo hizo, ni modo que un perro con esa cara haya cometido tamaña infamia, no, juro que no, tío, dijo el malvado, aquí contigo me confieso, no he sido tan canalla y sí un poco, como otros, nada del otro jueves.   La Inquisición reclamó al asesino y el virrey se negó a entregarlo, no os atañe el caso, dijo el virrey, claro que sí, se trata de posesión, el diablo es dueño del alma de Chorrillo y la de sus discípulos, vuestro sobrino nos lo dirá a la hora del potro o la garrucha, recién nos ha llegado una jaula con puntas y unas pinzas grandes que queremos estrenar.   Hubo invocación y entrega, pacto, los sospechosos confesarían si les habláramos de tormento con los nuevos instrumentos.

-A mi sobrino nadie le dirá de potros y garrucha.

-Si matan otra vez la culpa caerá sobre vuestra real cabeza.

-Caerá, pedazo de ...

-¿Insultáis?

-Nada de eso, rezaré porque el caso se resuelva dignamente.

-Empezad con la justicia en casa.

-Mi sobrino no fue.

-Dádnoslo un día y cambiaréis de opinión. Vuestro sobrino se confesó parte de la secta.

-Es un niño.

-Satanás no es pequeño en el alma de los niños.

-Satanás está fuera de mi sobrino.

-El diablo es engañoso, tal vez platicasteis con él.

-¿Yo, platicar con el demonio? ¿Me estáis acusando?

-El engaño de Satán puede convertirse en complicidad.

-Voy a pensarlo.

-Bien, eso ya suena más razonable.

Pesadilla.

Mamá relee en sueños de horror la novelita, páginas oscuras, mota, hongos alucinantes; muestra inquietudes y retorcimientos, pero no despierta, la mariposa negra, don Pancho, ha perdido ganas de aletear y yo me retiro a mi cuarto y clavo el pico pensando en la razón de mi venganza, su egoísmo, pues se había negado a comprarme una bolsita de caramelos de anís, las peritas, y voy y cojo la mariposa y la amarro con hilo de coser negro, un nudito alrededor del cuerpo y en la otra punta un alfiler para asegurarme de que el vuelo sea corto. Encajo el alfiler en el colchón, dejándole veinte centímetros al hilo. Risa, nervios, volará el engendro exactamente frente o sobre la cara de Anilú, quien cerró el libro bostezando, sin saber que don Pancho amarrado velaría junto a su nariz, relacionando el sacrificio en la casa de piedra con el diablo, es decir, cristianizando las acciones macabras. La novela establece que Chorrillo habló con sus padres de la posibilidad de que en México hubiese una guerra de independencia y de la ascensión al poder de un partido nacional, compuesto por indios puros o desmestizados. Conociendo a su hijo, los padres de Chorrillo denunciaron las intenciones revolucionarias al policía del barrio y este dijo: es un mocoso con imaginación, las armas de Gudejas y Malpinto hacen imposible un levantamiento, señores, el ejército es numeroso y bien preparado, así que, me parece, dejaremos esta plática entre nosotros para evitarle al muchacho interrogatorios dolorosos, el virrey es dado a los tormentos y la Santa Inquisición no se diga.

-Pero nuestro hijo es malo, señor polecía.

-¿Está afiliado al bando de los negros o de los indios?

-No, señor polecía, no, pero … es capaz de cosas feas.

-Me niego a oír, señores, conozco a Chorrillo desde cría, ha sido malora, sí, pero no entiendo de qué hablan sus propios padres, ¿los ha golpeado?

-Sí, nos ha golpeado.

-Los golpes no son asesinatos.

-Hable con él, señor polecía, por favor.

-Le he hablado, señores, por eso defiendo, le he dicho, le he sugerido que se haga policía como yo y Chorrillo no se ha negado, ha entrevisto la posibilidad de trabajar del lado de la justicia, es una persona inteligente, le he dicho: Chorrillo, canaliza tus ansias del lado correcto, puedes perseguir drogueros infelices, asesinos y rateros.

-Quiera Dios que no recaiga un crimen sobre vuestra ingenuidad.

-Quiera Dios que vosotros comprendáis al muchacho.

-El muchacho le reza a Tezcatlipoca.

-Es nacionalista, es verdad.

-¿Consideráis nacionalismo rezarle a Tezcatlipoca?

-Pues sí, así lo considero, porque pienso que el Dios antiguo está bien muerto desde el sitio de Tenochtitlán.

-Aparentemente, pero puede resucitar.

-Válgame Dios, ¿contra el deseo de Jesucristo?

-Haciéndose pasar por Jesucristo redentor, Tezcatlipoca es un mago burlón, un canijo.

Sol sediento de sangre.

Bostezando, Ani se echó encima el camisón y luego puso la cabeza en la almohada, donde la mariposa recostará sus deseos de sangre, gota, sed, el mundo de los indios se derrumba por no haberle dado de beber al sol.

El policía del barrio había obrado mal, debía haber creído a los padres de Chorrillo y los crímenes de la Casa de Piedra no se hubiesen llevado a cabo. En cierta forma, a los ojos de mi madre, el policía resultaba responsable, y en la conciencia del policía, de nombre Fernando Pérez, alias el Burguer, había ido a punzarse las patas en la iglesia de la sangre, tan luego se enteró del horror.

Fernando, le dijeron sus compañeros cristianos, tal vez en la próxima vuelta estés más consciente de los acontecimientos y te sea factible borrar del tiempo lo sucedido en la Casa de Piedra.

Fernando se punzó una y otra vez, pidiendo a dios que conservara muy fijo en su memoria lo que había leído en las notas rojas del caso.

Madre dormida.

Roncar, duerme Anilú con la cabeza en dirección de la mariposa y nada más piensen en el despertar que tuvo después de repasar los horrores que contaba la novelita sobre los crímenes del perro Chorrillo y su banda endemoniada de sádicos: desean instituir nueva república sobre la piedra de los sacrificios, porque Tonatihu tiene sed de sangre, lo mismo que Pancho Cardencio, alitas revoltosas, carajo, el bisabuelo, quítenlo de aquí, la policía, mis enemigos, Chorrillo, ay, ay - grita mi madre-, don Pancho está en la almohada. Según la novelita, Chorrillo había hecho generales a sus discípulos, pintándoles una cruz de sangre en el pecho: patriotas míos, hemos acabado con el sentimentalismo, somos los primeros indios desmestizados, piedra angular de la nueva república. La historia nos colocará al lado de don Miguel Hidalgo y de José María Morelos. Empezamos hoy la limpia de la sangre. Tezcatlipoca es nuestro estandarte. La Casa de Piedra, donde ocurrió el homicidio múltiple se alza al lado del hospital de mi nacimiento, donde irás más adelante a perpetrar tus prácticas de muerte -sumergimientos infantiles en el lodo del homicidio menor: ratas, ratones, ranas, pajaritos-, llevando en la bolsa a los cuatro elementos: aire, tierra, agua y cerillos, tus discípulos amados. El silencio es perfecto en ese lugar de hongos y polvo, de memorias escabrosas y enternecimientos. Haz pedido permiso a Tláloc para realizar, de broma, sacrificios animales, búsquedas con un palito, cortes, arrancamientos que luego provocan estados de letargia melancólica, dormitar bajo una palmera, sobre el pasto, sentado en un pasillo del hospital o de la Casa de Piedra, soledad mirando un rincón, una rendija, el polvo que imita, bajo los rayos del sol, los movimientos del cosmos, distanciamiento enemigo de Anilú, enemigo de la sociedad, porque te conviertes en suicida y hacedor de travesuras donde la sangre tiene presencia, la mariposa trozada sangra, muestra sus vísceras malvadas, el abismo que perfora la conciencia de Chorrillo.

La trampa funcionó. Cayó la mariposa sobre Aní como una guillotina de alfileres, picotazos finos de alacrán. Mamá abre los ojos como boca que absorbe aire para alimentar la potencia del berrido. Ahí está el abuelo emergido del infierno, ahí, concreto, reencarnación del odio al sexo femenino.

La mariposa revolotea y choca, puerta chirriante en mazmorra, suelta polvillo y vienen los gritos a todo pulmón, ay, ay, huracán, vértigo de pájaros, casi se le mete en el hocico, ay, casi se la come, casi la muerde, fuchi, vomitar, llora Anilú y dice mamá, mamacita, y en cada "mamá" el bicho quiere colársele y suelta su mugriento polvillo, don Pancho morirá si no bebe unas gotitas de sangre, déjate chingar, señora perra, voy adentro tuyo a comer tripa y panza. Ani se levanta tirando patadas de ciego, da contra la pantalla de la lámpara del buró que cae al suelo, pom, quiébrase el foco, vidrios encajables, tormento chino, pero con el corazón a los bombazos sale mandada huyéndole al bicho que aletea sobre los cojines, saltos de mariposa, mitad y mitad, el hilo la ha trozado en dos y revolotea partida, don Pancho doble salta a la supervivencia, ritual azteca, mi madre ha salvado los cristales del foco airosamente, haciendo alarde de su buena suerte. Anilú jamás volvió a usar los cojines tocados por don Pancho Cardencio, no fueran a traerle mal de ojo de parte del bisabuelo, el cara de chivo. Los quemó en el patio junto con la mariposa partida: el fuego es limpieza, pendejo muchacho, me obligas a enemistarme más con el bisabuelo, me fuerzas a soñar en sus venganzas, ganas tengo de tatemarte el hocico, nomás me frena el enojo de tu padre.

-Quémame, me lo merezco.

-No me tientes, animal.

-Mejor habría sido no nacer.

-Concordamos, pollito, nomás que ya nos jodimos, tienes nombre y te quiero, pese a tu reverenda estupidez. Debías aprenderle a tu padre el lado de brillantez que lo hace super apto.

-Y súper borracho.

-Y súper independiente.

-Y súper irresponsable, eso dice el tío Dominico.

-Porque mi hermano es pendejo, Silvino, qué barbaridad, se hizo sacerdote porque deseaba crecer en los demás.

-Es bueno conmigo.

-Al contrario, un cabrón, te suerbe el seso y te alebresta pa que veas de lejos el sentido de las cosas. Por mí vuélvete un ladrón, si eso te hace agarrarte a lo inmediato; por mí hazte mujeriego o drogadicto, pero no soñador, eso sí que me da asco, Dominico te enseña a ser mejor que los demás, qué estupidez, sé igual o más pendejo y serás feliz.

Silvino entró corriendo a la recámara y, por supuesto, se clavó un pedazo de cristal del foco hecho trizas en la pata trasera izquierda, la guillotina de alfileres punza, ay, yo mismo me chingué, a la mierda mi vocación de bailarín, me casaré y seré un individuo común y corriente, un mediocre más de los que abomina el tío Dominico.

Ahora llora y toca la puerta que su mamá cerró con llave para castigarlo por su travesura.

-Te me quedas encerrado dos días con sus noches.

-Abreme, mamá, me astillé la pata, por favor, si no me abres me aviento por la ventana.

-Tú trajiste al demonio, cabrón, quédate con él, maldito muchacho, hiciste pacto con tu bisabuelo el malaleche, ibas a matarme a mi del susto. San Tunito de mi corazón, tengo un hijo que será Chorrillo cuando crezca y tendrá su banda de maleantes".

-Eso quisiera, que viniera un Chorrillo a desollarme y a bailar en la sala con mi pellejo.

-Los Chorrillos matan españoles, no se ensucian con inditos las patas.

-Entonces me haré como él, te lo prometo.

-Eso sí te lo creo, eres tan baboso que sí, o acabas de asesino o de sacerdote, lamiéndole las nalgas a mi hermano Dominico.

Tiempo estuvieron chillando, Silvino en el cuarto (la cortada sangra) y ella en el pasillo (ya le chuparé la herida al niño, pero que sufra por haberme querido achichinar con el susto, no vaya a ser que se le ocurra repetir la broma). Bul llegó borracho y dijo:

-Qué pasa, qué pasa, qué pasa, que salga el ladrón traigo pistola, hijo de la gran chingada, voy a entrar a salvar a mi crío, háganse patrás.

-No seas burro, Bul, en la casa no ha entrado ratero ni nada que se le parezca. Contaron completa la historia y él se moría de tanta carcajada revolcándose sobre los mosaicos, qué ocurrencias de criatura, si él hubiera visto las tripas de la mariposa rete vomita bilis y ron.

-A mí las tripas, ni en taco, hijo -dijo Bul-, soy un ser aguado, líquido, nací para nadar. Las tripas me dan asco de pensar en ellas, me pasa cuando amanezco malo y tengo que curarme, voy por el vaso y pienso en tripas, ¿lo crees?, rezo a Dios unos instantes y le pido que el vaso me entre enterito sin recordar las pinches tripas. Si Dios anda de buenas olvido las tripas y no vomito, pero a veces Dios se encanija y me castiga, está bien, Dios tiene derecho a darnos una tunda de vez en cuando, es nuestro padre y se preocupa. Era sábado. No lo olvido. Día gris, viento suave y polvoso. Entonces yo me quedaba a dormir con Anilú sólo los fines de semana y el resto con mi tío Dominico, de lunes a viernes, días en que planeaba y hacía ensayos en los diversos cuartos de la casa de piedra y del hospital abandonado donde mi madre me arroja al mundo, pensando: "las mariposas no son tan feas en sí, como la piel de las serpientes y los colores de los escarabajos, pero su presencia moviente goza de magia viscosa y escurridiza, fría, babosona como el líquido que salió de mi vagina. Silvinito será como una mariposita blanca al principio y luego se hará negra, ya que comience la adultez, ya que le de por sentirse macho y querer cargar pistola o navaja, como Chorrillo, cortó el ombligo de sus víctimas y los sembró en diversas casas españolas".

Parto.
Viendo salir mi cabeza entre sus piernas peludas, piensa en el abuelo cara de chivo y lo prefiere a las mariposas: bisabuelo antes de convertido en mariposa o vampiro, en ser dotado de poderes demoníacos, persona caminante, mortal, el bisabuelo comía mole de olla, gustaba de agarrar el caballo y largarse de excursión a la Marquesa. Había estudiado en el Colegio de San Francisco y había escogido la carrera de cura un año antes de conocer a la bisabuela: no tienes cara de cura, le dijo ella al bisabuelo. ¿Y entonces de qué?

-De cabrón.

-No seré sacerdote modelo, pero no un cabrón.

-Serás mi cabrón, yo te lo vaticino.

-Soy virgen, mamacita.

-De eso nos encargaremos la noche de bodas.

-Si tú no eres virgen entonces me encargo yo de sacarle brillo a tu calavera.

-Ya va saliendo el macho, el pelador de patos.

-No me casaré, soy cura, me evito problemas poniéndome la sotana. La virgen de Guadalupe me hará el milagro de no sentir deseos sexuales.

-¿Me matarías si encontraras que yo había estado con otro?

-Te agarraría a cabronazos, sí, por eso mejor de cura y me olvido de las putas mujeres.

-Soy virgen inmaculada, si no de pendeja me metía con un cabrón.

-¿Qué tan cabrón me piensas?

-Como el diablo.

-¿Te gusta la sotana?

-Si le abres una bragueta.

Comprensión.

Quien quiera matarme, no tiene más que mandar hacer una mariposota gigante y soltarla en mi recámara -piensa mi madre lánguidamente. No se le ocurre a la perra amante de mi Bul, porque yo soy buena onda, entiendo sus relaciones y ni me opongo, mientras él venga a visitarme y se caiga con unos fierros que nos quiten el hambre. Muerta -piensa absurdamente, viendo mi cuerpo salir de sus piernas peludas- iría a mendigarle dinero al bisabuelo para jugar y drogarse.

-No hay droga, pendeja, qué te has creído, el infierno es una casa decente.

-Pues en la tierra se dice lo contrario, yo necesito estar en paz en el cielo o en el infierno.

-En la tierra no se hace otra cosa que sueñaSoñar. Sueñan las niñas pedorras, y sueñan los abuelos cascarrabias en niñas pedorras que dejan de ser decentes a causa de los diablos que no existen mas que en los sueños pedorros de las mujeres como tú. ¿Quién te dijo que tu sueño es real? ¿Quién te dijo que en verdad yo soy compadre del diablo y de Tezcatlipoca? ¿Quién dijo que estás pariendo? Fui viejo y avaro, si no que le pregunten en vida a doña Caty, la bisabuela, la hice padecer parejito que Alma en Pena, pero no por haber pactado ni vendido mi alma al infierno, sino por educación, papá me decía que ansina era la cosa y ansina era, ni modo de remilgar porque llovían los chingadazos; ahorro y encierro pa las viejas fue costumbre en tiempos de mi pa, ya ves que algunas salen mariposillas nocturnas y se meten a putear. También ella, la bisabuela, tuvo la culpa, quiso que dejara la sotana, me agarró manía, chaparrita y desmirriada como ella era y casarse conmigo, un mastodonte gusano, mi machería la amenazaba de muerte si la veía platicando con quien fuera, hembra o macho, dentro o fuera de casa y, es verdad, la dejé malparada una que otra vez sin comprobarle nada, celos infundados, celos reptantes y curiosos, revisadores. La bisabuela tenía lo suyo y yo me decía: en cuanto sales, amigo, la señora coquetea en el mercado o en el balcón, y me la imaginaba haciendo obscenidades entre las rejas del balcón con las faldas levantadas. Entiendo los cinturones de castidad, mocosa, entiendo que me haría sastre cosedor de vaginas. De este perro malo descendían el abuelo y el padre de Silvino, Bul, con ganas de ser bueno pero imposibilitado por la sed de los borrachos empedernidos.

Poco antes, **EN LA SALA DE LABOR**, ay, que acabe de dilatarse, pues lleva eternidades de fastidio.
-Doc, ¿me podrían traer un refresquito pal gaznate?
-Sí, ahora que regrese la enfermera y ... y ahora vuelvo yo también, eh?

-Ah no, usted ni de chiste me deja o me pongo a gritar ¿No le da vergüenza dejarme sola con esta panzota a punto de escupir?

-Es que yo ... por eso la dejé fumar. Necesito el teléfono. Qué tal si la inyecto, así el tiempo se le irá volando.

-El único que me entiende es mi Bul (el ya le habría encendido su cigarrito de mota). Aunque ausente, la presencia de la mariposa negra domina en la sala de labor, persistirá en la sala de expulsión (los asesinados por Chorrillo sangrarán, río, descenderá las escaleras en olas rojas, saldrá por debajo de las puertas, alcanzará la calle, gritará la sangre y la policía levantará la bocina, bostezo, ¿sí, un crimen múltiple?, enseguida, sí, nomás que llegue quien me sustituye en el puesto, quedó de estar aquí temprano y ya es la madrugada, ¿sí?, entiendo, los crímenes son gachos, sí, perseguiremos a los malos como de costumbre, pero la cosa se lleva su temporal, vuesa merced sabe de los papeleos y parentescos con el señor Gudejas y Malpinto). El polvillo -ausente- aún pica y repugna en la frente de Anilú cuando la enfermera sonriente entra de nuevo, se ha lavado concienzudamente pensando en el amor, acariciando la posibilidad de casarse y procrear sin tanto escándalo como Anilú, la pobre no sabe que lleva los huevecillos del suicidio empollando en su interior desde que el mundo es mundo.

-Me deshice de la mariposa.

-¿De verdad?

-La aventé al basurero.

-¿Aplastada?

-Aplastada no, pero muerta sí, muertecita.

Mariposa muerta. Sus alas percutirán como panderos silenciosos durante todo el parto y más allá, vibrarán como timbales de algodón, campanitas mudas; cosquillearán como raspadores insonoros cada vez que el director indique las entradas de los trombones-pujidos, alitas al unísono, siniestras, zorras, sombras caminando de puntitas (Chorrillo y su banda mancharán las paredes con intención de cubrirlas completamente, tapices rojos, paredes rojas, columnas rojas, puertas rojas, ni un sólo rincón debe carecer del líquido sagrado, bendición, Tezcatlipoca hará mohínas si algún recoveco se salva del untamiento en cocina y comedor, recámaras y baños, torrentes de sangre, caudal en las orillas de las calles, ahogará las coladeras).

Noche de insomnio. Anilú irá a despertarlo para que la acompañe en sus remembranzas del parto. Lo despertará haciéndole cosquillas en la cara con una pluma del cojín sabroso, el de la izquierda, con el fin de que el crío comprenda lo que sufrió ella al arrojarlo al mundo, despierta, sabrás por qué debes servirme sin chistar, por que debes obedecerme y venerarme, despierta -Silvino soñará con la hormiga y el chorrito del cuento.

-Zoquete, burro, abre los ojos que estoy triste -le dirá Anilú-, no sirves ni pa acompañar a tu madre en su obsesión, ya estoy convencida de que serás un pendejo que no sabe de señoras, mequetrefe ignorante, las madres somos inmensas, dignas de altar, por eso no trabajamos.

-Seré bailarín, mamá, gran bailarín, eso dice el tío Dominico. Mi nombre saldrá en el periódico.

-Y también serás un borracho que gusta brincar de cabaret en cabaret, como tu padre, Bulito de mi alma, ojalá.

-Conoceré los cabarets como cualquier muchacho, cuando sea grande, cuando esté en edad de ir.

-Suenas razonable, Silvino, pero no lo serás, la razón es un mito, me cai que te meterás al cabaret a beberte tus alcoholes desde el momento en que te dejen entrar y desde antes, fingiendo tener más años de los que tendrás, ojalá.

-Los cabarets son parte de la vida.

-Y de la muerte, bobo, constantemente matan personas en los cabarets, sale en el periódico que a fulanito le picaron las entrañas porque vio feo a la puta del vecino. Sale que agarraron en el cabaret a una banda de traficantes.

-Ahorita estoy en posición de prometer, mamá, no iré a ninguno aunque me lleve mi padre.

-Si Bul te lleva está bien, lo que no quiero es que vayas solito y tu alma, lo que no quiero es que me dejes solita por no entrar. Los pecadores nos acompañamos, hijo, no vayas a resbalarte por el deseo de perfección, por las ganas simplonas de querer ser más que los demás. Entra al cabaret y regresa a abrazarme en estado comprensivo. Tengo miedo de que mi hermano Dominico te vuelva culto y criticón.

PERRA ENCUERATRIZ.

Con Salomón y Felisandro en el cabaret Cancerbero, mirando a una perra encueratriz ni de broma tan guapa y fresca como las amigas de la palomilla (la Chispa llegará a ser nudista para darle de comer a su crío), pero dentro de todo atractiva y fácil, pagándole, difíciles las que no cogen por dinero y que bajan de los camiones y afloran de los bancos y supermercados distantes, intocables, calientes se entregan a inútiles despiertos, porque él ni con las gatas:

Mala pata, **no estuvo el día que la Prieta las abrió**, llegó tarde, ocho días después se le acercó cuando ella salía del mercado y le dijo "dame una oportunidad". Nooo, vociferó la Prieta, noo, pues que se fuera a la chingada como le iría por andar de puta dándolas a todos menos a él.

-Tú me das risa, Silvi -le soltó la Prieta en plena jeta-, me río y me rete río de ti, porque no sabes más que estar juzgando a las demás, soy puta a tus ojos, ¿no?, pues esta puta a ti te cobra, ¿cuanto valgo?, no te alcanza, y debes saber que algo me gustas, digo físicamente, como perro no estás mal, pero eres aburrido, me caigo de sueño viéndote caminar, imagínate cogiendo, qué aburrición, te estoy metiendo el pito pero no soy tu igual, Prieta, dirías, sigues siendo la gata, gata puta, entonces, chúpatela tú solo, mientras no vengas a verme como lo que soy, hembra, persona, me gusta el cine y la tele.

-Te veo como igual, palabra.

-No lo dirías, animal, ya estaríamos jugando en la cama, pero me sales con tus igualdades y noto que me estás choreando, noto que te gusto pero sólo a escondidas, para meterme mano, ¿a poco te casarías conmigo? Ya lo ves, pones cara de desgraciado.

-Porque no voy a casarme ni contigo ni con nadie.

-Conmigo no porque he cogido con otros. Las gatas no nos casamos con bailarines famosos.

-No soy famoso, ni siquiera bailarín.

-Pero lo serás, Silvi.

-¿Eso crees en serio?

-Ya caíste, bien dicen los cuates que nomás te importa lucirte.

Virrey. Conde de Fuenleal.
El Cancerbero abría sus puertas en el **Callejón de los Marranos.** Don Bonifacio Mancera, de oficio carnicero, había invertido en la reedificación de la casa y en la contratación de las mejores perras bailarinas y meseras. La casa había sido prostíbulo y sitio de juego. El gobierno la había expropiado y luego revendido a un viejo y diz que relojero suizo y este, agobiado por ciertas deudas de índole secreta, la remató a un señor de apellido Bravante, perro de piocha, capa y bigote, y carente de oficio y dignidad. Durante años operó impunemente la casa como fumadero de opio, hasta el momento en que el dueño le prendió fuego y huyó a Portugal para protegerse del nuevo virrey, Conde de Fuenleal, quien, por cierto, se habría hecho de la vista gorda igual que su antecesor.

Don Bravante se precipitó y la casa volvió a pasar a manos del gobierno, el cual cedió en favor de don Bonifacio, a sabiendas del negocio que pondría. Rodeaban el Cancerbero diversos ranchitos marraneros también expropiados por el gobierno y que en la actualidad permanecían inactivos y abandonados.

Se decía que el virrey, don Manuel Espíndola, Conde de Fuenleal, había autorizado al carnicero de palabra, mediante la participación solapada en las utilidades. La alianza con el virrey garantizaba seguridad a los clientes, pues no faltaban en la puerta guaruras y alguaciles.

Fuenleal descendía de los Habsburgos, casado con doña Margarita Valencia, artista, protectora de pobres, mocha y arisca.

Cabaret Cancerbero.

Silvino mira a la perra encueratriz, guanga, desnudándose sobre la pista entre humo de hielo seco y flotantes notas de arrabal, enguantada, con ingenuas pretensiones de elegancia negra, cachonda, ínfulas de estrella dormilona entre sábanas de seda -las buenas nomás se encueran en la regadera, las decentes: queda espiarlas por la rendija de la puerta a riesgo de ser descubierto y golpeado por los padres, quienes espiaron a sus primas cuando tenían la misma edad.

Las luces de colores concentradas en la pista calentaban la escena, piernas morenas, pelos, pelos, ojos de vidrio, Ani tenía razón, **habría cabarets en mi futuro**, perras tristes, borrachas, pelos, pelos, el bisabuelo Pancho Cardencio también debía haber visitado sitios semejantes disfrazado de mariposa, colmillos asesinos, la bisabuela no bailó pero don Pancho la trataba como si lo hubiera hecho, claro que sí, don Pancho mi marido conoció en un putero semejante al demonio, que en realidad no es macho sino hembra. Don Pancho la vio bailar y quiso llevarle flores de enamorado a su camerino, donde el diablo le confesó que era diabla.

-¿Y tú mandas en el infierno?

-Mando yo.

-No me extraña, siempre las mujeres -dijo don Cardencio con voz flaca.

-Me agradas, sábelo, porque odias lo femenino, porque tienes herpes sexual.

-Y tú a mí me fascinas, pero soy celoso, mis rabias explotan como cohetería.

-La diablo es fiel a su perro, no da motivos de celo, guarda su coño entre flores y lo entrega al único que le llega.

-Te han llegado otros, no te hagas.

-Me han llegado, pero no hasta adentro.

-Pitos chicos.

-Grandes, pero con bozal. Mi virginidad la he reservado para este día que se repite, asómate y tienta adentro y verás que poseo una red fuerte. En cuanto te apoderes de mi vagina sangraré llamas y azufre.

-Ya me estoy sacando el pene.

-Ya lo estás metiendo, cabrón, ¿qué no lo siento?

-Apenas la cabeza, qué va.

-La cabeza topando en mi fondo, qué va.

INFIERNO.
El infierno de don Pancho Cardencio es un hotel enorme pegado al cabaret Cancerbero, cuartos rojos, azules, negros, infinitos estilos y decoraciones, donde se agrede y se baila, donde cunden los botellazos y las mordidas, entre chinches, humaredas y jeringazos. Construcción informe, adaptable al ojo de los visitantes. El doble del patriota Chorrillo tiene su cuarto ahí: colgajos de papel picado, un anafe para quemar copalli, cuatro esteras, jeringas, mota, refrigerador con cervezas y refrescos y cava con alcoholes. Tezcatlipoca coquetea en el espejo Luis XV, vomitando sangre. Por cierto, la diablo le dio un paliacate al doble de Chorrillo, cuando ingresó al infierno (enésima vez de haber cometido el mismísimo crimen), la noche posterior al nacimiento de Silvino, toma, Chorrillito, eres como Morelos y el cura Hidalgo, Allende es tu hermano y Abasolo, ya sabes que aquí te amamos, vienes a vivir con

nosotros porque ya cumpliste en la casa de piedra suficientes veces.

-Más de mil, pienso -dice Chorrillo con voz grave.

-¿Dos mil, quizá?

-Ahora Dios le brinda oportunidad de arrepentirse a mi doble.

-Tu doble, Chorrillo segundo, copiará milimétricamente tu estilo.

-Es verdad, mi doble se parece demasiado a mí.

-Dios debía haberte desprendido de las vueltas del tiempo por lo menos mil vueltas antes.

-¿Dos mil, tal vez?

-Esperaremos mil vueltas a tu doble y le daremos un cuarto en el hotel.

-¿Cuántos dobles crees que mande Dios a la casa de piedra?

-Depende la racha de piedad.

-Con razón aquí abajo hablamos de infinitos. Yo deseo un buen número de dobles viviendo aquí.

-Cada doble multiplica tu poder maléfico, al doble.

Volviendo al primer coito entre diabla y don Pancho:

-De ahora en adelante pensaré en ti como mi dama -le dice don Pancho a la diablo desnuda, con voz meditativa, casi recitante-. Tendré que ignorar a mi esposa, llevándola al silencio de las moscas camposanteras. Ve, después de la culeada me han aparecido manchitas rojas como las tuyas, señales de mi pacto contigo, credenciales indelebles del bando de los insurgentes, cabalgaré al lado de Chorrillo segundo en mi caballo prieto, allá, en el tiempo de los asesinatos, apoyo, sensiblemente, cada movimiento en la casa de piedra, las ronchas rojas son ideas, pústulas pensantes, mi caballo relincha en el jardín, patea los peldaños de la escalera, bufa y resopla, estoy en cuerpo y alma con la agresión mexicana a la familia española.

-Los de la religión de la sangre te perseguirán. A Modesto le habrá crecido el aura para entonces de tanto punzarse.

-Perseguirán al héroe Chorrillo segundo, también mi verdadero bisnieto, pero él se esconderá en el hotel de los milagros, aquí terminará de hacerse indio puro, exactitud con Chorrillo primero, su igual, cambiará de cara, dejará de crecerle la barba, cachetes lisitos de bebé. Me da que a él le encantará ser mi huésped eterno y apodarse en adelante el lampiño. Chorrillo segundo, el lampiño, como Chorrillo primero, piensa en manchitas rojas, me agrada. Sale en las noches y mata disfrazado de Jack el destripador. De sus crímenes le echan la culpa a los negros.

-Porque el gobierno no le teme a Chorrillo, Gudejas y Malpinto piensa en la frigidez de su vieja y en los negros. Sueña que lo atacan en la noche convertidos en panteras. Este hueco en la administración podrá darle una ventaja a Chorrillo segundo, las hazañas del lampiño, contagiadas como enfermedad, deberán expulsar -con base en asesinatos gratuitos- a Gudejas y con él a todos los españoles y a todos los criollos y mestizos que no desean adorar a Tezcatlipoca sino a Jesucristo. Chorrillo iniciará la era de la intolerancia, es la semilla. México es una posada. En la piñata política alzada por el pueblo, como sorpresa, tiemblan Cortés y la primera Audiencia con Guzmán, Delgadillo y Matienzo, Cerralvo, Huerta, Obregón, Calles, Echeverría, Portillo y Salinas aguardan palos. Chorrillo pondrá el garrote en manos de sus seguidores. Si la cosa prende, imagina, las inundaciones de septiembre serán de sangre, ríos desbordados.

-Basta de sangre, por un instante. Ahora hablo de fidelidad. Espero no venir aquí al hotel y encontrarte con otro, mi reina, porque te descalabro -El bisabuelo ha levantado el bastón.

-El hotel es grande, aquí se engaña, sí, puedes encontrar a la Malinche y la Marcaida conversando con otros traidores. Mi coño, cuando ama, se vuelve mansito, y a ti te venera, le reza a tu pito cantor.

-Presiento que vomitaré en las mañana.

-Chorrillo también lo hará. Lo hace, bisexualmente.

-Presiento que después de conocerte ya no amaré a ninguna otra mujer -dice don Pancho con los ojos a media asta.

-La bisabuela mi rival te buscará con los muslos encendidos.

-Yo ya no existo, soy tuyo.

-Chorrillo es tu igual, Panchito, caerás en estados grises, te obrarás en los calzones.

-Presiento que yo me inclino a los estados de furia.

-Bien, Gudejas y Malpinto te imita, Panchito, engendra rabias porque no sabe qué inventar para desnegrizar a la colonia, entonces, se desquita con su familia. Por cierto, la condesa de Linares se niega a fornicar con su marido y el virrey la espía en el baño, en la regadera y en el excusado.

-Tengo miedo, diabla, mi amor, odio que los perros me vean a los ojos porque pienso que pueden meterse en mi alma y adivinar lo que yo no he descubierto, no sé si este terror comenzó con mis primeros impulsos homicidas.

-Es posible, porque Chorrillo segundo, cuando desea la muerte de su padre siente oleadas rojas de timidez feroz, que provocan resonancia en las mejillas de Chorrillo primero. Gudejas y Malpinto experimentó algo semejante a partir de que leyó sobre las matanzas de negros ordenas por don Antonio de Mendoza. ¿Semejante? Digo que el primer virrey contagió a Gudejas y Malpinto del terror que le causaba la posible multiplicación de la raza que odiaba.

-La bisabuela me espiará en el baño, como Gudejas a la condesa de Linares.

-Es posible, y también que el virrey se entere, en una de sus vigilancias, de que su esposa es lesbiana. La bisabuela no, te desea a ti y yo la odio, celos.

-¿Eres mortal?

-Lo soy, como Dios. Descubrí que era mortal y por eso me persigue, desea convertirme en sapo y arrojarme al callejón del mismo nombre.

-Todos somos mortales.

-He inmortales a la vez, ¿entiendes, Panchito?

-No.

-Morimos en la rueda del tiempo.

-Ya hemos muerto en la rueda del tiempo.

-Infinidad de veces, sí, de la misma forma, idénticamente, ya ves que Dios es reiterativo, de que se le mete una idea

-Es que no piensa, mi amor, Dios es inventivo pero no razona, lanza sus creaciones a lo buey.

-A ti no te hizo tan zonzo, Panchito, qué va, yo digo que le atinó sin pensar.

-Como el burro que tocó la flauta.

-Me gusta lo que dices, Pancho, pones a Dios muy cerca de la naturaleza.

-Es la naturaleza, por eso digo que carece de reflexión pero le sobra inventiva.

-Inventiva y poder, amor, no olvides lo último, poder.

-Tú no cantas mal las rancheras.

-Junto a El soy basura, Panchito.

-No te menosprecies, corazón, tú eres mi gallina.

-Es que temo aburrirte con tanta maldad.

-Al contrario.

-¿Quién te dice que en mil años no prefieras las obras de caridad?

VI

PELIROJA.

Luces concentradas en la pista, lengüetas rojas, ámbar, trompas limón lamen las curvas para-allá-y-para-acá de la dama envuelta en celofán, estaño, papel de china, muñeca, pelos, nana, buche, lleva pulseras, collar, anillos y aretes de fantasía relampagueante, sus ojos queman, Chorrillo se limaría los dientes para morderlos, pupilas a la vinagreta, ojos aceituna, nadar en ellos, sumergirse en su miseria, ¿donde quedó la cruz que traían los antiguos franciscanos?; los movimientos y el alcohol provocan mareo, es un ángel danzante, querubín prieto, amenaza naca, puta, se me ha aparecido en sueños, en ocasiones ronda las esquinas por las que cruzo, disfruta su baile, piensa que es bello, quizá pertenece a la religión de la sangre y se punza las patas, pero no ha alcanzado a perdonarse, yo la conozco, se parece a otra, ¿quién?, la matarán una de estas madrugadas, habiendo olvidado ya su verdadero nombre, el de sus padres, ah, si pudieran irse juntos a la india, hacerse budistas pelones, escapar.

Melancolía.
El virrey Fuenleal asiste a estas funciones disfrazado de enterrador, traje negro, bastón, sombrero alto, corbatín, lanza sus ojos encendidos a volar entre las patas de la bailarina, buscan entrar debajo de las pantaletas e impregnarse de olor, palomas mensajeras, regresan el humor sexual al dueño de los ojos, pelos, pelos, grita la concurrencia, viendo que se abren ventanitas arriba y abajo pelos, pelos, ella mete mano a las ramas, arranca y ofrece, el borracho de la izquierda, don Serafín Pineda, alcahuete del virrey, traga el pelo coñero que regala la perra, mucho, mucho, duelen los testículos recargados de

espermas listos a soltarse apenas suene la trompeta de salida "arrancannn", melancolía, tengo la pistola, podré volarme los sesos, don Pancho Cardencio, el bisabuelo, debe estar husmeando por ahí, la diablo lo espera en alguno de los cuartos del infierno con las patas abiertas, labios húmedos, y los briagos: pelos, pelos, pupilas voraces, pelos, ojos pájaros, sensaciones vampiras, lenguas chupadoras, peste a tabaco y a licor, don Pancho volará al infierno transformado en mariposa una vez que termine el culeo con la diabla.

La encueratriz, ajena, se convierte en novia, amante, amiga, hermana, prima (se le arrima), está a punto de levitar, alzarse al paraíso terrenal, viene la serpiente, dice la voz de Dios: parirás con dolor y Silvino recuerda a Anilú, mijito, la mujer que pare ama, porque si no... pero si mi nacimiento no dolió, dice el tío Nico que resbalé sin rasgar pa evitar tus gritos, presumes, Ani, la criatura entró sin que lo sintieras y salió del mismo modo, mentira, de que grité grité, claro que grité, pero no soy cobarde. ¿Piensas que te esclavizo, Silvino? Bien, tal vez, estúpido ignorante, jamás entenderás lo que significa parir, las contracciones, el desgarre, los pujidos, ya sale, ya, señora, en seguida, y una berrea y pide inyección... ¿Te pido atenciones? Bien, sí, por los nueve meses panzona, por los vómitos y la torpeza al caminar, por la fealdad, adiós cintura, sí, te exijo favores porque los merezco, qué chingados, muchacho animal, saliste de mis adentros, ¿es eso raro o no?

TERNURA Y SANGRE.
Silvino hubiera aprobado enardecidamente -en ese preciso instante- el estallido de navajas y picahielos en el Cancerbero - comunión, embarramiento, de los sótanos emergen ídolos y calaveras, los sátrapas pelones dan la bendición a los indios arrepentidos, repartiendo hongos alucinantes-; con placer lanzaría botellas -quebradas hacen cortada tropical, sangre veracruzana, bulliciosa, llama a los señores inquisidores y al

virrey a ritmo de danzón, brama en las venas de negros y cambujos, que suene el zarambeque y el solongo-, odio amasado y crecido como una inmensa bomba en contra de su amigo Felisandro -en ese preciso instante, hora del ocelote, ronda la piedra de los sacrificios, lame y aúla-, puñaladas en contra del gato bigotes largos, a quien detesta por sus triunfos, claro, porque El lo protege, Dios, maldita sea, que reparte habilidades entre ojetes e hipócritas, El, que sólo favorece y apoya las leyes blancas, de ahí que el gobierno descubra día a día conspiraciones negras, intrigas indias, mestizas y criollas: cuelgan conjurados en los caminos como escarmiento, suicidados en la cárcel muestran la lengua al sistema, desaparecidos, renuncias, El, Dios culpable, permitió que Felisandro lo vomitara en la cueva de la Marquesa, que el asco se transformara en orgasmo, gusanos blancos, bilis, por qué vine al mundo, por qué no me lleva la chingada y me atropella un camión, por qué me dio la madre que tengo e hizo borracho a Bul, cinco veces internado en el nosocomio con espasmos y diarreas.

-Hazte a un lado, no me dejas ver -me dice Felisandro.

-Ves perfectamente, revolución de greñas negras, entre la oscuridad de la mulata danzante.

-Ojalá hubiera revolución, pleito entre indios y negros, así tendríamos otra diversión además del vouyerismo - comenta el gato Felisandro, dándoselas de cínico-. Pero debo corregirte, las greñas son rojas, coño pelirrojo en una mulata, a lo que llega la falta de perspectiva, la naquez. No tarda en pintarse canas en el culo para parecer extranjera.

-Fuenleal considera que los negros son como piojos, hay que escarmenarlos con oportunidad. Lo mismo pensaba don Antonio de Mendoza. Ya veo, sí, la mata es roja, barbaroja, parece pintada con brocha, sus ladillas deben pensar en menstruaciones perennes.

-En México no somos racistas, racista, odias a los indios y a los negros tanto como don Antonio de Mendoza. Si hubiese personas rojas serían esclavas de los negros.

-Equilibrista, dirás, me refiero al virrey Fuenleal y su idea de escarmenar, no los termina del todo, pero... qué nalgas, ve - suelto sin pensar, el gato me crucificará por ese comentario inconsciente.

-¿Crees que Fuenleal se divierte matando negros, Silvi?

-Desea que lo consideren fuerte, además de ... los indios leen en las muertes negras: si se ponen pesados penderán en los caminos, racimos de ahorcados.

-Demasiados negros abaratan la mercancía. Quizá el virrey tiene arreglos con los tratantes.

-Los negros enojados podrían destronar a Fuenleal.

-Por eso los rasura, mal comidos y en cantidad mínima son inofensivos, como tú y yo, Silvino.

-Los indios pueden unirse a los negros, al indentificarse con los colgados.

-No lo creo, porque los indios consideran a los negros más inferiores. Corrección: tú hablas de los indios como si no fueras tú mismo indio.

-Chinga a tu madre.

-Hablemos de sexo rojo.

-Sexo pintado con esmalte de uñas. Yo nací indio, pero no lo soy, me he cultivado. En vez de ascender a lo español por la vía del dinero, lo hago por el espíritu.

-Pero esa escalera, Silvi, da al sótano, cómo serás pendejo.

JAULA DE PELEA.

Tocante al sexo húmedo, lacrimoso -piensa Silvino-, sexo sangriento, apasionado, necesita jaula, luz y la oscuridad del infierno en el Cancerbero. También apuestas, tinas y cervezas, torres de champaña -las tendrá cuando le rebane el cuello a Felisandro-, sudor y saliva y una jaula de pelea, ternura y sangre, la hembra araña, el macho pega, retroceso, el dios cornudo emerge de las cavernas, macho cabrío, dicta las reglas del matrimonio profano, espumarajos, contorsiones, vómito y entonces... recuerda, sí, la puta se parece a otra puta ... recuerdo aquella entrada **EN AQUEL OTRO DESGRACIADO MOMENTO**: reja verde, oxidada, cara de pirulí -estirada y dulcificada por el miedo- al cruzar el patio de losetas mal cicatrizadas, esa puerta se colocó en el siglo pasado -me digo con aires de erudición temblorosa-, no era verde sino negra, las puntas de las lanzas, doradas, como agradaban a don Porfirio, ¿quién admitió el derrumbe? -pregunto acusando a Dios-, las revoluciones en México obedecen a la voluntad destructiva de los mexicanos, vamos contra nosotros mismos, contra los edificios españoles y contra las construcciones indias, borrar, desmantelar, chingar, esa es la cosa -deliro atravesando la **entrada del burdel,** somos dignos hijos de Tezcatlipoca.

Prostíbulo.
Al fondo: hocico negro y, más acá, un arriate con rosales y un hule tuberculoso que estornuda con las ráfagas de viento, algunos arcos inútiles, careados, mostrando los nervios de la historia, como dije, arrasamiento y dolor y luego cruda, ¿nuestra ruina comenzó en el sitio de Tenochtitlán? ¿Comenzó la mía cuando el policía del barrio se negó a creerles a los padres de Chorrillo? El bisabuelo, perroMariposa -alucino-, se ha posado en las ramas de ese hule a dormir la mona, desde ahí ha visto entrar y salir a cientos de perros calientes como yo, mejorando el cuerpo de las putas, matizando nalgas y pechos, de artista gringa o española.

Prostituta roja.
Recuerdo el vestido de lunares de la perra pelirroja, guapa, está muy buenota, me alegra que Fuenleal se haya aliado a la prostitución, la puta debe tener los pelos colorados de cerillo, si la cabellera no es pintada.

131

Subí las escaleras de madera, apoyándome en el barandal descolorido, mugroso, súbele, Chato, en el pasillo a la derecha, no seas buey, me siento como burbuja en el hocico de un sapo, mis pensamientos y mi lujuria producen eco: Silvinoinoinooooo, he nacido en un pozo, techos envigados, pasitos de rata, luz neón, rechina la puerta, adelante, ¿dónde está el baño?, ausencia, el lavabo es la palangana, jabón rosado, ahí está la bacinica, foco pelón: da luz seca, ojerosa de tanto desvelarse, hay un buró de palo y sobre él un pedazo de tronco hecho lámpara, pasquines desacomodados, calzones y medias colgando sobre un alambre que va del muro de la ventana al de la puerta carcomida por la humedad -la putas orinan las paredes, su orín se convierte en salitre y cuarteaduras, temblor, el orín de las putas obligó al ángel de la independencia a suicidarse. La pelirroja frunce el hocico mohína, ¿he venido a fisgar?, mejor encuérate rapidito porque ya he perdido el chorro de tiempo, me abre la bragueta, chorro de enfermedad lo que ella quiere sacarme del pene revisando y apretando, ¿no estás malo, tú?, ¿no me trais la jodida de por ai? Vaya, los mudos son primerizos, les tartamudea el chile, ji, ji, espero que no me embarres antes de entrar, vente pacá, ¿me tiro boca arriba?, hay perrunos que les da por la izquierda, pero tú, presta, bájate los pantalones y el calzón, así, si no te ensucias, el cierre lo subes luego, pendejo, te machucas, déjate la bragueta abierta, y que se lo lleva a la cama con lamparones helados y puntitos rojos, sangre de chinche, se trepa las faldas y -greñas coloradas dice: "órale, apúrate, no, chingao, pos qué nunca ... eso, no te salgas, pendejo", sí lo fui, me tardaba, vente papacito, ya, que afuera hay más clientes, mi pachucón aguarda la lana, ya voy, y ella dice fastidiada que no va a estarse la noche, echada como perra muerta, masticando chicle oloroso a uva, sólo los putos se tardan tanto, hoy la vida es velocidad, chamaco zonzo, se aprovechó de mis ojos delatores -entró en mi alma como una comadreja rabiosa y al ver mi inexperiencia comenzó a roer, leyó en mis pupilas abiertas a la ignorancia-.

Don Pancho, revoloteando dentro de mi le dice a mis orejas: mata a la puta y vente en su hocico cuando quieras, voltéala de culo, que te aguante, pa eso le das pan y chile. Antes de que Silvino llegue al orgasmo -cómo te tardas-, la pelirroja se pone de pie y va hasta la palangana a lavarse abierta de patas, risueña y refunfuñando, el agua resbala, pelos, cascada roja, el jabón entra en su vagina sucia de nada, pasado, recuerdo, pajaritos, ratas y ratones muertos en el hospital y en la casa de piedra, maldita sea, Felisandro me estaba espiando escondido en la puerta, vio cuando la puta me apretó el pito, cuando me decía vente ya, caracho, voy, cómo serás pendejo, cómo, Silvi, me hubieras dicho que no sabías mear con el pincel y yo te enseño, me le fui encima a morderle las narices, pero un perro viejo nos corrió a empujones, sáquense nomás, mocosos-, mientras la pelirroja siguió riendo hasta que Silvi logra por fin venirse en el baño de su casa -masturbación culpable, ofuscada, a mi padrote no le chifla que yo coja y menos que me tarde tanto, dice la perra en mi cabeza -masturbación dedicada a la puta con prisa, mascadora como la perra del Cancerbero, ambas falsas, ambas pelirrojas del coño, chicle en el cerebro.

CARICIAS RABIOSAS EN EL CANCERBERO.
El strip requería pelea de gatos en una jaula, la hembra entierra un dedo en la nariz, el macho aúlla y abofetea, se detienen, bufan, pegan ojos contra ojos, ella pide látigo, el se lo da, chasquidos, carne caliente, pegada al cuero, pero la dama no se conforma, ahora exige mordidas, ferocidad enferma con dentaduras especiales de acero para que vuelen tripas, cachetes -las vísceras se guisan en un anafe, el ganador comerá machitos y buche, mientras uno, también guarura del virrey Fuenleal y que se siente gangster, saca la lengua mamona y dizque la mete en el culo de la dama bailadora-, chupada en la pista y mordidas en la jaula, perfección, Felisandro morirá como los mártires cristianos: quemado, desollado, despernancado en la jaula, mientras yo miro bailar a la puta del coño rojo,

apretándome el pene, mano de la otra puta, ¿no me trais la jodida de por ai?, y Silvino será aprehendido por la Santa Inquisición, quizá, qué importa, los sacerdotes buscarán blasfemia y posesión, hallarán una cruz de sangre y a la mariposa negra revoloteando en mi pecho, soy culpable, sí, bebo sangre, subí con los malvados las escaleras de la casa de piedra, les saqué los ojos a las criaturitas con espinas de maguey; lo subirán al potro, espinillas y huesos rotos, vámonos de aquí, las personas cultas no vienen a estos sitios de mierda, somos artistas como Swift, quien le inspiró a Silvino un argumento para su guiñol de pulgas y la idea de los ensayos en los pasillos del hospital -comerse a los niños es una buena solución -me digo apretando los dientes, Swift tiene razón, al rato las criaturas de los pobres substituirán a los pollos en el mercado, las señoras dirán que los pequeños rubios son más blanditos y sabrosos-, ¿quién demonios quería nacer, quién, quién? -pensó mientras la perra se abría sobre el taburete rojo, dejando boquiabierta a la concurrencia, cuchichuchi, me dice la perra, estoy seguro que a mi se dirige, carajo, Dios y sus leyes inviolables, cuchicuchi, hay que huir, Felisandro ríe, vendrá el vómito avergonzado, cuchicuchi, mi amor, la timidez me incendia, ¿por qué se dirige a mí?, ¿por qué me aprieta el pene?, hasta mi tío Dominico, el cura, tiene quien le afloje las petacas entre las asiduas a su parroquia y yo no -confesión morbosa, padre, he tenido malos pensamientos, le he levantado la sotana y he visto un pene muy respetable, apretable, contesta Dominico, abriéndose la bragueta en pleno confesionario, haz como que lloras, hija y me lo mamas-, cuchicuchi, la perra juega al desnudo artístico, aplausos, risas, cuadro de Hopper, miro a Felisandro y confirmo: Lo despedazaré en una jaula como a mártir cristiano y él, como si hubiera escuchado, desengancha los ojos de la pista y los pone en Silvino:

-Magnífico ¿eh?, volvemos al medioevo, las brujas rojas enseñan el culo y son llevadas a la hoguera a venirse entre las llamas -Felisandro entorna los ojos, su imaginación reproduce el cuadro.

-Es un asco incivilizado, mediocre, aburridor, la perra es una suicida, no tiene padres ni infancia, desmadró su futuro. Yo me largo, me habló, ¿cómo se atreve? No sé que vio en mi cara, no sé qué en mis ojos, confundió, yo vengo aquí …

-¿Entonces por qué miras, pendejo?

-Para asquearme, ella no entendió y pensó que era deseo mis ganas de vomitar.

-Correcto -reponde Felisandro-, si sufrimos y disfrutamos negamos a Dios, negamos el progreso, hacemos más corta la distancia entre el perro y la lagartija.

-Yo no gozo, me duele.

-Pinche hipócrita -grita el gato, casi pegando su hocico a mi hocico-. Te acercas a la miseria para sufrir, crees que el sufrimiento te hará artista, deseas reflejar en el baile esta substancia, pero eres insensible y estúpido, la miseria pervierte a la persona que la padece y a la que la ve, es incorregible. Ni siquiera los cristianos que vieron a Cristo sufriendo en la cruz se libraron de corromperse.

-Problema de educación, mientes. Los cristianos que vieron a Cristo en la cruz ascendieron a otro estado de conciencia, abandonaron el pecado y la perdición, eso dicen los católicos.

-La educación no quita el instinto asesino, se puede ser culto, como tú, Silvi, y matar. Se puede ser culto y mentiroso e incongruente. Hace apenas un instante gritaste "qué nalgas, ve", ¿la estabas compadeciendo?

CABEZA DE GATO, RUEDA.

Felisandro recibe (lo mataré, sueño, embrión, sangre, mentira: echa raíces en tierra de posibilidad, caricia rabiosa, gota de magia potente, cuchillo), recibe imaginariamente una puñalada en el cuello, boca pintada, beso chorreante, chilla, el gato mira como suicida que no desea apretar el gatillo, incredulidad profunda, más allá de la vida sólo vacío, pasto, lombrices, a los que se matan Dios les muestra el infinito, rueda de la vida, lo simultáneo.

Felisandro se sostiene la cabeza casi cercenada para evitar que ruede sobre la pasarela de la encueratriz en calidad de calabaza, ahora qué dices, mierda de gato, te recordaré hasta en la tumba, durante el velorio, en mi propio entierro y luego a partir del momento en que me de a luz Anilú, en vez de papá mi bebé dirá Felisandro.

Felisandro, su cabeza casi cortada piensa en Modesto (cochino, hizo adictas a mi madre y a mi hermana), propagandista mayor de la religión de la sangre, sálvame Dios mío, perdona mis pecados, recibe mi sangre **-ruega el gato enjaulado-**, yo estoy del lado de Chorrillo, soy él vuelto a nacer, Tezcatlipoca en carne y hueso, mariposa negra, las tripas del bisabuelo en la almohada, cúlpese al creador, capas y capas en la cebolla interminable, tiempo, vueltas, baile, pelos, pelos, los está mostrando la encueratriz, **pelirrojos pelos como los de la putaApúrate,** masturbación, en adelante correré al sadismo precoz, quizá sea aquella otra puta convertida en artista del taburete, risueña me exprime la verga, pozo seco, no había captado el lunar del hocico, ni el otro más grande en el pecho, la bailarina tiene una alberca negra en forma de ameba, animal, parásito adherido en la danza fofa, la calabaza sangrante de Felisandro lengüetea con su lengua rasposa la alberca negra, imprimiéndole un ritmo exótico al parásito, la lengua de lija desprende al animal que revolotea encima de la pasarela, es el bisabuelo, compadre del dios cornudo de los trogloditas.

MARIDO BORRACHO.
-Ya mero, doc?
-Ahorita, la cría tiene ganas de vivir, pero se lleva tiempo, paciencia. Yo tengo que hablar por teléfono, mi esposa…
-Que se apure, son jijeces, las madres debíamos recibir un millón de dólares por hijo.
-Pero si no llevamos tanto, ánimo, es normal. Si me permite…

-Entre la mariposa, los vómitos y las patadas del niño que me quieren sacar el corazón, siento que ya han pasado por lo menos cien horas. Se me rompió la media cuando venía para acá, es el colmo, tuve el presentimiento de que no me iban a durar, me lo dije cuando salía del super camino a casa -"esos presentimientos tuyos"-, me dice Bul, burlándose de que yo ... ¿a poco a usted no le pasa?, ¿verdad que sí? no sólo las hembras sentimos esas corazonadas, un muchacho amigo mío que me visita dice que sufre adelantos del futuro, yo no llego a tanto pero lo de la media fue raro, ¿no? A veces presiento que a Bul se lo lleva la policía, que lo trepan en la julia y lo dejan vomitando en el suelo, entre golpes y borrachera. Bul poco trabaja, de lavador de platos, de barrendero, porque está muy entregado a la cantina, me da que puede golpearse en una ventana cuando viene tambaleante o que lo asaltan los guaruras de Gudejas y Malpinto, hoy no es buena noche, lo presiento, alguien da guerra en mi panza y fuera de ella, ya ve que los periódicos hablan de rebeliones negras, colgados y balaceados, y de conjura india, por lo visto el libro de Dios, el destino, está lleno de chingaderas y yo, la verdad, no desearía que se soltara la idolatría, las piedras no son dioses, soy cristiana, Modesto, el sacerdote de la sangre, me enseñó a punzarme y arrepentirme, ¿usted conoce a Modesto?
-Sí, bueno, vuelvo en otro ratito. Si me necesita llámeme con la enfermera, ella está aquí para atenderla.
-No se vaya, si estuviera Bul ... ¿Está en el pasillo? No, ni me diga, mejor dígale que todo está bien, es impresionable, ¿se lo dirá?
-Se lo diré.
-Claro que no, porque el cabrón no dejará a su amante y la cantina para verme parir, ni para esperar a que lance a su hijo, brindará por el niño, eso sí, muchas copas tomará a la salud de la madre y del hijo, sin haber tenido ni un mareo. Pinches hombres, ¿no cree?
-Bueno, yo ...

-Doc.

-¿Sí?

-¿Usted cree que vuelva la mariposa?

-No, la señorita la mató.

-La aplasté toditita, se le miraron las tripitas, sus interiores de muerte.

-Pobrecita, la hubieras soltado, señorita enfermera, son feas, pero yo le digo a Bul cuando entran a la casa, no las mates, corazón, nomás échalas pa afuera, son criaturas de Dios (Pancho fue concebido como hijo del Diablo, sacerdote renegado, perseguidor). Y mi Bul las deja en la noche.

-No se preocupe, señora -dice la enfermera sonriente, interviniendo en tono vengativo-, sólo la aventé pajuera, orita es hora de que esté trajinando por ai, lo de las tripas lo inventé.

-Diosito santo, doc, ya lo decía, si se va usted tendrá la culpa de que el crío traiga cara de mariposa, esta perra me está encabronando, ¿la va a correr? Trata mal a su clientela, me trata mal a mí, de la fregada, ya veremos cuando ella esté pariendo y se le aparezca el bisabuelo loco en la forma del demonio.

-Yo no estoy loca, señora, si me perdona, yo no tendría ni de chiste un marido borracho.

-A mucha honra, pendeja, mi borracho me hizo el hijo, y a ti, ¿quién te coge? Nadie, ni el aire.

-Soy señorita, vaya, no puta.

-Y yo señora, vaya, mamá, hembra de respeto, a ti te tirarán en la calle por inservible, ya verás, tienes cara de que te enamoras sólo de uno.

-De eso tengo cara, sí, pus claro, soy cristiana, creo en el matrimonio.

-Qué va, crees en Caperucita Roja.

-Si no fuera porque chingo a la criatura, le desearía que el niño fuera asesino o que viniera con tres orejas.

-Si sale así lo tiro, babosa, qué te crees, si sale así hasta me sentiría aliviada, malos los que se le pegan a una a las faldas, mamacita, ya es hora de comer, ya es hora de ir al cine y a la escuela, me reprobaron en matemáticas y en geografía, y si es mujer, la bruta va a querer ser enfermera como tú.

-Eso sí le compro, las mujeres somos brutas, usted y yo, las dos.

-Así pensando y nos hacemos amigas.

-Nos hacemos, entiendo que sufra por el borracho al que quiere.

-Y yo que sufras porque no tienes a tu borracho.

CALABAZA SANGRANTE.

Dios, dejaste que Felisandro se ligara a la Chispa, delante de mi le acariciaba los pechos, le rozaba las nalgas, le daba besitos en la trompa, sangre y semen, permitiste que el canalla la abandonara y que se convirtiera en nudista como la puta pelirroja, quien atravesó el túnel vaginal igual que yo y fue parida con dolor igual que yo, es mi hermana, misma sangre perra, mismo color e inferioridad -se dijo Silvi cuando la perra encueratriz recibía estruendoso aplauso de retribución, bravo, menea las nalgas como nadie, tiene un coño rojo como nadie, la hace chichona como nadie, aprendió nudismo en Estados Unidos, se le nota, allá con los gringos perdió los complejos.

-Aplaude, cabrón -pide Felisandro.

-Tu madre.

-Mi madre aplaudiría, como buena puta.

Yo habría aplaudido -bravo por los pelos rojos, faena-, si la calabaza sangrante hubiese sido alumbrada como conclusión del acto nudista, eyaculación colectiva que coincide con el último pujido del parto, la cabeza rebota como una pelota de fútbol luego de salir del coño rojo de la puta bailarina, por cierto, en la escuela se peleaban los equipos para no incluirme en los juegos de campeonato, siempre la riega, es rete pendejo con el balón y como portero se autogolea, sácame de la escuela, Tío Nico, noo, quiero concentrarme en la danza, noo, envidiaba a Niqui, el carabonita, deportista nato, corredor de cien metros,

139

futbolista, lanzador de garrocha y de bala, campeón en tenis y bolibol, le desee reumas, quebraduras, parálisis.

Niqui, Felisandro, Salomón, memoria, la palomilla de vagos, **los hilos del tiempo se calientan**, vuelven, cebolla, jugué futbol con mis zapatillas de baile en el hospital abandonado donde nací, las pateó con saña y quiso sepultarlas en la casa de piedra donde ocurrió el crimen de Chorrillo y sus discípulos, aventándolas con fuerza, allá van, las zapatillas sobrevuelan la barda y caen del otro lado en el jardín, dominios de Satán, derramadores de sangre, contrarios a lo pregonado por Modesto, pinche baile, carezco de talento, me haré crítico de ballet, invocaré al demonio, pacto, cuando menos que venga el bisabuelo Pancho, volando desde el centro de la ciudad, mariposa gorda con poderes, mariposa con colmillos, sí, ya cierro los ojos y me hinco, ya beso la cruz de cabeza, adoro a Tezcatlipoca, sí, ya pronuncio el nombre de Chorrillo, hazme el mejor bailarín y no, miedo, terror, arrepentimiento entre lágrimas y el Padre Nuestro con el culo palpitante, no quiero al diablo, no, Señor, cuídame, Señor, tengo pavor, reversa, soy bueno, buenito, no mato la mosca, y me encuentro de nuevo del lado de los perdedores, recordando la primera vez que vi una función de teatro círculo, mi tío Dominico me dio un codazo cuando apagaron la luces, fíjate y no hables, Silvi, el reflector verde ilumina el pasillo por donde se aproximan los hermanos Montes, van a representar La Guillotinita, uno de ellos es paralítico, en la obra, finge serlo, yo lo soy, me identifico con la silla de ruedas, pero paralítico no le hubiera durado a mi mamá ni dos meses, lo dijo, te habría dado alguna yerba mortal, Silvi, de veras, imagínate nomás, si así, estando dizque normal eres una reverenda monserga ...

ESPEJISMOS.

Años después, tarde lluviosa, enfermo de melancolía y alcohol, reveo el proceso de corrupción del hospital baldío -la decadencia no termina, ahonda y hiere, profundiza en hongos y sueños-, acelerado por el crecimiento de las plantas en las grietas de los muros.

Brindaré por mi sino, cadena interminable de vejaciones, sinuosidades, inmundicias, traiciones, comenzando por los amigos y terminando por el creador, bromista negro, sordo, voluntarioso -de nada valen rezos, soy casi un paralítico, casi un pepenador.

Recuerdo.
Felisandro me ha dado la puntilla casándose con Cari, virgen santísima, la de ilusiones que me hice también con esa maldita perra (parecida a la Chispa, pero menos puta), la única que hubiese podido sacarme adelante (Cari lloró alguna vez en mi hombro y yo quise consolarla, no te propases, Silvi, eres nomás mi amigo, lo otro lo hago con tu amigo Felisandro, no, no es mi amigo ese cabrón gato que te lastima, pero yo lo amo, masoquista, eso a ti no te importa, me importa porque te quiero, yo sería bueno contigo, precisamente lo que Cari no deseaba, palos y patadas en la jaula del gato, vuela una tripa y un pezón, bravo).

Y tuvieron el descaro de invitarme a la iglesia y al banquete, chinguen a su madre, bucearé en los subterráncos del pasado para pescar imágenes de mi rotundo fracaso, maldiciendo a mamá, al tío Nico, causantes absolutos de mis males.

Me tiraré sobre el asfalto boca arriba, patas en cruz, lloraré hasta que gracias a un telefonazo anónimo me lleven sin razón al nosocomio y me recluyan bajo llave después de aplicarme una inyección de calmante, soy borracho como mi padre, a mucha honra, así mi madre me querrá, qué va, se lo aguanto a tu padre porque no tengo más remedio, Silvi, a ti que te parta un rayo, ni creas que voy a ir a visitarte al hospital.

Manicomio. Perra loca.
Paseos blandos, moluscoides en la huerta de la institución de insanos, creyendo que recorro los mismos senderos delirantes

de mi padre -soy alcohólico como Bul, me acuesto en las barras de las cantinas, empeño mi saco por un trago, pero a mi madre le vale, me dice que acabaré en el reino del bisabuelo, si lo ves me lo saludas, Silvi, entretenlo todo lo que puedas pa que deje de chingarme, allá tú-.

Diré en voz alta, delante de una perra chihuahueña legañosa, encamable, aficionada a la heroína:

-El verdadero infierno está afuera.

-Está dentro, lo trais puesto, Silvi, desayunas con él, al lado de tus papis y otros familiares, como que el infierno es un lugar diseñado por Dios para que uno se de quemones, yo me los he dado, yo he metido la cabeza entera en esos quemones y poco me han servido, si ese fuera el propósito divino, pero creo que no, el infierno es inútil, es un lugar como un río o como la playa, te la encuentras al paso y otras personas no se lo encuentran al paso, así es, como ir de vacaciones y ahogarse.

Peces rojos.

La perra, ojos rasgados, pelirroja, elegante, labios crueles, mira el lento desliz de los peces rojos en la fuente de azulejos, oasis verdadero de la huerta de espejismos en el manicomio. El viento desgreña, silba, mueve la fronda, susurra, enfatiza el desconcierto, sabe a callejón sin salida, para muchos no habrá retorno, Permanecerán girando alrededor de sus manías.

-El infierno, Silvi, es un lugar como cualquier otro lugar, con más o menos fuego en México que en Estados Unidos, pero cada país tiene el suyo, y cada persona, yo desde niña traigo el mío, he querido hacerme la pendeja y huir, pero él me encuentra siempre porque trai ojos en mis ojos y en mi estómago tragón, ve el infierno hacia afuera y hacia adentro, como una mosca en el alma, ve el infierno.

-A mi me zumba esa mosca adentro, desde que nací rechifla la mosca, me invita cubas y más cubas.

-Andale, tú sí me entiendes, el infierno es un lugar de sed, un lugar de angustia, un lugar de intensidades grandes.

Cuando se mete la cabeza ahí las demás cosas de la vida comienzan a hacerse insípidas. Ella arroja una moneda al agua pidiendo un deseo. El viento arranca brevas, higos, limones maduros que golpean jugosos la tierra del manicomio. Alaridos esporádicos orquestan la tarde moribunda de Animas en Pena.

-Tengo ganas de morir -le digo.

-Y yo de cantar. Moriría igual que tú, Silvi, pero echando gorgoritos. Si la joven tuviera su guitarra rajada pulsaría el tiempo, lo reduciría tirándose de la ventana para que la vieran despanzurrarse los que se conforman.

-Odio a los que no saben ver en la vida más que cuestiones sensatas, van a la iglesia y se hincan, miran a Dios con ojos secos, yo a esos les cortaría la garganta, son personas muertas, cadáveres que hablan de leyes y de religión, cadáveres que van al cine a divertirse, si vinieran aquí conocerían al que busca y no encuentra, al que saca la lengua y insulta, a los que juegan a ser perros de coraje, abogados famosos y putas a punto de ángel, odio a esa gente, la que cree tener un propósito. Vinimos a perfeccionarnos como cristianos, vaya. Alguna vez pensó grabar discos con canciones rebeldes, persuasión musical, toca la guitarra en el baño, desnuda, donde las sensaciones se avivan.

-Mi padre me descubrió encuerada cantando en la tina y me dijo que me iba a traer al manicomio, yo entonces no había probado las drogas y ya estaba cansada, me sentía triste porque volaba la mosca del infierno, antes de la droga, Silvi, el dato es importante, y mi padre palpó la cuestión de mi locura, enfermedad u lo que sea que padezco.

MUSICA ACUATICA.

El día que se le rajó la Pinta -así se llamaba la guitarra-, se metió a tocarla bajo la regadera sensual, música acuática, en el futuro las orquestas tocarán bajo lluvias torrenciales, nosotros cantamos en la ducha, ve, mi grupo de rock logró acoplarse cuando nos encueramos a través de la droga, ahora pienso en otra clase de desnudez, la de la muerte aventada:

-Moriré desnuda tocando la lira, sintiendo las lágrimas de Dios como regadera. Dios es un chillón, me compadece, nos, los del grupo y yo hacíamos berrear a Dios desnudándonos todos en el baño. Entre cogidas y enmotadas, entre inyecciones y rock, lloraba la regadera, el excusado, nosotros y Dios.

Silvino golpea, junto con ella, la superficie del agua, los peces se asustan y esconden en los hoyos de la roca.

-Silvi, drógate cuando salgas, muérete, dales duro con tu reproche -balbucea ella con voz rasposa, abarcando con un movimiento el muro negro que limita la "cancha de tenis" que a veces se convierte en frontón, ping-pong de suelo, pista de carreras, campo de golf. Ahora se lleva a cabo un encuentro entre el equipo de los Huracanes y los Carniceros. Pero qué pasa, pasa que Chocolate, como siempre, está llorando, es viejo, demasiado, no les dirá donde quedan las islas del parambazo, claro que no se los diré, me llevaré el secreto a la tumba, llorándole a dios, rogándole que me haga menos viejo allá en el paraíso y menos chillón, ya no es el mismo que se cuadraba como soldado pa saludar domingo a domingo, firmes, dondequiera saltan caras blancas que desean llorar con él, caras muy blancas, de enterrador, caras blancas de fantasma, de persona que vive en dos mundos a la vez.

-Chocolate ve personas blancas como pambazos.

-Sí, eso me ha dicho.

-¿No le crees? Porque si no le crees no sé qué carajos estás haciendo aquí.

-Le creo porque yo los veo en las crudas, los he visto, no te enojes.

-Pero él no los ve como alucinación, sino como verdaderos seres pambaceados, seres vivos que viven en el manicomio o cualquier otra parte, pero más blancos que los otros vivos, habla con ellos, pasea con ellos en la huerta, llora con ellos y ellos lo consuelan. Los Huracanes y los Carniceros han reanudado el partido, Chocolate se suena antes de dar el silbatazo, sintiéndose chiquito, más digno de lástima, invitará a Silvi a las islas donde se da la fruta universal, quien la come ni caga ni orina.

-Ve y ve, yo ya no escucho el canto de la sirena, Silvi, desde que llegué de puntillas al cuarto de mis padres a oír sus pleitos e insultos, mismos que concluían con jadeos y bufidos, espejismos, oí y me quedé sordita, mi persona oye y no oye, un tapón de cerilla me entró a taponar el espíritu y comencé a pensar en que había personas como Chocolate que descubren vías de acceso al más allá, pensado el más allá como muchos mundos atascados de fantasmas y leyes. Las vías que descubrió Chocolate no son las puertas que yo toco, yo me he asomado a cosas que... Ve, yo, escondida en la maceta blanca de mimbre, en el recodo del pasillo de mi casa, comprendí que el amor dura de la preparación del coito al clímax del mismo, las parejas están bien cuando cogen, nomás en el momento de la fornicación, como mis padres, se lo dije al psiquiatra, y le conté también lo que hice cuando me presentaron en sociedad:

SEÑORITA.
"Bailé como loca, y no me creo chafada en el sentido en que lo están Kity y Rambles, Chocolate, la Chimuela, para mi padre era importante, demasiado, presentar a su señorita, bailar el vals y **echó la casa por la ventana,** meseros, orquesta, veinte violines, pianista acompañante, platillos suculentos, aspic de langosta, pierna al horno, guajolote relleno de castañas, camarones con gabardina, zapateras con mayonesa, carnes prensadas, bocadillos, sopa de cebolla, ajo, champaña, manzanilla, vinos del Rin, sólo mi vestido azul costó una fortuna, por Dios que jamás lo había visto tan alegre, a mi padre que, muy en contra de su costumbre, se sentó a las doce del día en el jardín a beberse un jaibol, ¿te imaginas?, reía y se platicaba, vaya estupidez, sentimentalismo de persona decente que festejaba y se despedía, ya sabrás, sacó el pañuelo, moqueó,

su señorita era señorita, ya había cumplido, él y mi madre habían alcanzado su meta, ya sabrás, se celebró una misa en el jardín, el padre Gorrión accedió a los ruegos de mi padre, mordida, soborno, y todos gritamos bravos cuando aceptó, como si hubiéramos estado en el entreacto de la Bohemia o El elíxir de amor, por cierto, ve, Gorrión habló de amor, San Pablo, de los deberes de los padres con los hijos y de los hijos con los padres, carajo, asco de ellos, asco de mí, los tres comulgamos en ese día soleado, azul, templado, con pajaritos cantantes y todo, pero la hostia no detuvo el crecimiento de la enfermedad que mi padre adivinó cuando me vio desnuda tocando en el baño...

Presentación en sociedad.
Pienso en mi madre y su dicha de un día –continúa diciendo la perra loca-, el día de mi presentación en sociedad, ella, mamá, se tomó un frasco completo de bonares y él metió la cabeza en el horno de la estufa poco después, como si con mi presentación hubiesen cesado sus obligaciones, como si la presentación fuera el único sentido o la meta única, lo fue, quizá, tal vez así lo habían convenido, eso creo, esperemos a que ella se haga señorita, esperemos razonablemente y diremos bienvenida y adiós, amor nuestro, ambos se chingaron, pensando en un matrimonio conveniente para su princesita, ahí estaba el hijo de don Chuy, notario esquelético, dote magnífica, bien casada ya no necesitaría a mis padres, bien casada podría vérmelas yo sola con mi herencia, comprendería la puerta que ellos abrieron, suicidio, y tal vez, madurando, yo también llamaría a la misma puerta, toc toc, hola, padres, vengo de visita, saben, dejo una hija que festeja su señoritismo, ve y ve, Silvi, como te digo, esa noche ignorante también bailé para darle picones a mi novio, mono, hasta eso, médico, guácale, una vez me subí por un acantilado que tenía de fondo el mar espumoso y azul y me quedé mirando el precipicio con ganas buenas de tirarme y lograr mi integración a la hora de hacerme

puré, desintegración, el paisaje mientras caigo es uno conmigo, me pertenece, si me subo a la punta de un pino y miro desde arriba el pasto verde viene el mareo, ve, sólo en el aire se logra esa integración, durante el lapso de caída llamo a la puerta de mis padres, hola, ahí voy, ya estoy con ustedes, familia, cuando el asfalto pega contra la cabezota dura de mono que truena como nuez, cataplún, ve, bailé dándole celos a Chuy, el joven, quien se puso a beber de furioso vodkas y vodkas el idiota, durmió tres horas en mi casita de muñecas que luego se convirtió en estudio donde no estudiaba, lo dejé durmiendo pero yo seguí bailando con el amigo de mi padre, quien me pidió que lo acompañara a la cocina, borracho, me pellizcó los pezones, me alzó la falda, dejé que me tocara con el dedo, se abrió la bragueta y de pronto, viéndolo listo, con rabia le dije no quiero, aquí no, jugando con la palabra amante, jugando acaricié su pene erecto y cuando sentí que se corría yo salí corriendo y no volví a verlo en toda la noche, mis padres, en son de despedida, se retiraron a su recámara y yo, presintiendo, fui a buscar a mi novio dormido en la casita de muñecas, tenía necesidad de otro pito, pito para ti, me decía, el pito del amigo de tu padre, el pito de tu novio y el pito grande que te obsequian tus padres, pito erecto, tremendo, levántate, Chuy, ya es hora de que me cojas, se metió al baño y lavó los dientes, agarraba en serio la limpieza, se olía y olía en cuanto los demás nos descuidábamos, pues salió peinado, le dije, Chuy, vente, tengo algo caliente que enseñarte bajo los calzones, y lo dejé que me desnudara un poco y que me acariciara por encima de las pantaletas, pero no quise en la casita de muñecas cuando él estaba listo para entrar con el pene parado, no, soy señorita, hoy me presentaron, vete, ¿lo mandaría a su casa con la misma mirada que dejé prendida en el amigo de mi padre?, de loco, capaz de hacer cosas por mi, necesito que me demuestren, que suban escaleras por mi, que se roben libros, mejor que pruebe, se picará con mi vagina como yo con la aguja, pues llevé a Chuy arriba, presintiendo, lo senté al lado del macetón de mimbre y comenzó la danza, bájate los pantalones, estupidito, pendejete, hijo de la gran chingada, mis insultos se paraban de puntillas, bailaron danzones y minuetos, bruto para acá, miserable para allá mientras me quitaba la blusa y la falda, mete el dedo, cabrón, rómpeme adentro, desgraciado, era señorita, Chuy, colorado, pelaba ojos, veía a un fantasma blanco en mi, me compadecía, jadeamos en el pasillo y nos contestaron en el cuarto de mis padres, despedida cogiente, comunicación, los cuatro llegamos al clímax y, después, cuando Chuy ya se había acurrucado encima de mí y mi padre encima de mi madre, comencé a insultar a mi novio con más rabia, loca, desnuda, sucia de semen, histérica, cabrón, ojete, puto, cuando mi padre abrió la puerta tuvieron que inyectarme, porque desde entonces yo me jalo los pelos con alegría y dolor, y si cojo más me jalo los pelos de alegría, los pitos son jeringas, Silvi, los pitos me agradan por su poder de destrucción, porque me hacen olvidar a mis padres, porque son hermanos de la heroína, pitos blancos como los fantasmas pambaceados de Chocolate, espíritus pitales, se levantan y arden, son llamas del infierno. Chuy me dio el primer quemón, hasta la fecha no se ha enterado de que me violó en el pasillo con el pito del amigo de mi padre, debía haber vomitado pero gocé, eso fue lo que me puso histérica, saber que mi novio me violó con el pito de mis padres, sabes, ellos me han cogido a través de los hombres que me la meten, fijamente pienso en ellos y los olvido en la fornicación, fijamente pienso en ellos a la hora de la jeringa, fijamente, como si fuesen ojos que me miran, toc toco, llamo en la puerta de su suicidio, pasa, corazón, estamos aquí, te esperamos, puedes volar desde la azotea del manicomio, te esperamos, pajarillo guitarrero. La perra aficionada a la heroína suspira, ve, un grupo de perros conscientes me seguirá con pancartas, banderolas y jeringas al precipicio, los mártires avanzan, puncataplum, viene la edad de oro, amor y concordia, se oyen los pasos del supercan, horca al que añore sensatez y amores de familia, horca al que venere a los niños y a la iglesia, las puertas que tú ya sabes se abren, salen dedos del otro mundo y nos invitan a pasar, ¿comprendes?

Caos.

-Vine aquí -dice Silvino- porque el hospital donde nací está en ruinas, las hiedras se lo están comiendo, hay grietas por todas partes, ratas, es una tumba -mi tumba. El caos me ha enseñado que el tiempo que nos pertenece es un segundo, un instante en otra escala de tiempo. Vine aquí porque estoy deseando matarme. Vine aquí a encontrarte. Abrí alguna de esas puertas, lo sé, por eso soy suicida. La perra revuelve el agua de la fuente, intenta mirarse en el remolino: cara deformada, se saca la lengua.

-Silvi, te invito a volar conmigo. Te invito a que nos metamos un jeringazo moderno, revoltoso como ungüento de bruja.

-Moscos y cucarachas, según nosotros, apenas viven, su tiempo es un suspiro comparado al nuestro.

La perra intenta detener el remolino con ambas patas.

-En un año de los míos, mueren, se reproducen, pelean, conquistan millones de ellos. Las lagartijas no tienen alma, no van ni al cielo ni al infierno, se pudren sobre la superficie, nadie las entierra, tal vez nadie las extraña. Ella piensa en la guitarra, salta en pedazos produciendo la última posibilidad de sonata, sesos y tripas, tinnn, pedal, suspenso, sinfonía en la cancha de tenis, choques eléctricos.

-Un día soñé, Silvi, acababa de leer La Metamorfosis de Kafka, ¿la conoces?, que me convertía en cucaracha, me salen ronchas cuando me acuerdo. Ya vez que en el sueño un segundo parece eterno -lo es-, se alarga, por esa pesadilla comprendí que el mundo de abajo, me refiero al bicho que sea, unicelulares, multicelulares, vive días como los nuestros, de veinticuatro horas, relativamente de veinticuatro horas, meses de treinta días, años de doce meses, pesadillas largas, es terrible, horroroso, pero sí tienen dioses los bichos, y sí tienen creencias los bichos, y sí se les aparece el diablo lagartija y el diablo culebra y el diablo mosco, porque somos iguales que ellos, no mejores, tan pendejos o tan inteligentes, y sí se les viene a la cabeza que existe dios, es decir, que a veces los bichos tienen la esperanza de que el paraíso tenga realidad. Lo sé porque yo he descendido, porque yo he penetrado esa puerta hacia lo insecto, la heroína me llevó ahí, donde tú podrías venir, para empezar te premiaría con las piernas abiertas. La perra saca una moneda del agua.

-¿El momento de la muerte puede prolongarse tanto como la vida?

-Al ver el hospital baldío donde nací, al lado de la casa de piedra donde Chorrillo ... sentí que existe otro tiempo en el que el nuestro es una brizna, yo toqué esa puerta, la del tiempo, con alcohol, con locura. El dolor abajo y arriba es el mismo, tampoco entiendo, pero estuve ahí, algo me invitó.

-No entiendo a Dios, Silvi, si la heroína chinga, ¿pa qué ponerla? Pero si no chingara cuál sería el chiste, también me digo. Me choca pensar en un tiempo largo donde no hay salida a la muerte, puerta cerrada. Qué sería de los que llenamos el manicomio, de los que mueren de hambre y sed, los leprosos, perros lisiados, qué? La muerte es la mejor de las puertas.

-Puede abrir a otro infierno peor, puede abrir al mismo.

-Olvida, juguemos con ellos a matar el tiempo. Tenemos voluntad, podemos suicidarnos, a ver qué pasa. Volemos hacia la puerta de mis padres.

-Yo prefiero la pistola.

-Pendejadas clásicas, la pistola la usan los suicidas decentes, los que no han arrastrado las patas, ve y ve, Silvi, no seas mediocre, matarse volando pasa, matarse buceando pasa, ¿pero una pistola?

-Creo que así está escrita mi muerte en el libro de dios. Embarrar de sesos las paredes no es tan decente.

-Es posible, dios es así, gusta de las muertes mediocres.

-No te creas, también escribe accidentes en que las personas pierden brazos y piernas, también escribe sobre perros cancerosos, también.

-Más razón me das, Silvi, ve y ve, tú mueres de un pistoletazo y yo me lanzo al espacio, compara y verás.

-El caso es abrir la puerta, el caso es hallar a los que fueron, como tus padres, si es posible, el caso es olvidar, si es el caso.

-No lo es, Silvi, yo digo que es un pasillo.

-Yo digo que el pasillo puede devolvernos al mismo mundo, a la misma fiesta.

-Fiesta de pitos parados, no, eso no lo creo, Silvi, Dios se comporta insensatamente, pero no tanto, qué tremenda estupidez, ¿mi enfermedad es eterna?, si contestas que sí comenzaré a verte como un pito, Silvino, ¿has venido a amargarme? Tiene que haber otros pasillos, guapo, este es muy estrecho, ¿que no entiendes que tú y yo y Chocolate y los Huracanes estamos malos?

-Lo entiendo perfectamente, y quizá por enfermo creo a veces en las pendejadas de Modesto y el eterno retorno.

-Yo no te he visto mas que esta primera vez, Silvino, hemos platicado una sola vez en la fuente, mis padres se han ido una sola vez o yo te cojo y te chingo, o yo te arranco los pelos, o yo te arranco la verga, grandísimo aguador.

-Arráncame lo que gustes, quizá esté escrito ese arrancamiento.

-Cállate ya, ve, mira lo que tengo bajo las faldas, ¿te gusta? Mírame lo que tengo bajo las pantaletas, ¿te gusta? entonces ya cállate, vamos a otro pasillo porque yo lo digo, porque a mí se me pega la gana, clávate en mis pelos, olvidar, olvidar, olvidar.

VII

CASA DE LA RISA.

-Si una cucaracha supiera los riesgos que corre, pisotón, estamos abriendo un diccionario de infinitas combinaciones, caminos, no sabemos nada, puertas, sí, nos espera la enfermedad, descompostura congénita, el asilo, macetas y frijoles, los mismos dolores acechan en los mismos instantes, tomaremos las mismas decisiones, caeremos una y otra vez, por borrachos o por drogadictos en este manicomio donde vemos llorar a Chocolate y nos enternecemos hasta los huesos -el viento levanta polvo y papeles.

Aquí, en la casa de la risa, subrayo, Chocolate nos acerca a las lágrimas conmiserativas, tiempo, ¿Dios lo ha perdonado en el presente?, pero en la lejanía de mi nacimiento levanta horror la misma persona, ¿misma?, pues él fue discípulo de Chorrillo, si no de los más notables, sí de los activos, es decir, de los que participaron en los crímenes de la casa de piedra, de los que mojaron sus patas en sangre y bebieron, de los que entraron en las entrañas de los niños y saludaron con espinas y navajas, ¿sería justo que Dios lo hubiera perdonado ya, debido al manicomio y al arrepentimiento?

Dios.
Dios no entiende el crimen ni el suicidio a la manera de los perros. Dios entiende como Dios. Sus acciones pueden por tanto parecernos injustas. La familia y los sirvientes de la casa de piedra no tuvieron tiempo de arrepentirse, así que, tal vez, de acuerdo al juicio de algunos sacerdotes, además de morir violentamente fueron condenados al infierno. Chocolate se asomó al interior colorado de sus víctimas, culpable, lo de adentro no tenía voz pero quería comunicar a un exterior vacío

153

una protesta silenciosa, culpable, en vez de cárcel, manicominio, el virrey Gudejas lo quiso así. ¿Ante Dios, quien priva a otro de la posibilidad de arrepentirse absorbe los pecados de su víctima?, culpable, pero no delante del tribunal divino, pues Chocolate se muestra sinceramente contrito. ¿Qué clase de compensación reciben la familia y los sirvientes torturados en el averno o en el cielo? Las vísceras de las reses abiertas en el rastro no dicen lo que dijeron los muertos de la casa de piedra. Los adentros de las reses mugen con cierta irritación y nostalgia, pero sus quejas vacunas están exentas de la noción divina, quizá, ahora estoy dudando, creo en mí la posibilidad de un dios bovino y cornúpeto, los mugidos de las tripas ascienden, ofreciendo su dolor al Señor Sublime de toros y vacas, perdonad, perdonad.

De tarde en tarde, Chocolate habla vagamente del caso que lo encerró en el manicomio con el cerebro quemado, la culpa abre sus labios y compone incoherencias como salidas de un sueño:

CHOCOLATE: *Nada hará que yo deje de ser yo mismo, ni la misma confesión, porque yo me confieso y limpio tan profundamente que el cántaro está a punto de quebrarse por debilidad en sus paredes, friego y enjabono mi conciencia, pero la carne, la mía, está impregnada del horror, Chorrillo ríe en mi sangre, lavo y pido a Dios, Señor mío, tendré que tallarme con piedra o con lija, sangrar, sudores dolorosos, expiación, grito pero la obsesión del diablo permanece inamovible en mi interior, entrañas demoníacas, entrañas que mamaron la leche de mi madrecita santa, ¿qué soy yo?, ¿por qué soy yo como soy?, la iglesia dice que tengo remedio, en cambio la ley hubiese dicho lo contrario de no mediar la voz autoritaria del virrey. La iglesia dice y mis entrañas oyen sin entender, sé que me llevaré la sensación de estar limpio y maldecidamente contaminado por toda una eternidad, sé que Dios intenta apaciguarme, lo sé porque sueño con El, lo sé porque catequiza a mis células, lo sé.*

Farina.

-Yo no soy hijo único, afortunadamente -comento a la perra sin nombre-, Dios envió con una niña a la cigüeña para humillarme, hazte a un lado, baboso, me dijo la nueva criatura, mi hermana Farina sí tiene talento, comparación, afortunadamente, me desplazó, mi hermana era mejor a los ojos de mi tío Dominico desde el momento que nació, acompaña a mi madre, quien no desea compañía pero sí servicios, ella -Farina- atiende sin arderse como yo, afortunadamente, de nada me habría valido quedarme solo, pues carezco de lo que le sobra a ella: ritmo, equilibrio, gracia, voz, inteligencia, la respuesta a mis rezos descendió del cielo y cayó sobre mi pata mala, ya era cojo y me cogieron, ja, ja... -el viento está triste, tose con el polvo y vomita las cochinadas que alza.

Espinas.

Chocolate usó las espinas en los ojos de las criaturas, quizá, y, sin embargo, aquí es un inofensivo despojo: Silvi, me ha dicho, deja de preguntar, sé que te atrae la cuestioncita de tu nacimiento bendito, Ave María, pero te metes en razones que no tienen tal cosa, me refiero a los actos del pasado, yo sueño con ellos y con Chorrillo y despierto con los lagrimones en los ojos, mira, el sudor es lágrima en mis axilas y en mis nalgas, pienso que el maestro puede entrar en este recinto y buscarnos en la noche, Chorrillo no es raro aquí ni en cualquier conciencia, su labor es ser malvado, así que cabe en todas partes. Tú eres un muchachón atarantado, nada más, sigue así manque te amargues, bebe y rejuvenece, o muérete anónimamente, más no llaméis a la puerta negra del castillo, el perfume de las flores asciende al cielo, los zorrillos vienen a las patas de Chorrillo, el invocador, toma su tambor y llama, el demonio contesta con golpes de tambor, como si entre maestro y diablo hubiese una estación telegráfica, ¿qué se dicen?, cosas sencillas de pronunciar pero no de hacer, cosas que sonrojan a los ángeles, cosas imposibles de lavar con estropajo y jabón. Yo vi, en los ojos del malo, Silvino, destellos de grandeza comparable a un cometa, yo vi vaticinios azules en las uñas de mi guía, sus patas eras largas, afiladas, su voz comía gravedades de tuba hipnotizante, recuerdos de África, cantos yorubas a Xangó, repiqueteo de adiciones rítmicas. Chorrillo no se detuvo como yo en el descenso, bajó la escalera hasta el infinito y ahí se habló de tú con Tezca. La escalera se opone, las paredes también, los pasadizos adelgazan a medida que la mala conciencia avanza, piensas que has entrado en la garganta de una lagartija antediluviana, Silvi, piensas en un pez milenario y feroz, los escalones escurren resbaladas, las paredes sudan sangre. Recuerdo pero no quiero que mi memoria acabe vivificando, no quiero, de aquél tiempo me viene el descontrol lacrimoso, mis ojos son vasijas agujeradas por las que se filtran, enteros, ríos de lágrimas, ríos de arrepentimiento inútil, estoy condenado. Dios ha bajado a mi celda de loco en la forma de un duende, Silvino, voz de pito, me dice agudamente que me ha perdonado, pero mis entrañas saben que no es posible, contestan a las entrañas que vi en el interior de sirvientes y criaturas en la casa de piedra, no hay perdón para mis entrañas, animales entrañas, perdonad, perdonad, perdonad, gritan las mías, piden las mías, los santos, ahora lo sé, Silvino, aceptaron ser perdonados, yo aún no puedo, llamé a la puerta equivocada y de ese laberinto salí al manicomio, casa de reposo para mí, Dios es grande, no lo dudes, Silvi, tanto que hasta acciones como la mía empequeñecen frente a su voz delgadísima, la adelgaza así para que mis entrañas la reciban igual que pinchaduras de alfiler.

FUENTE.

-Nadita de nada -canturrea ella, la perra sin nombre, haciendo equilibrio sobre la orilla de la fuente del nosocomio: piedra dura, rasposidad profana unida a la santidad del agua, el viento empuja, va contra el sentido del equilibrio, como el encuentro entre los locos y los recuerdos de Chocolate, el asesino, que barnizan el ambiente con tensiones pegajosas y dolientes; en el manicomio la historia-conciencia mala- juega entre los árboles, es un eco por ahí en un rincón, el campanazo que avisa que es hora de la merienda, sabemos que la historia está, pero como un coágulo a punto de desprenderse, provocará hemorragia y parálisis. Mi amiga no tardará en caer, está buscando la santidad del agua, desea tocarla, enfriar, ver este mundo desde el otro, contexto espiritual, maya de emociones puras y demoníacas, cualquiera diría que es sonámbula y que recibe señales telegráficas del maestro Chorrillo, quizá lo sea y ahora permanezca bajo el influjo del sueño, yo soy parte de su onirismo suicida, también capto señales astrales de Chorrillo, me veo llamando a la puerta negra del castillo, la puerta rechina, hay luz adentro, pasa, cariño, dice un clarinete bajo, ponte la bata blanca, voy a rasguñarte con mis uñas, amor, tienes que besarme el culo que besó Chocolate, el asesino arrepentido, el muy puto, tentalea la posibilidad de convertirse en Judas, subirá a la horca cuando una ola expansiva de memoria reproduzca de un porrazo la noche del crimen colectivo, los tentáculos de su cerebro tocarán, dedos largos, ventosas absorbentes que comprenden succionando el mal, Dios santo, aquello es un moretón presente, aquello tiene voz, sensaciones tuberculosas, embriaguez sobrenatural.

-Morir ahogada en una fuente puede resultar original -digo sin pensar a la princesa sonámbula, ignorando la calidad de su danza mortuoria, abstrayendo sus intenciones rebeldes: me he puesto, de pronto, en distancia muda pero parlanchina, he de decir lo que sea para que mi voz se escuche, tengo miedo a perderme cuando ella se sumerja en la fuente, cuando ella deje de reconocerme, soy Silvi, debía haberle dicho, lo diré cuando su cadáver flote sobre la superficie de comunión.

-Yo no deseo ser original, Silvi, no me entiendes, el alcohol de veras apendeja, te estoy sintiendo como estorbo, como un bloque de carne, como una redondez que me aleja de mis propósitos. Yo deseo una muerte que haga ruido, si la fuente salpica la tomo, corazón, si no prefiero subir a un cerro o a un edificiote. Caer no es gracioso, dejar de respirar no es gracioso, me da la impresión de que estás aquí en son de chiste, como de paso, tu locura es poco seria.

-A mi me da lo mismo morir así o de otro modo, me he hecho a la idea de la pistola, disparas y adiós, se abre la puerta que andamos buscando de este lado, cuando la cerradura da hacia el otro, cementerio y falta de respiración -Es verdad, mi locura es poco seria, hablo sintiéndome cuerdo, más cuerdo que los que me acompañan en el manicomio y menos que los que están afuera. Algo dentro de mí me acomoda del lado de los enfermeros perseguidores, de las batas blancas. Poco falta para que pida una camisa de fuerza que detenga el desequilibrio suicida de la perra sin nombre. Silvi contesta con un graznido al graznido de un cuervo ladrón que sobrevuela la huerta.

-Ve, amiga -digo para cambiar de tema, para dar un paso hacia la identificación, debo decidir de qué lado del cosmos estoy-, es Edgar Poe, visita manicomios y bares desde que murió.

-Picotea mi ventana desde que supo que estaba loca, es siempre está de estreno.

PEZ ROJO.

Uno de los peces rojos respira en el límite del agua, abriendo la boca como para darle un beso a mi amiga, ven, el agua bendita te abrazará, muñeca, la distancia entre el allá y el acá cabe en la baba de un chivo. ¿Cuántas veces ha repetido el pez la misma acción? Besa a quien quiere morir. El mismo desea la paz lanzando besos. Pez y perra aman la defunción, labios, las especies del dios universal se entienden en el supremo acto de morir voluntariamente, yo soy suicida y tu también, amamos, te acaricio.

¿Cuantas veces el cuervo ha respirado un poco de locura en el manicomio? No es la primera vez que ella danza en el brocal, ya se conocían agua y perra, cuervo y perra, locura y perra, Silvino y ella, novios en la tumba.   Comienzo a entrar, comienzo a sentirme adicto de lo que el cuervo respira, aire de neurosis, fantasmagoría, por este camino mi locura cogerá sotana o el sombrero de Napoleón.

-De chico preguntaba, Dios mío, cómo gasté saliva, qué es esto y qué lo otro y me respondían con nada mis padres y mi tío Dominico, nada, briznitas de insatisfacción: el polvo es polvo, locura la locura, sexo malo, bueno el matrimonio, las estrellas las hizo Dios como todo en el universo, incluyendo al diablo. Tienes razón, Modesto es un pendejo pretencioso, no hay eterno retorno, continuaremos el sendero del horror luego del suicidio, bien, me agrada, el horror nos mantendrá en suspenso, más allá grazna Edgar Poe.

-Yo no me he movido del horror, estoy suspendida, Edgar me posee, no tengo historia, no sé ni quiero saber quién soy, ¿Ligeia?, mi ser está a punto de saltar confirmando mi trastorno, mi ser, saltando, dará la razón a los enfermeros perseguidores: loca, es una loca, loca como sus pinches padres, loca que habla con la guitarra, loca que pinta rayitas y babea, loca que se cree Ligeia, esposa ficticia de Poe. Chocolate es mi hermano, y todos los que juegan en el equipo de los Huracanes y en el equipo contrario, de hecho, Silvi, las contras no se me dan, les iba a mis padres, ordenadores y chismosos, terminaron haciendo lo que me prohibían a mí, lo que la sociedad prohíbe, automuerte.   He pensando, desoyendo a los tontos, que allá arriba, cuando me encuentre con mis padres, podremos hablarnos y comprendernos desde otro ángulo, el de los suicidas, seremos compañeros. Digo arriba porque pienso en la horca, no en el cielo. Mi locura no es tu locura, veo cuerdas, me persiguen, hablamos tú y yo en gradas encontradas de la misma escalera de caracol, maldita sea, cuántos escalones, espiral, a veces la caída es tan veloz que parece que estamos parados -En realidad, el manicomio es más grande de lo que pienso, más ancho, más profundo, como agua, como ser, como pensar, se extiende como un pulpo de aire. Aquí, Chocolate existe, y un poco más allá, existe un gemelo de Chocolate que llora y se lamenta porque no sabe qué le ocurre o por qué le ocurre a él lo que le ocurre y no a otros perros.

-Yo me quito el nombre y me agarro a este segundito pavoroso que vivo ahora, ahorititita soy esta perra que ve el juego de los Huracanes y los Carniceros sus contrarios, siento con mis patas el brocal, seré pescado y luego brincaré a la rama de un árbol en la fuente, horca acuática, asfixia, terminaré colgada, pulmones reventados, hartos de agua -dice ella con vehemencia, convencida de que el fluir de los instantes es una mentira que abarca a mariposas y murciélagos-, en el presente Chocolate mata, Silvi, Chocolate llora y caga, embarramiento intenso, pasta temporal comprimida, síntesis divina. No hay eterno retorno pero sí simultaneidad. Yo he cantado quinientas veces una idéntica canción. Mis labios se mueven en el canto, le pongo la misma emoción, entonces me digo, chata sin nombre, tu canción es un bloque de tiempo que no avanza, que se ha congelado, un bloque necio y feliz, orgasmo descompuesto, no hay eterno retorno, Dios es simultáneo, nuestras vidas abarcan otras dimensiones, puertas, toco y hallo a mis padrecitos esperando, ven, corazón, ya sabíamos que estabas re loca.

-Estamos partidos, pienso, lo leí, en chorrocientos cuerpos, fotografías milimétricamente distintas que se van iluminando conforme el segundero del reloj avanza, estira. Los chorrocientos cuerpos componen uno solo en la tetradimensión, lo simultáneo. A mi me choca mi película. Me choco yo mismo. Tengo miedo de volver a sufrir mi infancia, dolores de muelas, mi absurda necedad de ser bailarín. ¿Volver? Pienso en repeticiones y el odio por Dios se hace eterno, gordo, vomitante, mariposa, ¿entiendes, amiga? Deseo creer en el eterno retorno para justificar mi odio por Dios. Luego de la muerte espero dos cosas: nada o algo distinto, otro camino fuera del alcohol.

HEROINA.

-Nadie sale de la droga, Silvi, es un pasillo acuoso, lágrimas, sudor, moco, calambres, estómago anudado, maldición, mi tiempo de antes de la droga ya no existe, no la manera en que la pasaba, no el modo en que transcurría mi vivir de niña consentida, eso lo perdí y vino la tristeza a tirarme a la cama, triste me cago en los calzones, triste veo el sol con cansancio. Hoy extraño, siento melancolía, ¿entiendes? Añoro la aguja. Dios la puso como el árbol del bien y del mal. "No te piques, dijo Dios, es una pendejada". Me acerqué y probé y jamás volveré a ser la misma, ser lo que era, me digo, consistía en poder permanecer en un jardín comiendo con otras personas sin estar nerviosa, sin querer subir corriendo al baño, sin sentir las venas como culebras sedientas. Detener el tiempo es sencillo, la cuestión es no permitir identificaciones con el pasado, ni en sueños. Yo soy una extraña bien rara para mí misma. El otro día que me miré en el agua, aquí, donde trató de suicidarse la loca de la entrada, Marisol, en este hueco, la vieja chimuela que le da por amar locamente a todos los visitantes, vi que mi memoria zozobraba como un barco, bendito sea dios. La chimuela enamorada vive encendida, Silvi, Marisol ama, todos son sus príncipes y sus verdugos, todos la abandonan y todos la llevarán al altar de Blanca Nieves y los siente enanos. Es puro el amor de la Chimuela Marisol, pero la vieja se masturba en el baño, ¿entiendes? Amor platónico, el dedo te recuerda, pero no admite pitos sino distancia alegórica, hago como que llevo a cabo un acto necesario, guardando en el corazón sublimidades que no son, más allá del dedo y del pito, en el ámbito de la pureza monjil pero enamorada. No sé por qué el sexo llama tanto la atención, comparado con las eyaculaciones que produce la jeringa es nada, "nadita de nada", pero hay noches que el cerebro del pasado regresa y necesito volver a la fuente, tengo la esperanza de permanecer muy pronto en blanco. Silvino y la perra sin nombre caminan en el andador que serpentea en la huerta tomados de la pata. Otros desarreglados hablan, inventan, como Kity y Rambler, matan las horas entonando de diversos modos una sola combinación de sílabas que se parecen a frases, discursos, ideas coherentes en un idioma de intenciones emocionales, onomatopéyicas, primitivas (dudo que sea posible conectar mi escala temporal con la de los cavernarios).

-Ninipuf, casapufpufpuf -dice Kity.

-Caperpufpufrepuf -contesta Rambler, poniéndose serio, filosóficamente melancólico.

-Dime puf, puf -pronuncia ella, acariciando el cabello de Rambler.

-Puf, puf, puf -replica él, ronroneando como gato. He pensado que ellos, convertidos en aves, Kity y Rambler, vendrán a comer de mi mano mendrugos de pan, pedacitos de migajón mojados en leche: píopuf, píopuf. El país de nunca jamas (manicomio, desconexión, apartamiento) está dividido en dos bandos, igual que una de vaqueros, de un lado los perros de blanco y del otro nosotros, los dementes, se nos niega la razón aún antes de traspasar el umbral y saludar al cuidador, don Emiliano (por algo vinieron a conocernos, por algo se formaron en esta cola, por experiencia sabemos que para ellos no hay regreso, la vereda de los locos conduce sólo a la locura). Enfermeros y doctores trafican mota, alcohol, cigarros, inyecciones, la perra sin nombre ha aceptado sus manoseos, sus chantajes, la dosis de heroína cuesta un rato de placer, pelos negros o rojos.

-Pero nada más quiero que se enamore -dice la perra sin nombre-, el enfermero que me jode a mi se llama Caspio, ¿identificas?, tiene el pelo mantecoso y no le falta ni un tic al pendejo, me voltea y me penetra, me obliga a chupar. Espera a que cierre los ojitos como cordero y entonces seré implacable. Me ha cogido de mala manera, me ha pedido que me enseñe delante de él, pero mi venganza no tarda, Caspio será mío, lo meteré al mundo de la heroína y ahí lo abandonaré en el primer callejón sin salida, vas a ver, anoche dijo que quería, estuvo a punto de inyectarse, le hablé de las estrellas, de sensaciones gloriosas y sus venas enfermas comienzan a levantarse y a pedir, yo he dialogado con esas venas muchas veces, habla silenciosa atascada de ansias; las venas enfermas saben que en la aguja encontrarán satisfacciones inmensas que hacen más aguantable la tierra.

-Algunos opinan que los astros están vivos, no lo creo, me gustaría, Modesto y los de la religión de la sangre están en contra del alcohol y por supuesto de la jeringa, claro que ellos, en general, no han probado, no se han enredado, la cuerda de su tornillo no ha agarrado desquiciamiento, pero decía, nada que esté vivo se salva de la enfermedad, el enfermero que te atormenta será atormentado en el infierno, ahí tendrá un cuarto junto a Chorrillo, el bisabuelo don Pancho Cardencio le cortará los labios con una navaja de rasurar a tu salud, amiga, le cortaran el prepucio y la cabeza del pene, a tu salud -dice Silvi, invitándola a sentarse en una banca-.

El sol pensando como astro vivo ya habría dejado de alumbrar, loco, nos habría dejado a la luna como reina, humano, ya habría venido a quemar y a secar los mares.

-Mi nuevo padre, el adoptivo, Pepe el carpintero, le dicen, porque es tan bueno como el padre de Jesucristo, me da domingo los domingos que viene a visitarme, siente vergüenza más que pena por mí, me le salí del guacal, pensaba que su figurita en abstracto, yo, iba a ser eterna, perfecta, pero me crecieron jeringas desechables, rebasé lo permitido.   Mal adoptador, se compadece a sí mismo por su mala suerte, ves, los padres adoptivos son menos comprensivos, pienso, porque aman con menos sangre, diría yo, Pepe el carpintero, en el fondo, cree en la posibilidad de haber escogido mejor, cree que yo me curaré, no acepta la horca acuática.

La perra sin nombre se interrumpe, mira temblando a un azotador que ha caído junto a ella y lo aplasta despotricando insultos, mientras el gusano suelta vida amarillo huevo en frenético silencio.

-Mierda, asco, horrible, ten.

-No hagas eso, es inmundo.

Asqueado, correré hacia la "cancha de tenis", donde algunos locos todavía queman energías jugando con unos trapos hechos pelota y vomito sobre el tronco de un Trueno. Las tripas del gusano se parecen a las tripas de la mariposa negra partida en dos, la perra sin nombre acercó las vísceras expresivas de ambos animales al egoísmo de mi madre y a mi falta de talento, coño, ya no la veré, ya no la querré, me alejaré de la jeringa y del enfermero Caspio, mis venas ansiosas permanecerán con la boca cerrada, silencio, los locos cantan:

País de nunca jamás,
puñeta melancólica,
fuga entre los hoyos
de mi queso gruyere,
bajo-subo-trepo
estoy-estaba-estaré
en la rueda del tiempo
país de nunca jamás,
puñeta de aire negro.

MARIPOSA, CARNE NEGRA.

Veo mis alas de gusano, de avión vivo. Más bien, la sombra de mis alas planeadoras sobre la almohada de Anilú. Paisaje blanco. Desierto de esquimales pero cálido. Deseo llorar. No puedo. Bastaría una lágrima de Silvino para ahogarme. Fui un ser estirado, reptante, obtuve en el capullo, dolorosamente, el dominio del aire. La tristeza que me invade es del tamaño de esa lágrima, gota perfecta, amarga, irritante como gota de limón. Trato de huir. No puedo. El hilo que rodea mi cuerpo a la altura de la cintura -las mariposas no la tienen- se mete en mi carne negra. Dios me ha encarcelado doblemente: en la forma y con ataduras filosas. Lastima. Mínimas gotitas rojas sobre el panorama negro de mi cuerpo de gusano. Mínimo horror. No hay quejas. Silencio. Los aletazos compensan mi mudez, produciendo ligerísimos golpes percutivos, pandero miniatura. El impulso de la vida salta y el hilo me detiene a la mitad del vuelo. La fuerza emerge directamente de mis alas, bajo las axilas, donde tendría las axilas. Cuando subo, veo la cara blanca de un mortal femenino. ¿Es mi madre? Imposible. Es tan grande, tan extraña. Ojos cerrados. Roncar. Mi voz quedó en la caja de Silvino. Música. Danza. Posibilidades que crean un arco de angustia entre lo que era y lo que soy ahora. Podía cantar. Saltos. Aletazos. Polvillo. Comprendo al bisabuelo a medias, porque él ha ido más adentro en la sensación de mariposa negra. Tensión del hilo. Sigo siendo partido en dos. Mariposa doble. Duele. Dónde está mi boca. Dónde tantos gritos encerrados. Anilú abre los ojotes y yo brinco partidamente, el hilo corta, mis vísceras sangran, moriré del susto por el grito aturdidor que lanza mi madre, carajo, no soy el bisabuelo, mamá, soy tu hijo Silvino.

CASTILLO NEGRO.

Al salir de la casa de la risa vuelvo a frecuentar el hospital baldío: coloquios con las paredes, ventanas, polvo; desquito mis furias aventando piedras sobre los cristales rotos, extraño a la perra sin nombre y me digo: está del otro lado, junto a Chocolate, en la casa de piedra que en realidad es el manicomio, que en realidad es el Cancerbero, fuente de agua sagrada, Caspio debe haber abierto ya la puerta del castillo negro, pasa, chato, dice un saxofón bajo, quítate la bata blanca, ahora eres un santo, tu blancura es interna, luz de foco animal, luz pelona de la conciencia, luz de la culpa pelona, luz de la calaca pelona como tu inteligencia solar, aquí adentro habla el sol, tu padre, hablas con los rayos diablo, chivo flaco, chivo calvo, pelos en la barba, con dos pelos de la barba haces un caldo largo, te lo tomas y vuelas sobre el coño de la perra sin

165

nombre, ahora mi discípula, ahora perra de mi amor, hermana de Chocolate, dientes pelones, llorón -soy llorón, me digo yo, mis lágrimas hacen distancia, colocan a la mariposa sobre la almohada, fuera de mi sensación, allá se parte el gusano negro, lejos, allá siente que el hilo la troza, pequeño animal comparado al tamaño de mi alcoholismo, cualquiera de mis vomitadas sería suficiente para ahogarla, ella nada, más bien se agita en mis marasmos internos, la casa de piedra (infierno, Cancerbero) recibe mi bilis, mis amarillas deposiciones con alegría, estos amarillos tan amargos, Silvino, dice la casa, revivirán los colores del crimen, rojos encendidos, firmas rojas, sentencias rojas del diablo, ¿escuchas el tambor de Chorrillo golpeando en tus interiores? La puerta negra del castillo existe como los espectros pambaceados de Chocolate, lo sé, del otro lado de la puerta me convierto en la mariposa negra que puse sobre la almohada de Anilú, del otro lado de la puerta disparo la pistola sobre mi sien, mis sesos embarran el patio del manicomio, Chorrillo le suena al tambor para que descienda Tezcatlipoca, Caspio ha sido castrado en el Cancerbero, por fin, la perra sin nombre aúlla de alegría, lobo sentimental, el bisabuelo también aúlla fornicando con la diablo.

En la sala de labor, el médico marca el ritmo del parto con tactos, gestos, sonrisas, mediciones, ademanes y palabras de maestro. La bata blanca le confiere dignidad, borra las ganas de telefonear que revolotean en el interior del ginecólogo, pronto, que salga ya ese niño y que se calle la vieja, apúrate, cabrón, insiste el hombre de la bata blanca en el mismo tono que la puta, apúrate, tengo que llamar, mi esposa debe haber salido sin decir a donde, si me engaña la perdonaré, desde ahorita lo digo como buen cristiano, hablaré con ella, le pediré que deje a su amante y que vaya a punzarse las patas conmigo en la iglesia de Modesto -el médico hace una mueca para disimular su ira. Silvino se esfuerza por salir del túnel viviente, la madre aplica respiración abdominal durante las contracciones, pero lo que quiere es platicar, desafanarse, asesinar el tiempo, en cambio yo tengo prisa, tengo que cumplir con la exigencia, pronto, Silvi, me digo inconscientemente, si no sales a tiempo menos te querrán, si no te apuras la puta pelirroja te quitará el orgasmo y se lo dará a la palangana, pelos, pelos, el Cancerbero está del otro lado de la puerta del castillo, lógicamente, si no ¿por qué asiste el bisabuelo?, si no ¿por qué se escucha ahí el tambor violento de Chorrillo y los jadeos de la diablo? Los locos llevan el tiempo en el coco, comprimido, desde el momento en que se desligan de preocupaciones: desconexión Freudiana, apagón de radio, antes conocía, antes sentía necesidad de trabajar, de ser alguien, hoy estoy metido en la perfección regresiva: seré un pedazo de metal, escogeré la piedra en la voy a convertirme, a ratos podré parecerme a algún personaje famoso: Napoleón, Beethoven, depende. Anilú hace muecas, tuerce el hocico, se come las uñas, pues el parto la distrae de sus asuntos, la obligó a ponerse ropa que no le agrada y cargar una panzota que ahora tiene que amainar, mar en calma, tripas serenas, yo soy mujer ocupada, caracho, les dirá a sus amigas, falta de tacto, porque doña Chata meneará la cabeza y murmurará por lo bajito, compadeciéndome: "inocente criatura, todavía no lo tiene y ya lo está relegando, lo convertirá en vago o en delincuente". Anilú le platicó luego al mismo Silvi lo mal que la había pasado, toma, pa que sientas, coscorrón y pellizco didáctico, jalada de vellos y tanda de nalgadas, paque te des el quemón de lo grande que es una madre, sábelo, de vez en cuando te lo estaré recordando, sin que me traigan chismes de tu conducta, sin que sepas por qué, nomás pa que entiendas mi maternidad, mis sufrimientos. Quise huir de casa exponiéndome a ser víctima de robachicos, pensándome cieguito y a mi madre buscándome en la Cruz Roja y en el departamento de policía, pero mi habitual cobardía me ató a la casa de la loca y del borracho.

-Cada vez que me hablas del parto me pegas, carajo.

-Y te seguiré pegando, Silvi, ya dije, y por más que te pegue dudo que entiendas a qué sabe, siquiera una probadita de lo que sufre una madre.

-No sé de otras madres, Ani, pero Dominico dice que a ti no te fue tan mal.

-¿Y le crees a Dominico? Pus cuándo ha parido el señor cura?, que yo sepa nunca. Con tal de ver en ese instante, ya, ahorita, la cabeza de su hijo surgiendo entre sus muslos, su cuerpo resbalando como pez sin tener que pasar a la sala de expulsión, suspendería durante una interminable semana la satisfacción de sus caprichos, jurado por San Tuno. ¿Qué es media hora sin fumar? Lo mismo que media hora sin beber. Media hora de amor es menos que dos horas de parto.

-No puedo perdonarte, Silvi, recuerdo al doctor y a la mariposa y me entran los coscorrones y las ganas de pellizcarte.

-Yo no te pedí venir al mundo.

-Nadie lo pide, pendejo, pero deberías estar agradecido, vaya con el animal.

-Agradecido no estoy, pero no por tu culpa, me refiero al agradecimiento que debía sentir por Dios.

-Has sentido lo que es comer, gracias a tu madre. Has sentido lo que es amar, gracias a tu madre. Tienes patas para bailar, gracias a tu madre. Ves el cielo, gracias a tu madre, ¿y no puedes soportar unas nalgaditas? Respiras, gracias a tu madre.

-Pero necesito que me quieras.

-Coño, qué ... te amo, Silvi, caracho, cómo puedo hacerte entender que por eso te chingo, ve, te traje al mundo, acepté que tu padre me preñara, aguanté los vómitos y las horas en la sala de labor y luego los dolores en el parto en la sala de expulsión pa que tú tuvieras el chance de asolearte en la playa y de fornicar, ¿es eso o no amor? ¿Qué más quieres?

PELOS ROJOS.

Imposible concebir que la bailarina de vientre disfrute humillándose en el taburete noche a noche, pelos rojos hoy y

mañana, pero yo gozo, dice su conciencia mentirosa, soy feliz en la peda danzante, vaya, si no logré darle un sentido a mi vida por el lado religioso o intelectual, al menos mi coño me lo da, me dice que soy importante, me dice que los hombres aprecian verme, y yo le doy gracia al acto, espero que esos ojos mirones sacien ciertas exigencias o llenen ciertos vacíos, le doy estilo a la cosa pa que los caballeros repitan la visita y los dueños del cabaret estén contentos y me paguen con gusto, desquitada la paga me siento menos pinche, adquiero dignidad de madre; nosotros asistimos otra vez, y otra, pensando "ella tiene que odiar el tiempo de su acto", cada segundo, cada torpe movimiento de su cuerpo borracho, drogado, cada giro obsceno reflejado en el público-espejo, ¿por qué regreso?, ¿por qué siento deseos infinitos de conocer a la encueratriz? ¿Pienso, tal vez, que sólo una perra inferior puede quererme?
-La intimidad es sagrada, pasa, Chato, ya conoces el camino, espero que esta vez te sobre malicia, la segunda vez volví a trepar las escaleras del burdel apoyado en el barandal anaranjado, cabalgué hasta completar lo que había quedado pendiente, gueno, chato, dice la puta pelirroja, por fin se te hizo tener contento el pipí, vaya, sería que hoy andábamos de mejor humor, será que mi padrote ya se fue a la chingada y estoy con ganas de llorar y ni me fijo lo que me estás haciendo ni miro el reloj que me hace vieja, ya se te hizo, será que mañana chance ni me encuentres si preguntas por mí, no, qué va, la puta esa que ni padrote tenía se fue pa la chingada en la tumba, la muy pendeja se metió un frasco de pastillas y la encontraron junto a la bacinica dormida for ever, mi macho va camino a Aguascalientes, dijo que estaba harto como otras veces que agarra sus cosas y toma el primer tren, me deja hueca porque ya estaba acostumbrada a él, porque en realidad he estado hueca desde que tengo memoria, un hoyo daña mi alma, he odiado mi persona durante meses seguidos de lágrimas, he odiado a mi primero y segundo novio porque me miraban como si yo no contara en sus existencias, porque en el fondo

sabían tanto como yo que yo no tenía más destino que la coñería barata, sabes, me tiño los pelos de mi negocio, sabes, debería amar la parte que me da de comer, pero al contrario, mañanas hay que me la rebanaría completa, ya te se hizo" pescar unas ladillas voladoras que maté con unguento del soldado -me unto y digo: el amor es ladilla como Anilú, ladilla como la Chispa, ladilla como toda ladilla mujer.

En el cabaret, Felisandro dice:
-Silvi, ve cuánta vanidad ha tirado esa perra esta noche, la culpa le ha pegado feo, es como si hubiera perdido el maquillaje y la viéramos recién levantada, antes -hace apenas unos segundos- se sentía artista, hoy -ahorita- es la puta, la ingrata, chinche corrida del paraíso, pateada en la cama, Dios la escupe, ella se escupe, bárbaro, yo no desperdicio ni un átomo de orgullo, al contrario, chupo con popote astral la vanidad que arrojan los demás y me inflo igual que sapo, me he vuelto presumido a rabiar, adoro mi cara en el espejo, adoro venir aquí a sentirme superior, adoro ser más talentoso que tú y que casi todos mis amigos, sin el casi. Dios es mi padre porque es poderoso. Dios es mi padre porque yo quise ser poderoso. Mis amigos adoran al diablo, un pendejo que se la pasa engañando. Te pido que me des mujeres a cambio de mi alma, pactan con El, pero El no es poderoso, concede mujeres frías, mujeres que matan, hoyos, huecos. Dios es más que el diablo porque da amor, ¿te parece que estoy bíblico?.
-Hijo de la chingada, tú qué sabes de amor -le digo a punto de golpearlo-, no me salgas ahora con que entiendes el amor cristiano y que Jesucristo te hizo talentoso porque te escogió.
-Más talentoso que tú, dálo por descontado. Silvi, tu admiras a las perras, pero no las amas, desde el momento en que no las tocas por terror, ja, ja...
-Me cai que te voy a matar, estúpido, el respeto no es terror.
-Dudo que tengas ganas de privar al mundo de mi talento. Dudo que quieras quedarte sin mi amistad. Dudo que tengas

los huevos de hacerlo. ¿Por qué te callas, lo harías? La faceta criminal sí va contigo, amigo, y considera un cumplido mi comentario.

-Debía matarte.

-Lo sé, cálmate, estás verde, veo que he leido bien en tu interior.

-No soy un asesino, pero sí un suicida.

-Mátame y luego te suicidas.

-¿Estás hablando seriamente? Silvino llena el vaso, "más ron y menos refresco, la coca cola empanzurra, quiero ponerme hasta la madre, llegar a casa y tirarme bajo la cama, o no llegar y dormirme un rato en la esquina del Cancerbero, crucificado boca arriba en el asfalto, mi madre tiene la culpa, Dios, mi tío Dominico, yo, estúpido crédulo" -y revolviendo su cuba, suerbe en la mirada de la perra encueratriz, otra vez, ausente melancolía, aturdido embobamiento, a lo mejor se encontraba con ella en otro plano de conciencia, como decía Modesto, todos estamos dando vueltas al nopal, Silvi, escapar del eterno retorno significa deshacer la cebolla interior que nos ata, así que aprende a punzarte, aprovecha esta vuelta pa cambiarte de carril, uno a uno, los segundos de tu tiempo están contenidos en un cuerpo mayor que tú no percibes, son como los surcos de un disco que invariablemente repiten la misma sinfonía, el albedrío es un concepto, tu destino está hecho, es un sólido, en las venas del tiempo se repiten eternamente todos tus ahoras, todos, ahora estás naciendo, ahora estás muriendo, ahora insultas, ahora te emborrachas, ahora duermes, te levantas, fornicas, ahora", ahora la perra encueratriz refleja en sus pupilas inmensa incomprensión, no sabe por qué agradece los aplausos, no sabe por qué se encuentra parada ahí, por qué su nariz es como es, parece que la están pariendo, va a berrear, es una bebita acabada de salir del vientre materno.

PAPA.

-Un poco de optimismo, señora, sonría.

-Pelando los dientes no se mueven las manecillas del reloj, ahí están congeladas, tiesas como tortillas de dos días, pinche tiempo, dura lo que se le da la gana, más voluble que mi abuela.

El reloj eléctrico suspendido en la pared parece la tortuga que perdió con la liebre dormilona del cuento, que se apure el gran pazguato, sangre pesada, sólo corre el tiempo cuando llega Bul, mi esposo del alma, perro bello y resbaloso como jabón en tina, interesante, simpático, su verbo fluye, timbre angelical, elegante, babeo por él desde la primera vez que lo vi silbar bajo la Jacaranda que crece a un lado de la casa, hacía sonar mi nombre (A-ni-lú) con las notas del chiflido, el próximo parto, Dios me libre, cruzcruz, madera, jalaría de los pelos a su marido, cabrón, tal vez en líos otra vez, cárcel, Cruz Roja, Jesús, cruzcruz, más vale pensar que Bul la espera en el pasillo sorbiendo una taza de café frío con piquete autorizado por ella, si te aburres, Bul, cuélate tu botellita, chica, pero no te la empujes delante de tantos y tantas enfermeras que entran y salen como en su casa sin importarles un carajo las patas abiertas ni las lavativas, vete al baño, Bul, corre el pasador, chin, Dios debía haber partido en dos la chinga del parto, mitad la hembra, mitad el macho, Bul, méndigo sin raíces, su presencia me acompaña, alguien en quien pensar, él pudo no haberme hecho caso, seguirse de largo y llegar con la puta de su amante sin pelarme, pero al contrario, me hizo su esposa y a la otra su puta, algo es algo.

Anilú sigue el minutero negro, pájaro flojo, ganas de desplumarlo junto a Bul, de seguro haciendo festejo adelantado por el nacimiento del crío, dinero que le entra al malvado mismo que sale por las puertas de la cantina y de la otra roñosa, pero a lo mejor no ha venido porque…, ni lo mande Dios bendito, ¿cayó en una coladera?, tan peligrosas que son las tapas levantadas y nunca tienen tapa las coladeras y no les ponen siquiera un pañuelo rojo para avisar que por ahí se va al golpe, pácatelas, ay Bul, ¿te fuiste de hocico?, descalabrado y con tremendo chichón, ¿sí?, bueno, ahora permanecerás en casa junto a mí, necesitada como estoy de compañía ante el remolón que no trabaja, burro, ándale, camina, Silvi, jálese por el pan, al mercado, a la tienda por los refrescos y a buscar a su padre, "papaaa" -gritará Silvino afuera de cantinas donde se juntan tantos vagos y vagas, papáaaa, que dice mi ma que te jales pa la casa enseguida porque le está doliendo la panza, dice que vengas, que allá te da tus cubas.

-¿Cubas? Qué te pasa, hijo, yo sólo tomo coñac, tu madre me humilla pa que tú me odies, soy un caballero, canto y recito, ando buscando la puerta del manicomio con dignidad.

BULFRAN.
Salomón y Felisandro decidieron concluir la noche de parranda en el burdel, como otras veces -el de las putas poco mejor comidas que la pelirroja de las ladillas, el de los cuadros pornográficos (le fascinaban al pintor), el que olía (huele) a perfume barato, donde corría (corre) la droga y robaban los calcetines a los clientes sin quitarles los zapatos, el mismo que frecuentaba (frecuenta) un sacerdote borracho que bendecía a las damas después de pecar, antes y después, Bulfran le nombraban, el comprensivo, celebra misas los domingos en el lupanar para evitar que las señoras sufran desaires en las iglesias decentes.

-Mi amor, comulgar en casa es exquisito, gracias.

-Comulgar es comulgar, dice el cura, aquí y en China, vosotras abran el hocico y reciban con devoción, Dios comprende que aquí estamos, Dios sabe desde siempre que tenemos pocas alternativas. ¿Estamos arrepentidos?

-Síííí -corean las putas. Por cierto, Bulfran murió de congestión alcohólica en el baño del burdel, sus ovejas descarriadas hicieron cooperacha para una cajita modesta y un hoyo indigno, "pus cómo no íbamos a sentirlo si tenía corazón de aquí a la luna" -dijo la Chupadora, lejos de creerle al santo que se sintiera el mismo demonio, porque se sentía, lejos de sentir que el padre pecaba por andar con ellas, lejos, pus no, se le paraba el pito al padre como a cualquier otro hombre y venía con nosotras pa no chingatear a nadie de su parroquia, digo a las niñas buenas que van y se persignan, no, pus nosotras ya estamos chingadas, y cogíamos católicamente con El, procurando que no hiciera demasiadas travesuras que le gustaban, andar espiando, por ejemplo, o peinar coños con su peine negro pa luego estarnos oliendo en su cabeza, pienso en ustedes, me distraen vuestras penas, aunque mis hermanos sacerdotes nada entiendan, apesto, les digo, porque vivo en lugar apestoso, porque el olor a pescado me levanta el corazón, soy pueblo, sotana orinada. Sus restos los llevaron al panteón de Santa Eulalia perras pintarrajeadas y ojerosas, úchale que si moquiamos, pus si moquiamos por un lorito cuantimás por un ilustre, El nos dio guiñapos de creencia, tiras de esperanza, piltrafas de fe, ninguno como él, lo decimos, capaz de rezar en los excusados, de ver a Dios en el fondo de las bacinicas, dueño de una hostia sucia y pareja, chula, radiante y nada exigente pa tragarse, hostia humilde, pues Bulfran decía "pa qué se confiesan, monadas, a ustedes las tiene limpias el trabajo, crisol mágico, cuando se presenten arriba, el portero santo les dirá: que vayan pasandito las mocosas bellas. "Yo no voy, me enferma la mugre, pensé que les diría a Felisando y Salomón, pero no estaba enfermo sino excitado, vamos, a sabiendas de que me igualaba con los demás calenturientos, animales en celo, irreflexivos que se habían reído al ver entrar a la encueratriz con su vestido negro descubierto hasta la raíz del trasero y cubierto hasta el cuello por el frente, locura, Salomón enloqueció por su novia la Pipa y cómo terminó, Dios Santo, el amor obsesivo de ese perro, la profundidad de su mala tristeza, la sustancia melancólica que expulsaba podía tocarse, beberse, contagiaba, hacía daño.

Salomón dijo:

-La encueratriz sufre y nosotros pensamos.

-No lo creo -replica Silvi-, a ellas se les hace cuero de burro insensible, curtido por el calvario, no sienten ni cuando van y lloran en misa, de otro modo no nos soportaría, ni los fregadazos físicos cuando está peda y se va de hocico en pleno escenario, ni el hambre, soledad, incertidumbre, ya no más, al calabozo del manicomio desde que dio sus primeros pasitos, trotacallejones, sonámbula, olfato estragado, fugada, muerta, pero según tú, lo mismo que pensaba Bulfrán, el dolor santifica y yo digo que apendeja, al contrario, la encueratriz ya no sufre, está embotada, sorda como una guitarra mojada, jodida como una lata vacía, dura como mi abuela.

-Tiene chancros -comenta Felisandro-, su enfermedad más benigna, la peor es su padrote, va y viene con gonorrea, va y viene con sífilis, se largará en cuanto la puta sea una res podrida. Ellas tienen asegurado el paraíso, si es que hay paraíso, he ahí la chingadera, Bulfran contaba con el cielo, he ahí el absurdo.

-En su infancia no hubieron caramelos rojos -dice Salomón-, acaso sí, los domingos, raspados de grosella, menta y limón, chicles bomba, a los trece fue violada por su padrastro, estuvo en el hospital, perdió los dientes.

Prealba.

-Está demasiado consciente del reloj, señora, las manecillas caminan si uno deja de pensar en ellas, tic tac, yo oigo el tic tac en mis insomnios -escucho que le dice el doctor a mi madre y pienso -en otro tiempo- que no permitiré a Farina, mi hermana, que siga a Modesto y sus ceremonias de sangre, es un loco fanático cargado del lado contrario que Chorrillo.

-Estoy relajada pero impaciente -contesta Anilú-, quién sabe cuanta vida se me está yendo en este lugar.

-Cierre los ojos y concéntrese (del muerto al feto hay un lapso que se llama prealba, decía Modesto, un lapso inmedible que puede romper el eslabón del eterno retorno, es un intervalo espiritual, para sentirlo hay que acumular mucha luz en la conciencia, la muerte es obscurecimiento, la muerte es un apagamiento, nulificación, quien ha cumplido con ciertas leyes, las de la religión de la sangre, puede despertar en la prealba y comprender, en un segundo, qué ha estado haciendo en la eternidad, vueltas y vueltas de lo mismo. En la prealba se llora, en la prealba se promete, pero no siempre se cumple, porque la desmemoria es una enfermedad que ataca la conciencia. La suma de prealbas conscientes garantizan el escape).

-Pienso y no viene el muchacho, será burrito, es muy flojo.

-Así pasa la primera vez, se tardan por más que los apuremos, la naturaleza ...

MENSAJE ROJO.

Las persianas cerradas no dejan ver la casa de piedra, palacio gris, pesado, su solidez le da consistencia a la memoria del crimen, ¿cómo se forman los abismos homicidas?, en las manchas de sangre se advierten las caras de los mártires, el aguacero lavará la sangre vertida por Chorrillo y sus discípulos en la terraza, corre por los canalitos de las losetas y se filtra en el pasto, rojo y verde, no lavó las paredes, consciente de la importancia del mensaje rojo.

Blancochería.

Con las persianas corridas tampoco puede observarse el frontón gastado de Nuestra Señora de la Redención, que divide en dos el callejón de los borrachos, donde don Cuco pronunciará, siempre alcoholizado, sus formidables peroratas sobre la justicia ante un Silvino confuso y maravillado. La enfermera blanca, conmovida por el incidente de la mariposa y por la desesperación de Anilú, mira con los ojos del médico blanco, melaza, pupilas pegajosas, blandos, empalagosos -se dice mi madre, imaginando al doc y a la enfermera copulando entre hilos de dulce, poniendo ojos de cordero de azúcar, ay, sangre, presentimiento, correrá por otros canalitos y se filtrará en las sábanas blancas, sangre, qué es la sangre que marea, qué escurre de las heridas: aerolitos, colisiones, planetas, soles, universos que Chorrillo y sus discípulos desecan, coagulan, matan, hijo, apúrate, tu padre me espera, naceré, mi sangre llama, nalgadas, berridos, sangre mía en comunicación fascinante con la de las víctimas, Chorrillo ordena y los discípulos cortan, abren bocas rojas, beben y se manchan los hocicos, sed extraña, sed negra, sed diabólica, emparentada con leyendas remotas, ay, ay, apúrate por el amor de Dios, hijito de mi vida, ¿por qué Chorrillo y sus discípulos se quitaron primero los zapatos, las camisas, los collares, los cintos, pantalones?, ¿por que danzaron alrededor del altar hasta la fatiga?, lo dice el libro: de esa forma se acercan a su deidad milenaria, Tezcatlipoca, DiosLujuria, dador de la vida perdurable, altísimo, pide a sus adoradores con voz susurrante: "despójate de tus vestidos, quítate tus joyas y ven a la tierra de lo inmoral, región de la magia y la orgía", bailes epilépticos, Chorrillo ríe ensangrentadamente, perro de los fetiches, número trece para sus víctimas, perro de encrucijadas, favorito de las brujas y del nagual, conexión con Satán mexicano, perro del sacrificio, sangre de sapo, de lechuza, de gallo muerto sobre una tumba, grasa y tuétano de cría, fuego, gira la rueda encantada, corro tetánico, queman laurel, tomillo, jirones de la ropa de sus víctimas, queman harina, dientes de lobo queman, queman copal e incienso, pinchan efigies de cera, las muerden, entierran uñas, alfileres, clavos con sangre y semen, danzan, fuego, la imagen se derrite-contorsiona, la imagen danza, gritan, mientras allá, allá, lejos, las alitas de la mariposa negra tiemblan a ritmo y se entienden con el diablo y el bisabuelo cara de chivo, uy, uy, doña Chata, qué le digo, dirá Anilú años adelante, qué le digo, pues que estos mercados son porquería, las crías avientan cáscaras de mango y de plátano en el suelo apestoso y nosotras las mamás como zonzas, librando las pisadas peligrosas, dando saltitos entre embarradas de frutas, lodo y caca, qué le digo, yo del parto ya no me acuerdo por bendición de San Tuno, qué le digo, qué, yo a Silvi no lo dejo palanquearse el mango en las narices, son cochinadas perdurables, hay perros malditos aquí, entre los puestos y adentro, que la encueran a una con los ojos, Silvi, te estoy hablando, quita esa cara de huelepedo, ya nos vamos, nomás compro las cebollas y el jitomate pa la salsa de tu padre y no agarres eso, pendejo, es la olla de frijolitos, está caliente, carajo, eres un bruto, animal, te dije que no estuvieras cogiendo la olla de doña Chata, ya la volteaste a tu favor y te jalaste los frijoles, yo no sé qué te pasa cada vez que menciono el parto, te atontas, mira nada más cómo te pusiste, asco de tu trajecito que estaba limpio, toma tu coscorrón, ¿te quemaste?, pues chilla, baboso, ayúdeme doña Chata, deme un trapo o unas servilletas por favor, y para colmo tengo que pagar los frijoles regados, zoquete, sí te pego, claro que te golpeo, bruto, se te está poniendo la carota de tu abuelo el cara de chivo, cruzcruz toco madera.

-Los frijoles se los cobro, doña, porque estoy más pobre que Cristo en el desierto.

-Los fierros se los voy a sacar a este de su domingo.

-Hace bien en enseñarlo, doña, mi sobrino es un rufian, se mete a mi cuarto cuando salgo o cuando estoy dormida y me saca pesos del monedero para írselos a emborrachar. Desde los doce comenzó a beber sus cervecitas y a juntarse con la mierda.

-A este lo salvo a coscorrones, doña Chata, prefiero volverlo estúpido a ladrón.

-Los estúpidos no amenazan, que yo sepa, Ani, mi sobrino se ha quedado en la casa a fuerza y yo no tengo modo de sacarlo, ai se plantó y se irá cuando se case, o vendrá con todo y la novia a quitarme los centavos. He pensado en largarme a vivir con mi otra hermana, la de Xochimilco, allá la vida está más tranquila, una va a misa y reza, y aluego regresa a tejer y a cocinar, nada del otro jueves, pasársela en el trabajo y en la compañía.

-Yo me iría también, doña Chata, y me voy, porque Bul no tarda en llegar y tengo que hacerle su salsita, ai nos vemos mañana. Silvi, pendejo, ahora ya pisaste el mango, caracho, tendrás que limpiar también los zapatos, te voy a encuerar y a meterte en el closet a que sientas que estás en mi barriga, antes de nacer, en la puritita oscuridad, lejos de mi cariño.

VIII

MARIPOSA, ILUSION.

Novela rosa.
Había llorado. Causa: novela estúpida: poeta enamorado de
una prostituta tosijosa como la dama de las Camelias: carne
suave, enferma, próxima a la tumba, perfume de panteón
caracolero. Mi persona transferida al poeta entró de inmediato
en una emocionalidad -embriaguez- despreciablemente
meliflua. La pasión, el amor, fuchi, limpia de pecado,
reminiscencias de Bulfran en el burdel echando bendiciones
mientras fornica (desde niño me atraían los burdeles, pensaba
el padre Bulfran, allá en el pueblo de Tacuba había uno con reja
de lámina roja, las señoras del talón salían a veces a comprar en
el mercado las verduras y yo las seguía pensando que de
grande tendría novia así de guapa, zapatos negros con correa
rodeándole los tobillos, hasta en el seminario soñaba con esas
señoras, con sus piernas musculosas y morenas, con sus caras
sonrientes mascadoras de chicle, soñando leía el catecismo,
soñando ordeñaba a las vacas del seminario, soñando iba al
excusado, Bulfran el magnífico se hizo sacerdote soñando con
aquellas mujeres bellas, tanto soñaba yo con ellas que un día,
ya habiéndome ordenado, decidí traspasar la puerta de un
burdel parecido al de mi pueblo, reja roja de lámina, pasillos
pintarrajeados de anaranjado, luces rojas, focos pelones, fue
como entrar a un laberinto imposible, fue como entrar al
infierno a bendecir, fue como saborear de pronto y seguido
emociones desconocidas, así que me quedé dos días, luego tres
y cuatro y comencé a salir sólo pa traer medicinas o cosas del
mercado, las señoras de mis sueños se habían hecho realidad,
habían salido de lo subjetivo y podía tocarlas, podía oler sus
alientos, Dios y no otro habíame concedido, con su vara
mágica, la encarnación que venía sobando desde criaturita de

siete o de ocho, son ellas, las de mis sueños, sí, por supuesto, contestaron las muchachas, también nosotras te soñamos, Bulfran, sabíamos que vendrías a sermonearnos con suavidad, sabíamos que se acercaría por estos rumbos un cura parecido a nosotras).

MARIPOSA ROSA.

Leí el libro de un tirón, pero haciendo gestos de disgusto al aire, por si alguna persona adivinaba lo que estaba disfrutando, historia rosa de tercera, el título lo había mencionado Felisandro y yo salí corriendo a comprarla en la librería de la dama Fernanda, perra tuerta que vende comics, revistas, pasquines, novelas de aventuras, policíacas y románticas, a un lado del expendio de petroleo (Si la teoría de la purificación a través del dolor era real, don Cuco y Bulfran eran verdaderos santos, Dios les besaría la frente, labios divinos, ¿tiene labios Dios?).

-Historia bella -dijo la tuerta, envolviendo el libro-, tanto lloré que algunos me preguntaron si había muerto alguien, por los ojos hinchados y los suspiros. Yo soy una mujer con suerte, por gracia de Dios pude mantenerme del lado de la normalidad. Alguna vez, cuando estuve a punto de perder la librería por deudas de mi marido, entendí que uno vive en determinada posición por mera suerte. Este libro habla de una muchacha que no tuvo al azar de su parte, es extraordinaria.

-Puede ser, eso dicen, yo voy a leerla para estudiar ciertas manías en esta clase de novelas -comento gozando cierta rabia que revolotea en mi panza, la tuerta ignorante se estaba queriendo igualar conmigo, así que mi obligación es mantenerla en su lugar.

-La única manía de la novela es ilustrar, jovencito engreído, hacer llorar, enseñarnos a abrazar a los demás cristianamente, yo soy católica y ya se ve, usted no, se siente juez, como si fuera abogado, como si fuera persona de respeto, escupiendo de lado. Mi sobrino Pancho es parte del gobierno de Fuenleal y dice que allá arriba se ha leído con gusto, no creo que los señores políticos estén estudiando, ¿o sí?

-Estudian la manera de tener apendejada a la gente.

-Y lo logran, por lo que aprecio. La prostituta del cuento era adicta a la heroína por culpa del dueño del burdel, abogado gordo, hermano del gobierno, lunar negro en el hocico, claro, chamaca la había engañado y convencido de venderse: total, mijita, el sexo no se acaba, total, las enfermedades venéreas pueden atacar a cualquiera, total, si no se es drogadicto uno acaba estupidizado por alguna religión o credo político, total, en el manicomio es fácil conseguir jeringa y droga, lo mismo que en la cárcel, total, el dinero que te ganes, mijita, te dará la verdadera dignidad, te compras abrigos y vestidos, coche y al entrar en el cine te verán de abajo pa arriba, como a mi me ven, con admiración envidiosa, vivimos una sola vez, se lo digo a mi madre que no quiere recibir mi lana sucia, la reviso delante de ella y le digo: ¿sucia?, ¿dónde está la mancha?, la aceptará tu casero, podrás salir de la vecindad, comprar jamón bueno en el súper, pero ella, mi mamacita, parece encantada en el cuartito donde agarra el sueño, es pendeja la ancianita, dice, tengo amigas aquí, aquí nací, en este barrio de peluqueros, te juro, mi reina, que hay por lo menos veinte idiotas que cortan la greña y que se empedan con tequila los domingos, yo no soy así, estudié para salir, estudié para ser poderoso, me coloqué pa no tragar mierda como cualquier ser inteligente, como tú, me atrevo a decir, me atrevo a jurar.

FLOR Y HUITLACOCHE.

Estamos fuera del cine Cosmos, pidiendo unas quesadillas a la vieja cerda que se pone en la esquina, mi reina, dos de flor y dos de huitlacoche, pa empezar, ¿hay de chicharron?, entonces dos de chicharrón con salsa de la roja. Felisandro me descubrió el libro oculto bajo la camisa:

-Es una pendejada, le dije.

-Pues a mí me pareció excelente.

-Cursi.

-Por supuesto, Silvi, pero lo cursi pude ser sublime, como lo atroz, estética de ratas machucadas en el pavimento, estética de limosneros encostrados de mugre o lo contrario, estética de blancura total, cero cabida a lo sórdido, es decir, el mundo color de rosa, los policías son buenos, los presidentes son tan buenos que ni cogen, mi tía Margarita es buena, no existen los perros como Chorrillo, ¿entiendes?, la novela de los crímenes en la casa de piedra y los periódicos del momento exageraron el horror para vender, ¿adivinas?, Farina tu hermana encontró el libro exquisito, ella es realmente inteligente, me atrevo a decir que más que la mayoría, no sé si aguante el paso, ¿comprendes?, me refiero a enfrentar manicomios y asesinatos, la presencia evidente del mal, tumores y desvíos, una inteligencia como la suya está predestinada al éxtasis o la depresión, como don Cuco, el abogado borracho, ¿te acuerdas de él?, hubo un momento en que don Cuco comprendió que la justicia es imposible y decidió suicidarse a base de borracheras y olvido, acostúmbrate, lo más difícil es saber qué te gusta y qué no, Silvi, tendemos a ser deshonestos, a comer lo que otros comen por costumbre, ni siquiera el manicomio nos limpia de prejuicios.

No cedo a sus argumentos, tengo que mantener la distancia que separa al intelectual del perro común: la información aísla, el pensamiento aísla, el conocimiento aísla, pongo el libro en sus manos:

-Ten, guarda esta basura, quise hacer el experimento y me arrepiento, el tema es trillado y está mal escrito, aunque conmueve, sí, la vieja tuerta de la librería …

-¿Lloraste? -pregunta el gato retorciéndose el bigote. Siento una humorada de sinceridad creciente:

-Sí, sí lloré, lloré, carajo, pero eso …

-Eso indica que aún eres sensible a lo cursi, que aún eres digno, que en realidad tu locura es salvación, perteneces al gremio de los que abarcan, aprecias la salsa y la música dodecafónica, espléndido.

-No es verdad, estás puñeto, Felisandro, desde perrito aprendí a brincar sobre vulgaridades y temas manidos, la música tropical es primitiva, lo mismo que el rock, jamás leí comics ni como tacos de buche.

-Acepta tu corrientez, amigo, deberías bailar danzones en el Cancerbero y dejarte de mamadas clásicas, tú no tienes talento académico, me refiero a que no has podido educarte como un príncipe, tú eres corriente como los metates, Silvi.

-Corriente tu chingada madre.

OLLA DE FRIJOLES.

En mí, hasta la olla de frijoles significa destino, fracaso, Dios la puso en mi camino para estrellar mi confianza, los frijoles me llevaron al alcohol y al manicomio, amargura, mi inutilidad, yo, como la perra sin nombre que conoceré en el manicomio de Chocolate y los Huracanes, deseo hacer ruido, sonar por el camino del arte, de la política o del suicidio original, emparentar con Edgar Poe, graznar convertido en cuervo encima de manicomios secos, pueblos café con leche, austeridad calcinante, estridente, el viento lleva mi nombre pero nadie lo escucha, demasiadas ocupaciones, demasiada sequedad, demasiado hablar sin decir palabras, oquedad maligna, la olla, redondez oscura, terrosa, está en mi pasado, que es mi futuro, parte del futuro, mercado, los frijoles se me vienen encima oliendo a epazote, como mi nombre, hecho de letras ardientes, sellan mis entrañas.

-Mocoso pendejo -dice mi madre-, te pareces a mi hermano Dominico. El tío Dominico, hermano de mi progenitora, me bautizó con el nombre de Silvino en la Parroquia del Sagrado Corazón y obtuvo de Anilú la venia para llevarme a su casa y encargarse, en mala hora, de mi educación -olla de frijoles, derrame de entusiasmo malhechor, mi tío enloquece con mi nacimiento, cree ver en mi recién nacida persona el talento indispensable para formar un bailarín señalado:

-Vele las patas, Anilú, por Dios santo. Mamá sonríe, fuma, lo mira levantando la ceja izquierda, la maternidad le parece sólo un fenómeno curioso, como su hermano, nada parecido a ella, aunque salió de la misma panza, curioso, Dominico se mantenía siempre a distancia, ponía la religión y la iglesia como barrera indicativa de superioridad, quizá era mejor que ella, pero ¿en qué?, sus feligreses no lo querían particularmente, tampoco había sido consentido de sus padres y se llevaba mal con las criaturas, pese a que fingía concentración y cariño.

-Has parido un cachorrito con aptitudes, Ani, un ser con estrella ha salido de tu vientre. Si me permites … la profesión lo mantendrá limpio, lejos de la perversión, ves que los adolescentes … El barrio alberga afición por la marihuana y … Trabajaremos alegremente, con voluntad, comandados por Jesucristo Nuestro Señor, la iglesia y Dios ven con buenos ojos el arte, somos promotores desde la conquista, me refiero a los misioneros y demás sembradores de la semilla, mandados por Carlos V, la colonia ha sido … será … me parece que podremos obtener de Gudejas y Malpinto o del virrey siguiente algún apoyo económico, yo, vivo solo, Ani y …

-Es un cachorrito simpático, no lo niego, pero no veo dónde le ves lo especial. Parece un perrito como cualquiera, hasta diría que un poquito más feo. Te agradezco que lo elogies, pero si lo haces para halagarme como madre primeriza pierdes el tiempo, no estoy particularmente impresionada, me conoces. Es simpático y está completo, gracias a Dios. Ahora es un mocoso decente porque no ha comenzado a pensar, porque no ha comenzado a ver, pero al rato, con el ejemplo de su padre y del gobierno, la criatura se irá por las esquinas, correrá en los callejones, se dará licencia para beber y fumar, tendrá hijos regados y, Dios nos guarde, pueque hasta mate o robe sin piedad, yo me digo y me hago a esta idea porque la justicia de

Malpinto no se da a basto, porque la lepra de la corrupción crece como el cáncer, células negras, estamos en medio de una maraña, caemos porque así está previsto, pienso yo, caemos porque están puestas las resbaladillas y luego vienen los hospitales y las curas, pero ya es inútil, digo, aguantar la vida no es tarea de indios.

Mamá cuenta mis patas, revisa ojos, nariz, cola, sexo, me maneja como si fuera el décimo de sus hijos -confianza e inconsciencia.

-A cada rato se lee en los periódicos que nacen monstruos (es asidua lectora de notas rojas, el nacimiento de cierto bebé con dos cabezas la mantuvo en insomnio meses, porque preguntaba: Dios, ¿es posible que tú te equivoques?). Este no lo es, el niño tiene una sola maceta sobre los hombros y lo demás en su lugar, sexo de macho, pero está tan flacucho que apenas lo sentí, costó un poco más trabajo que ir al baño, y eso que se tardó siglos el condenado. Claro que a él le haremos creer que sufrí como idiota, ya ves que a los machos les agrada oír de sangre y berridos, de ese modo me respetará el chamaco, de ese modo no chistará cuando le pida algún servicio.

-Qué modo de hablar, se trata de tu hijo.

-¿Y? Si no le gusto como madre que se friegue, nació por accidente. Bul es su padre pero como si no, viene atenido a que yo lo cuide y alimente, viene y topa con pared, pues yo vine primero.

-La iglesia y el país te agradecerían ... yo te agradecería... déjame intentar hacerlo un perro de sustancia. Conseguiremos que el virrey lo beque.

-Si el baile no es su camino, ¿lo harías sacerdote, Domi?

-Sí.

-No lo dices muy contento, como si tu profesión te pesara.

-Prometo que lo haré sacerdote en caso de que carezca de talento.

-Siendo sacerdote se alejará de la maldad de las perras, ¿no es cierto?

-Cierto, sí.

-No me digas que tú andas de coscolino, Dominico, ya ves que las lenguas dicen.

-Soy sacerdote católico, no me he casado.

-No hablo de matrimonio, hablo de las putas que van a tu confesionario.

-Señoras casadas, Ani.

-Señoras putas, Domi. Les encantaría que te quitaras las enaguas.

-La sotana no es enagua.

-Es una jaula femenina con sorpresa masculina.

-No hay lujuria bajo mi sotana.

-¿Pero que tal bajo los calzones?

-Si fuera así me dedicaría a vender pepitas.

-Deja más la parroquia, no te hagas.

-Hablábamos de Silvino, ¿puedo llevármelo?

-Estoy dudando.

-Por qué.

-Porque no eres sincero. La castidad es cosa de mujeres.

-Argumento luterano que no te conviene esgrimir, ya ves que la Inquisición tiene oídos.

-Bien, te lo presto, no vayas a ir de chismoso.

BELLA Y BESTIA.

-La historia del poeta y la prostituta es inverosímil, empalagosa, pero te sigue conmoviendo -afirma Felisandro, tanto que, identificado con el héroe: pienso en sacar del Cancerbero a la bailarina de vientre, medicinas, doctor, deshágase de la sífilis y las ladillas, la vestiré de blanco, extiendo mi pata generosa para que la dama venga y pise de este lado, hemisferio de la decencia, detrás de la puerta del castillo negro quedan las inyecciones y el humo, mamá, te presento a tu futura nuera, ¿pero qué no es puta esta niña? -dice Ani-, sí, era, pero la amo, la educo: lee este libro, mi vida, así no se toma el tenedor ni la cuchara, esos colores del vestido son vulgares, ella me ve como maestro, divinidad, procura cerrar la puerta cuando vayas a evacuar, ¿qué te pasa? -responde mi esposa-, todos tenemos nalgas, ¿o no?, los buenos modales me quedan guangos a mí, me siento como disfrazada, yo nací oliendo pedos, mi rey, la puta y yo nos escondemos tan lejos que no sé dónde, casamiento en un pueblo chico, salimos en las noches a pasear por el barrio sucio tomados de las patas, puedo llegar a ser famoso como el poeta de la historia, le digo, ojalá que no, mi cielo, estamos tan a gusto que ni extraño las luces del escenario, firmar autógrafos, recibir flores todas las noches, cartitas secretas -la estúpida se siente artista, modelo y ahora esposa en sacrificio, querrá que le crezca la panza y expulsar hijos corrientes mascadores de chicle, les dirá a los críos que aparecía su nombre en marquesinas y era admirada antes de conocerme, antes de que yo la salvara de la prostitución, de la droga, de la jeringa.

-Sabes, Silvi -dice la puta en mis fantasías, copiando el tono de la novelita rosa-, quisiera dejar este pueblo rabón y volver a la ciudad, hijos no tendremos, soy estéril, hice pacto con el diablo, le entregué mi virginidad y mi maternidad en una sola noche, con tal de poder alejarme de casa, mi mamá había muerto, mis hermanas Anastasia y Clarita eran así de pequeñas, papá bebía y la hacía de albañil subiéndose como chango en las paredes. Yo le había prometido a mamá que cuidaría de las niñas, pero no pude cumplir, son hijas de la muerta, que se las encargue a Dios, me dije, o a Satanás, porque me chinga tener que responderle a la vida como si yo no valiera nada.

-Vales lo que cualquiera -contesto mecánica y poéticamente- cualquiera sale de su casa y corre, cualquiera come sopa y se casa, cualquiera huye al primer pueblo a casarse, cualquiera engaña, tal vez tus hermanas te necesitaron, pero, quizá les hiciste un bien largándote, de todos modos no iban a toparse con un duque o un barón, de todos modos el universo de Fuenleal y los nobles les quedaba lejos.

-Yo las hubiera obligado a estudiar, ¿y pa que? Ahora son sirvientas o putas, como yo, o solteronas que cuidan al viejo enfermo que pide la bacinica. ¿Casadas? Pueque sí, jolgorio y patadas en la misma noche de bodas, pueque sí, papá necesitaba, necesita pa las copas, porque supongo que no se hizo abstemio en cuanto me largué, al contrario, la beberecua ha de haber aumentado, digo las fiestas y platos sucios, sí, pueque estén casadas.

-No necesariamente.

-Es un modo de justificarme, Silvi, un modo de ver del mismo modo mi presencia y mi ausencia, me fui y nadie me extrañó, pienso, son ellas iguales y yo soy la misma, esté aquí contigo o allá con ellas o en el Cancerbero enseñando las tetas y el coño. Tienes razón, mi padre no iba a emparentar con el señor Fuenleal o el señor Fagoaga, pero podrían tener hijos de nobles como muchas sirvientas en la colonia y conste que no se trata de emparentar sino de tener criaturas hermosas, porque así solita me aburro, Silvi, así solita me como lágrimas y mocos, por eso hice el pacto demonial, una tarde comencé a sentir que si Dios no me concedía salir de la prostitución y del cansancio y de la tisis me iría con el diablo, costara lo que costara, el cansancio lo menciono porque tuvo mucho que ver en esa forma rara de pacto que te estoy mencionando en que la amargura sube y sale hasta por las orejas en forma de cerilla y lágrimas negras, pacté, pero el diablo no me ha devuelto tampoco la fertilidad, estoy secachona, soy media mujer.

LO IRREMEDIABLE.
Esperando que se fría la segunda tanda de quesadillas Felisandro dice: Como tú, adoro lo desastroso, Silvi, llego hasta el vómito, ve: muestra un apunte de la bailarina encueratriz, la fritanguera sonríe, aprueba en actitud de crítica de arte, ojos entornados, respeta la mano del gato, se la besaría, a mí me mira con recelo, como intuyendo odio, como tocando el odio que me habita, parásito, lo alimento a diario, recuerda mi odio

la vomitada en la cueva, Felisandro me quita a las perras que idealizo a punta de cachondeos y vulgaridades, me siento gusano, mariposa negra, volaré lejos de los ojos de la fritanguera, tal vez me introduzca en la quesadilla que muerde el gato, estoy adentro pero las náuseas me alcanzan a mí.

-Te atrae la miseria mamadora, estéticamente, felicidades, Silvi, el ángel de lo sórdido provoca catarsis, es el meollo del drama - la miseria mamadora está en el papel, verga de gato en el Cancerbero, saliva de perra, humillación, hocico chupante chupa el pito del pintor, Felisandro ha disuelto mi sueño romántico, la encueratriz ya no irá conmigo, puta, permanecerá en el Cancerbero hasta pudrirse y no habrá galán que le llore, se la mamaste al gato, mierda, sí, mi amor, soy frágil, me atrae el éxito y tú eres nadie, Silvi, menos que polvo en el aire, menos que aire en el vaso de cuba, Felisandro me da categoría aunque luego me patee, mira, puedo decir que me lo he cogido, si se ha fijado en mí es que no soy tan basura, contigo iría saltarinamente de mierda en mierda, contigo el vacío es la esperanza.

-Sin lo irremediable, no tendría sentido nada -dice el gato-. Es irremediable que yo sea el más grande pintor de mi época. Es irremediable que me envidies, pinche Silvino. Es irremediable que las hembras me persigan, incluyendo a las tuyas -la fritanguera asiente, el pueblo adora a Felisandro, dice su gesto estúpido, ignorancia elevadora, fanática.

-Es un dibujo muy bueno -comenta la vieja cerda.

-¿Qué le ve a este dibujo, señora fritanguera?, ¿no es usted católica? Pues esto es pornografía, suciedad, la puta se lo está mamando, ¿lo ha notado?.

-Yo no lo veo de ese modo, joven, asté es quien ve porquería, la mujer hincada, la mujer con el hocico abierto sufre más que nosotros.

-Ignorante, vuestros ojos no han visto mas que fritangas, oleos de queso y de papa.

-Soy pobre, cierto es, pero no dejo de ver vuestra envidia babeante, don, junto al gato vuesa gracia es un pedazo de caca.

-Pobreza vanidosa. Vacío. De las fritangas a la bacinica.

-Seré rico, Silvi -interrumpe Felisandro, apoyando a la fritanguera-, casa en Acapulco, casa en Veracruz, casa en las Lomas de Chapultepec, al lado de las casas de los oidores y del virrey perseguidor de negros y bandoleros que no sean de su equipo. Así está escrito en las estrellas. El universo me ha elegido, ¿comprendes? En el arte, Silvi, como en los tacos, la mugre da sabor -la fritanguera festeja soltando de plano una carcajada espantosa de bruja, de india deselotada.

-¿Qué es lo que te causa risa, señora fritanguera?

-Que tú acabarás juntándote conmigo en la bacinica, te lo leo en la frente.

-Si decidieras venerarme de una buena vez -asegura el gato-tu círculo de vida quedaría roto. Júntate con los que la hacemos, amigo.

-A ver si algo se nos pega, lo dudo, la estupidez vanidosa es ciega igual que topo.

-Bien dicho, señora fritanguera. Necrófilo -pienso-, en su anterior reencarnación debe haber sido zopilote carroñero, vuela sobre la muerte, se llena las manos de pus, come vísceras pasadas, pero estoy por debajo de él, por debajo, por debajo, soy la mugre de sus uñas, por debajo, la envidia rabiosa me lleva, más tarde, a la crucifixión de una lagartija: tú la pagarás, ser gris, tengo que hacerte daño, iguanita, te he cazado especialmente para ello, han terminado tus ejercicios bajo el sol, te elevaré a la altura milenarista de Nuestro Señor Jesucristo. Le entierro el alfiler en el costado esperando que diga "perdónalo, Señor, no sabe lo que hace". Nada, boca muda, arrugada, boca de viejito, boca de mudo. La lagartija recibe en silencio la corona de espinas, coronita, destino, redención, ¿por qué yo había de martirizarla? Soy la justicia romana, la justicia india, don Cuco se hundió en la botella precisamente por haberla aplicado de manera parecida a la mía, decía: me alcanzó la comprensión de lo irremediable, Silvi, soy lo que soy, perdí a mi familia y mi trabajo por el destino que emergió de mi espíritu descompuesto, estoy enfermo o no soy igual a los demás, los locos y yo somos gemelos, vamos por la orilla del precipicio y ponemos una cáscara de plátano, resbalón y golpe en el fondo, qué chingadazo, me siento cansado de pronto y ya no puedo levantarme a trabajar, la responsabilidad se revuelca como culebra en mi conciencia malhechora, levántate, Cuco, es hora de ir al juzgado, imposible, otros brazos, dentro de mis brazos, aflojan mi ánimo, otra cabeza, dentro de mi cabeza, Silvi, convierte en ligas mis pensamientos, grito con otra voz, voz de perro apaleado, la luna me contesta, eres borracho Cuco, Cuquito, eres lo que eres, alma preparada en la divinidad, marinada por el mismo Dios, alma errante, alma errada, ser inferior, las cosas crudas me empachan y aquí en el callejón pepeno crudo y cocido) y la lagartija grita a su manera con las chinches que le clavo -sufre el calvario en la sala de labor del hospital baldío, para salvar a todas las lagartijas del mundo, gringas, chinas, italiana, francesas, soy el salvadorLagartija, me han herido el costado, me han subido en la cruz, he muerto a las seis de la tarde y mañana resucitaré gloriosamente, TomásLagartija podrá meter sus patas en mis llagas, Señor, perdónanos, somos animales, nos crecen plantas de asesinato, manzanas de envidia y membrillos de tortura. Chorrillo y sus discípulos escogieron sus propios instrumentos de tortura y los usaron con frialdad, ellos no jugaron con lagartijas, profanación, soy lo que soy, dice el maestro, semejanza con Tezcatlipoca, el dios me creó en las venas o entró con la jeringa de heroína, o a través del humo de la marihuana, ahora está en mí, usa mi lengua, mea con mi pito, come con mi boca.

PANCHA.
A mi padre lo congeló el alcohol consumido al lado de Pancha, la roñosa, iba a ser carpintero, iba a ser fotógrafo, iba a ser

pintor mi padre, me presentó a Pancha un día que quiso enseñarme su casa chica, presunción, no soy nada pero tengo dos mujeres, pasa, mi amor, Silvinito, la doña me hizo una gorditas de tuétano, es igualito a ti, Bul, simpáticón, algo tímido, ¿qué vas a ser de grande?

-Bailarín.

-¿De cine o de cabaret?

-De teatro, señora, voy a ser bailarín clásico.

-Válgame Dios, eso está muy bien.

-¿Le gusta el baile?

-Verdad que no, hijo, pero respeto a los que bailan, vida muy sufrida, digo, como las demás, desde la fritanguera hasta el virrey Fuenleal y sus lambiscones, ya ves que a la doña Lucrecia, la perra que vende fruta en el tercer puesto del mercado, de pronto le apareció un tumor a un lado del cuello, antes del hombro, negro el tumor, hasta peludo, eso no lo olvido, sueño con ese tumor bigotón como si fuera mío, me da un miedo de los mil demonios, por eso me empujo mis copas y no creas, el destino de la doña Lucrecia puede ser el mío o … el de cualquiera, pero… ser bailarín … Yo, más bien soy sencilla, es decir, bastante estúpida, pa qué te digo que no, mi inteligencia no da para mucho, abro el hocico y me equivoco, pero tengo buenos sentimientos, si no que te lo diga tu padre. Ni el cine es de mi gusto completo, algunas películas sí, las comedias que me hacen reír mucho me caen como respiro, yo, más bien, digo, soy aficionada a la copa, como tu padre, canto nomás en la regadera y he bailado veinte veces en mi vida, pero, eso sí, soy ultrasensible, me impresiona una cosa y ando soñando con ella noches y noches, empeorando lo que vi, como el tumor de los pelos de elote.

-Yo sueño también, me da miedo romperme una pata, amanecer con un hueso de fuera o con dolores e hinchazones.

-Mi vida, no te pasará, ya ves que digo pendejadas, qué te va a suceder, eres el ideal, el perrito más chulo y soñador.

-Eso dice mi mamá, que sueño.

-Es bueno soñar en el sentido que tu sueñas y malo andar pensando en accidentes y tumores.

-Siempre y cuando se haga el sueño, yo dudo.

-Se hará, cachorrito, tu mami es re guena pero algo pesimista.

-¿Va a morir la doña Lucrecia?

-Pueque sí, Dios sabe, pero no pienses en ella sino en tu carrera, la doña Lucrecia ya tuvo su vida, sus hijos son grandes.

-Ojalá que me salga el tumor después de ser famoso.

-Qué va, nada de tumor, hijito, puras cosas buenas veo en tu futuro.

Egoísmo.

Mi tío Dominico anhelaba un sobrino artista, así que me incliné por la danza.   Pancha, la roñosa, me revolvía la greña, cariñosamente, cada vez que iba a visitarla a la casa chica de mi padre, en cambio mi madre:

-Silvi, más vale que me pases los domingos que te da tu tío y la roñosa.

-¿Por qué?

-Soy tu madre, lo de Pancha es mío.

-Estoy juntando.

-Junta menos.

-Te lo gastarás en pan y …

-¿Y qué chingados te incumbe, cabrón? Voy a regresarte a los pañales, te meteré al clóset, volverás a mi lado.

-Dominico piensa que yo debo pagar mi zapatillas de baile.

-Dominico es un baboso, te hará tan baboso como él, lleno de sueños babosos. Lo de las zapatillas me caerá mejor a mí, ya que tú ni sirves.

-Seré famoso.

-Te hará famoso lo necio.

ZAPATILLAS.

Recuerdo, más adelante, surge como flecha y se clava en mi cerebro, estoy delante de Anilú, ojos de odio y menosprecio, yo le reclamo con un nudo en la garganta, luego de pensar en arrojarme en una coladera, palpitando agudamente la sensación de que en efecto soy un inútil:

-Mamá, rompiste mis zapatillas de baile.

-Te pedí que compraras pan y no fuiste.

-El pan te hace daño.

-Es cosa mía.

-No podré bailar por lo menos en dos meses, mientras junto pa otras zapatillas.

-¿Ves?, saliste muy bien librado, te estoy dando dos meses de vacaciones.

Frunce el entrecejo, se lo merece todo: amor, dinero, consideraciones. Cuando se trata de hacer un favor: si no soy tu sirvienta, yo tengo cierta categoría que me viene de nacimiento, Silvi, personas habemos que no nacimos para el trabajo de la casa, es aburrido y yo pienso, soy una perra con cierto nivel de intelecto.

Le pregunto:

-¿Por qué me dejaste con Dominico si no querías que fuera bailarín?

-¿Preferirías que te hiciera un inútil con mis mimos?

-Soy un inútil, de todas maneras.

-Te sientes un inútil, que no es lo mismo, Silvi, siempre te has sentido así, pobrecito, desde que comenzaste a hablar destilas amargura.

Mi pata trasera izquierda es rebelde -en ella se centra y concentra la idea y sensación de inutilidad, de ella emerge mi complejo de inferioridad- y, para someterla (jamás) hago, rabioso, ejercicios locos, pero mi pata, obstinada, porfía en abrirse cuando la práctica consiste en cerrar y viceversa. Dominico premia mis esfuerzos con pequeños privilegios: cinco centavos más de domingo (codo infeliz), dos platos de postre, media hora extra de recreo.

-Nada voy a lograr, tío, me siento frustrado, me siento solo y enojado, Dios no me quiere, soy sordo y tonto, inválido.

-Ni sordo, ni tonto, ni inválido, caramba, cocotazos mereces por necio, te rindes a las primeras de cambio.

-Es verdad, me he rendido porque no soy para bailar, lo sabes.

-¿Quieres ser sacerdote entonces y prohibirte a las mujeres, digo el matrimonio?

-No lo sé, algo que pueda ser, algo que yo domine, que esté a mi alcance, no me refiero a señoras sino a trabajo.

-¿Te rindes de veras y me sirves de acólito?

-Estoy cansado.

-Mañana hablaremos.

-No, mañana volveré a tratar, te lo prometo.

-Así se habla, chócalas. Yo acá, entre nos, puedo confesarte que me aburre ser sacerdote, hubiera preferido ser actor, pero la cosa es que entré a la iglesia y parecía que iba con ella, no es que esté del todo fuera de ella, quiero decir que soy católico, que soy cristiano, que adoro a Jesucristo, pero ... un hoyo en mí me dice que falta algo, un hoyo de insatisfacción, un hoyo que me llevo a la cama y a las misas, un hoyo que provoca escalofríos y dudas, un hoyo que me pide que abandone la iglesia y que me case, soy sacerdote, comprometí mi castidad, pero ... sería tendero de buen grado, Silvi, ¿cómo la ves?

-¿Te gustaría casarte?

-No lo sé, depende, si hubiese sido abogado como don Cuco, puede ser, regresaría a casa a la hora de la comida saludando a la familia, sí, me hubiera agradado, quizá, pero la parroquia, estoy acostumbrado a convivir con santos de madera y de pasta, figuras, cuadros, feligreses sin cara, con cara de miseria y pecado, estoy acostumbrado, pero confieso que estoy esperando, Silvi, espero bajar un día en la madrugada, a media noche, en la tarde y hablar con santos de carne y hueso, vivificación en mi iglesia, eso espero, vivificaciones que me saluden, que me toquen, caeré hincado entonces, Silvi, daré

197

gritos en la iglesia y seré feliz sin pensar ya en matrimonio u otras cosas.

Enfermera señorita.

-Doc, ¿no que las pastillas eran infalibles? -pregunta Anilú con sorna, arrastrando las palabras.

-Casi.

-Yo resbalé por el casi y me topé de frente con un hijo que no deseo.

-Ser madre es maravilloso -afirma la enfermera sonriente, deseando influir en mi madre.

-¿Usted ha parido?

-No, ya sabe, soy señorita, aún no me caso -pero la enfermera cree que lo hará: iglesia, vestido blanco, viaje de luna de miel a Acapulco, quizá, Veracruz, quizá.

-Los críos estorban, señorita enfermera, quitan pan de la boca, piden leche y ropa, diversión -Ani es egoísta como tío Dominico: ponte a rezar, Silvi, pide a diosito ligereza y buen gusto, gracia, zurce tus calcetines, tiende la cama, mejor que aprendas a hacerte tú solo el desayuno, la única vez que Dominico me llevó a pasear en lancha en el lago de Chapultepec yo le di a los pedales (Dominico interpreta los evangelios mientras yo hago la limpieza en la iglesia), soy un padre para ti, Silvi, la próxima vez tu llevarás el timón de la lancha, no habrá próxima vez, me llevó a Chapultepec porque don Mirlo:

-Sería bueno que Silvi tuviera diversión, es un cachorrito muy formal, una criatura asustada, señor cura, sáquelo siquiera los domingos, llévelo al cine, tanta tarea, tanto baile van a convertirlo en momia, vaya, mira con susto, baila los ojos cuando lo mira a uno, se esconde en su interior, allá adentro corre hasta perderse, eso es peligroso, señor cura, de grande no sabrá qué hacer, a donde dirigirse, el mundo no es un lugar de espantos, Dominico, el mundo lo habitamos personas común y corrientes, hay que decirle eso a Silvinito, no tiene por qué temer, ¿acaso el niño quiso asesinar a alguien?, pues se comporta como si fuese un malvado, perdón, como si hubiera hecho algo malvado que no puede digerir.

Dominico paga en el embarcadero, sonríe, él sí se divirtió, llevó a su remador esclavo, mira, tío, comento, una palomilla de perros más grande que yo se aproxima en una lancha, no les hables, ahorita vuelvo, voy al baño.

El más greñudo de la palomilla me dice:

-Hola, cría, ¿quieres dar la vuelta?

-Es que vengo con mi tío, es muy especial, si quisiera pero …¿vuelta?

-Pídele permiso, es domingo, somos de tu edad, si no te diviertes ahora de viejo serás un amargocho.

-No tiene tiempo porque es cura, hay que regresar a la Parroquia a la hora de la misa, por cierto, a mi tío Dominico no le gusta que me junte con perros desconocidos y más grandes -comento, metiendo las patas en la bolsa, deseo que me compadezcan, que me restrieguen su libertad. En la bolsa toco mi cartera nueva.

-¿Qué traes ahí?

-¿Aquí? -repito en eco, viendo mi bolsa derecha.

-Sí, enséñanos.

-Es la cartera que me regaló mi tío Nico.

-¿Me la dejas ver?

-Sí, es de piel, mira. Tan luego coge la cartera -suavecita, café claro, de señor-el remo del greñudo se apoya en el muelle y empuja la lancha hacia el lago.

-Nos vemos, animal. Grito: devuélvanme mi cartera, es la primera que tengo, estuve rogando seis meses a mi tío que me la diera, no pueden existir personas tan malas, por favor, soldados salvadores, pena de muerte, el poder del diablo es inmenso, para que eres buey, vocifera el greñudo y yo me muerdo una pata con rabia, mátalos, Señor, chíngales el pito, mis ojos nublados por las lágrimas ven las marcas de los colmillos en mi propia pata y a la palomilla que se aleja.

-Para qué eres buey.

-Qué te pasa, Silvi, ¿por qué lloras? -interroga Dominico.

-Es que, ellos, se llevaron mi carterita.

¿Te la robaron?

-Es que se las presté.

-Zonzo, no vuelvo a regalarte nada.

-Es que quería amigos.

-Es que yo soy tu único amigo, baboso, ¿todavía no lo entiendes?

-Ojalá se ahoguen y les crezcan sapos en el cerebro.

-Nada de eso, señorito, no, nada de ahogamientos y deseos perversos, no, tienes que perdonarlos y ser más avispado.

-Yo le pido a dios que los ahogue, robar es malo.

-Dios no es asesino, animal.

-Dios no es nada, permitió que me quitaran mi cartera.

-Toma, mocoso, jamás digas algo igual.

-Por qué El no me coscorronea como tú, ¿es mi padre?

-Porque tiene cosas más importantes que hacer, sí es tu padre y el de todo.

-¿Es que Dios no puede con todo, lo importante y lo tonto?

-Cállate ya, blasfemo, te va a castigar.

-Le pido que me haga cojo.

-Qué barbaridad, eres el diablo.

-Necesito muletas, muletas, quiero mi cojera.

ESCOBA, ASTILLA.

Mamá revisa las paredes descascaradas de la sala de labor, se detiene en los tanques de oxígeno arrinconados del otro lado de la cortina junto a unos anaqueles blancos con ropa de cama y piensa: los ladrones mustios se esconden a un lado de roperos y vitrinas, como mapaches, rateros feos, saltan de cualquier rincón arremetiendo, macanazos, trompones, navajas, queda la cicatriz. Los tanques, entonces, cobran vida, son dos bandoleros de antifaz, ahora los asesinos de la casa de piedra, ChorrilloTanque dice: "Amados míos, los pecados son conceptos, los hombres pecan porque se creen racionales", no, sólo son dos tanques de oxígeno que más bien debían estar en la sala de expulsión por si las dudas, "antes de parir -voz de Chorrillo-, amados míos, confiesen a Tezcatlipoca sus buenas intenciones: entregarse al disfrute torturador, gozar el dolor ajeno, pervertir, abrirse a la venganza, fuente del poder". Chorrillo vengativo fue despertado con un piquete en las costillas, váyase, está prohibido dormir aquí, sentarse aquí, el sirviente de filipina blanca que empuñaba la escoba tenía cara de ciruela en vías de convertirse en pasa, gesto duro, derecho de hacer la guerra a los enemigos de la limpieza: limosneros, vagos, fuera, rehuyen el agua que es vida para mis plantitas, este individuo apesta a alcohol, degenerado, fuera, otro piquete a las costillas del repulsivo que roncaba a pata suelta cuando llegó el patrón, sacrilegio, váyase usted.

-He hecho algo que os incomode? -preguntó Chorrillo restregándose los ojos legañosos (según él, los baños frecuentes cortan la grasa natural del cuerpo, algo muy útil en pócimas y ungüentos, además, la sensación de limpieza tuerce los instintos y nos aleja de Tezcatlipoca.

-Estamos en casa decente -repite el viejo picando de nuevo con la punta de la escoba.

-Me voy, ¿he desgastado la escalera?

-Me han ordenado que lo eche.

-¿Tu Dios te lo ha ordenado?

-Dios no, el patrón.

-Dios es tu patrón, grandísimo hereje.

-Dios es dios y mi patrón ...

-... tu dueño. ¿Comes bien?

-Largo.

-Pido perdón por los daños y me retiro, no sin antes preguntar si vuestro patrón es católico.

-Lo es, y tú un vago, sáquese.

-Sólo una criatura de Dios (Tezcatlipoca), persona que toma el sueño por sagrado. ¿Has pensado que sin patrón serías libre?

-Soy libre.

-Eres un pato amaestrado, te arrojan la comida y tú les lames la mano, viejo cobarde, te amparas en la rectitud, como mi padre.

Con movimientos felinos, Chorrillo arrebata la escoba al anciano sirviente, se monta sobre ella y traza un círculo en la banqueta, segundos de lectura imposible, maldición escrita en el corazón de Tezcatlipoca.

Chorrillo vestía una levita negra, raída y lamparosa.

-El caballo de palo es un lindo pura sangre, la derramaremos, soy un héroe, papanatas, vine al mundo para acostarme aquí, para bailar esta danza aquí, en estas escaleras, para ser picado con tu escoba, para irritar a tu patrón.

-Lárguese ya y devuélvame la escoba.

-Con mi ungüento mágico, amado mío, ungüento que me unto invocando al verdadero Dios, ungüento que te hará reír a carcajadas llorosas, pendejo, me verás volar camino a casa, camino a casa volveré a maldecirte, no sabes a quien has picado, viejito pasa, viejito pato.

-Llamaré a la policía.

-Comparto la filosofía de tu amo, hacer a un lado lo que nos desagrada, la escoba es símbolo de cuchillo, escoba- espina, utilizaré la escoba contigo, patoCuac.

-Dante -llama una voz en el interior de la casa.

-Voy, señor, ya casi termino de barrer. La escoba, por lo que más quiera, yo soy un hombre de bien.

-Necesito algo tuyo, pichón -contesta Chorrillo alejándose al galope sobre la escoba.

LAGARTIJA.

Otra vez en el Carcerbero, perra encueratriz, estúpida, por qué se cae -hocico en la pista, polvo, ridículo-, ya lo decía mamá y la Biblia, "si pecas, no habrá amor", cayó por borracha, ebriedad consuetudinaria, deseos de olvidar que salió de casa de sus padres creyendo que sería más que ellos, dos saxofones y el clarinete ayudan a la encueratriz a levantarse, déjenme, putos, con ademanes briagos, y de bruces nuevamente, infeliz, ¿amarla?, ¿redimirla?, irremediable es que se hunda, en las mesas chasqueantes manifestaciones de antojo porque la caída hace que las tetas florezcan saliendo del sostén, lancen cacahuates, recógelos, changa, ¿destino?, recuerdo mientras ella rebota contra el piso, mientras el golpe hace moretones recuerdo: también me robaron el suéter nuevo que me regaló tío Nico el día de mi cumpleaños, un perro tuerto me dijo: a la vuelta de la Parroquia, antes de llegar al mercado de San Cipriano, en la casa rosa de la esquina, la señora está regalando ropa, pero si vas con tu suéter nuevo pos no va a darte nada, mejor chíspatelo y déjamelo, aquí te lo cuido pa siempre, PendejoTonto, el más, burroAnimal, ser bueno es error, ni Navidades tuve, Dominico las festejaba en casa de sus feligreses, había regalos, regalitos para mi, dulces, canicas, carritos de plástico, amargor, la cena sabía a trapo, mamá celebraba sola con una buena dotación de mota y pan blanco, la olla de frijoles se me vino encima vísperas de Navidad, precisamente, decía Modesto: la olla rebullente esperaba, Silvi, esperará oliendo a epazote, volverás al mismo punto y derramarás los frijoles que te aturdieron, quemada, de hecho ahora caen sobre ti y Anilú grita "burro, baboso", lastimando, tus resentimientos actuales no pertenecen al pasado, memoria, se trata de presentes vivos que resufres, vivificaciones, la olla de frijoles en el mercado es parte de tu trama, una minúscula parte del enredijo en la cebolla, nudo en el lapso de tu vida, la olla de barro es uno de tantos abismos que se encuentran ahí para enseñarte, camarada, para que los esquives a base de conciencia, para que no caigas en la trampa de la ollita burlona, barro, mira, descubrirás que los objetos son irónicos, entiende que se trata de una ilusión recurrente, materializada, a ti se te puso el desfiladero de barro, otros habrán de superar el cuchillo, Dios bendito, la lagartija crucificada pedirá misericordia por los siglos de los siglos, pienso, viendo la nariz roja de la encueratriz sin cola, el piso le ha sacado el mole, pinche lagartija, se la compré a Plín, cachorro gordo y simpático que tenía botellas de lombrices, arañas, moscas, escarabajos sobre su tienda, una mesa de palo pintada de blanco y cubierta con un mantel floreado blanco y verde, agujerado, limpio, todo un comerciante, Plín, de grande sería veterinario y dueño del establecimiento más grande de animales, focas, elefantes, tigres de bengala, jaguares mansos y bravos, serpientes, mariposas negras y de colores, me pidió que le mostrara el dinero antes de entregarme la mercancía:

-Dando y dando -cierra el ojo. Plín compartía ganancias con su madre-, ya sabes que considero toda transacción como un préstamo, te devolveré la lana, menos el cuarenta por ciento por concepto de alquiler, cuando me regreses a tu mascota vivita y coleando -porque le costaba sangre desprenderse de sus bichos, los compradores tenían que jurar que regresarían lo adquirido (pez, lombriz, lagartija) pasado un tiempo razonable. Plin había bautizado a lagartija con el nombre de Rayo.

-Diez centavos, Plín, toma.

-Subieron, mi cuate, ya no hay lagartijas en la Glorieta, tuve que irme hasta el cine Encanto y, la que te conseguí es rara, Rayo tiene pintitas que brillan con el sol, esta, más que ninguna otra, me interesa que la conserves sana.

Rayo era mía, sus ojitos decían estoy viva igual que tú, yo le haría lo que me viniera en gana.

-El doble, págame el doble por ella y con la condición de no tocarle ni la cola.

-Qué rata.

-Pepénala tú, así es gratis.

-Tengo quince, te los doy.

-Con la condición, insisto, de que me firmes un papel comprometiéndote a no hacerle daño, nada de experimentos con navajas para verle el interior, nada de cortarle la cabeza o la cola, la quiero íntegra de regreso, con la misma inteligencia y alegría.

-Sale, te lo firmo, yo no soy de los que chingan, ya lo sabes, soy amante de la naturaleza.

-Me la devuelves intacta, cabrón.

-Sólo la cabeza, pendejo, porque ya te pagué el cuerpo.

-Se me hace que no te la vendo.

-Es broma, carajo, soy incapaz de matar una mosca.

-Me la regresas viva, enterita.

-Gota por gota de sangre -digo, volviendo al Cancerbero, la encueratriz se limpia el hocico riendo y llorando al mismo tiempo porque recuerda a sus padres en la iglesia, el día de su primera comunión, cuando todavía era una lagartija completa, cuando todavía Jesucristo sonreían en sus adentros puros de niña buena, entonces podía ponerse al sol y sorber refrescos de naranja despreocupadamente, madre, algún cabrón compró a tu lagartija y la metió en una bolsita de plástico, ya no respiro, seré crucificada en absoluta corrupción.

Parirás con dolor.

Silvi rechina en el silencio mal aceitado, chillido, balbuceo, ya está dentro del cuarto en penumbra, es una criaturita, bendito sea Dios, que entre luz, la enfermera jala el cordón y las persianas arrojan al espacio borracho de insatisfacciones el polvo acumulado por el descuido, ¿por qué luz?, porque la luz es buena, ¿buena?, saludable, entonces, afirma la condición diurna del ser que acaba de nacer, dice el doc y mamá sonríe, libre del bulto que pesaba en su interior, carga, parirás con dolor, Dios y sus bromas, mira al doctor, la cómoda, la ventana chorreada y ahora escucha el fornido paso de un camión de carga que cimbra las estructuras, cierra los ojos y contempla el juego de dos pelotitas de mercurio en su imaginación, las más gorda de las pelotitas luminosas rueda disimuladamente en tono de huida, aprovechando el descuido de la pequeña, quien reacciona de mal humor y alcanza a la gorda con molestia, pero ésta vuelve a acelerar su escape cambiando de forma, se hace oblonga, piramidal, es una cruz, habrá entierro, ya lo hubo, horas antes me llevan cargado, sueño con dos pelotitas de mercurio, las mismas que persigue Anilú, el panteón está cubierto de terciopelo verde, suave, propio para entierros descalzos, este pasto sobrenatural sólo crece cuando la tierra está bien abonada con cadáveres, logico, de otro modo a los difuntos les sería imposible descansar, piensa tiempo atrás la parturienta, caminando a un lado de la caja de su hijo suicida, llorosa, después de todo era mi hijo, después de todo lo estuve esperando horas y más horas en el hospital, porque el necio no salía, porque apenas el necio salió comenzaron sus reproches, ¿soy egoísta?, Anilú presiente mientras camina en el panteón, mientras pisa el terciopelo suave, verde, que a Silvi se le puede ocurrir visitarla una noche tenebrosa convertido en mariposa, escalofrío, no, que se quede en su cárcel de madera y lodo, al fin que los de arriba -vivos capaces de morder un delicioso pan o aspirar aún más delicioso humo alucinante- encontramos comunicación con los de abajo -muertos sensibles, cadáveres que entienden-, mediante las líneas sensibles del sueño, teléfono espiritual, interferencias en la comunicación hacen que una hable con muertos equivocados, ¿bueno?, yo me dirijo a mi hijo Silvino recién nacido y recién muerto, qué raro, cipreses cuajados de frutos rojos a punto de miel empalagan como un pirulí en el cementerio que piso en sueños, estoy en el hospital y más allá de dos pelotas de mercurio, en un panteón con cipreses cuajados de manzanitas, las probaré para ver a qué sabe tanta dulzura en el campo santo, de seguro el Creador las puso en las ramas de luto para decirnos que del lado de la parca el tiempo transcurre apacible y perfecto, tiempo amplio, diferente, donde caven simultaneidades infinitamente, las de mi hijo recién muerto y recién nacido, al muerto lo llevan cargado, la comitiva se detiene, los cuatro cargadores están cansados, yo quiero abrir la caja y decir "es hiel y no miel lo que escurre en este entierro meloso", caracho, en este mismo entierro el cilindrero llora a su changuito muerto, Caperuzo el cilindrero echó a la basura a Titerín, flores, ya bajan la caja morada como el cuerpo helado de mi hijo, el cilindrero balbucea, refiriéndose a él: borracho y dicharachero igual que su padre el deste Silvinito, mal bailarín, mal perdedor, mal crítico, criminal y suicida, pero digno de lástima, igualado conmigo habría sido el gran cuate, igualado con la ñora de los tamales habría sido harto significativa esta muerte pretenciosa de pedorreos por encima de las nalgas, en fin, lanzaremos poemas sencillos sobre los saltimbanquis que integran la comitiva musical, bombo, trombón, trompeta, clarinete, saxofón, tambores y carracas, los músicos rodean la zanja tocando el adiós charanguero, marcha militar en honor a mi valentía suicida untada de sesos locos con mantequilla, los saltimbanquis ríen, es broma la muerte en el sueño lánguido de Ani, pronto Silvi nacerá de nuevo en la misma cuna del changuito Titerín, pronto Silvi y el chango serán concebidos en la panza de Anilú y por eso la calaca mexicana se hace festiva, ojos de confeti, quiero vivir -dice Silvino dentro de la caja-, quiero volver a ser crío, la vida sí retoña, carajo -contesta el changuito Titerín-, maldición, Bul debía haber ido a la farmacia por los preservativos -comenta Anilú, mientras la enfermera limpia al cachorrito con algodones empapados en una sustancia olorosa y desconocida, le pasa el peine con amor, la suicida, algún día Silvi leerá la noticia, la camioneta de la cruz roja recoge el cadáver dos veces muerto (en el aire por el susto y sobre la banqueta), envuelto en su bata blanca y roja.

-Jovencita se chingó -susurra el camillero, revisando el cadáver de la enfermera.

-¿Sería tan fea? -pregunta el otro perro de blanco.

-Todas tienen lo suyo.

-Todas tienen agujero, dirás.

-Quizá le faltó perforación, al agujero.

-Quizá le perforaron antes de tiempo, el agujero.

-¿Crees que había una rata en el agujero?

-Abrió las piernas, le dieron por el agujero y al saberse preñada se aventó de la ventana.

-Alguien abandonó el agujero.

-Qué tonta, siempre hay un pito para un agujero.

CRUZ.

Con la lagartija en la bolsa, síntesis palpitante de un reptil antediluviano hecho de rugosidad grises, entro en casa de mi madre, subo las escaleras emocionado, corazón rebrincando, pensamientos saltan, me detengo en el pasillo, mente en blanco, alerta, pum-pum el corazón, la puerta rechina, bobo, recuerdo que mamá salió al cine con la doña Chata, ellas no me invitan porque les gusta ir solas a ver películas de adultos, abro la puerta de mi recámara, entro, meto las patas debajo de la cama y ahí está todavía la cruz que hice con la tablita que desprendí de la caja de jabones, los que mamá metía entre su ropa interior para que estuviera perfumada. Del cajón de su buró tomo la cajita de chinches comprada en la tlapalería El Ángel y de debajo de la almohada extraigo la coronita, qué lata cortar los alfileres y traspasar con ellos la rondanita de madera, corona del Cristo animal (habrá diluvio, marchas de Semana Santa en honor de este nuevo Mesías, pariente de las culebras mudas). Corro hasta el hospital baldío y carajo, veo, palpo, por los cristales rotos de la puerta de entrada, a un limosnero cagando en el jardín del fondo, tierra que abonará también el Cristo animal, coño, esperaré a que termine y se limpie el culo, coño, vuelta a la manzana contando pedos y mojones, chance largo para que el inmundo evacue, retrasando el calvario, vaya, alivio, efectivamente se está limpiando con un pedazo de periódico, menos mal, letras en el fundillo, rolete ilustrado; ya había encontrado a otros limosneros dormidos en los cuartos, borrachos y sucios, se cuelan pero no para descubrirme en mis ensayos, hazte a un lado, Silvi, me digo, agáchate, el limosnera ya estaba de pie y se sube los pantalones volteando hacia todas direcciones, que no te vea, corro hacia el puesto de periódicos de la esquina y desde ahí vigilo, no sale, sí, lástima que ensució el jardincito donde pensaba realizar el ensayo, echaré tierra sobre la mierda, rápido, buey, padentro, por si las moscas revisa los cuartos vacíos del hospital, no vaya a ser que arriba también estén zurrando, he encontrado cacas secas en los pasillos, subo la escalera curva que lleva al segundo piso, ¿el recinto está solo?, camino de puntitas sobre el pasillo alto, no se oyen ruidos ni ronquidos, primera puerta: nada, polvo, cuarteaduras, tercera y nada, ahora la sala de labor, presentimiento, nada, mariposa negra, meto la cabeza y recorro la estancia, nadie, en el rincón de la izquierda una zurrada de perro y la presencia burlona de la mariposa, revolando el mojón, aspirando con deleite vientos de excusado. Del montón de tierra que hay junto al lavadero seco, en el jardín, tomo la tierra suficiente para cubrir la caca fresca del limosnero, aguanta respiración, listo, tengo que clavar a la lagartija antes de enterrar la punta de la cruz, el problema será sacarla de la bolsa de plástico donde se remueve, no te dolerá mucho, Cristo resignado, mudez mística, lo haré con todo y bolsa pa no arriesgarle, genial, al fin que es transparente, transparentemente el Cristo Nuevo ascenderá al cielo con su padre, llevando la buena nueva, de algún modo repito lo que ya ocurrió, porque, estoy seguro, cada especie ha tenido un redentor, por lógica, Dios no puede ni podía menospreciar a sus otras criaturas.

IX

CRISTO ANIMAL.

Igual que el limosnero, Silvino mira hacia todas direcciones, hay que deshacer el nudo en la boca de la bolsa, eso es, ahora una chinche en la parte doblada sin lastimar al animalito y otra chinche abajo, huele el aire, todavía, olor a pedo, imposible pincharle las patitas abiertas en cruz, picaré los hombros, simulacro, carajo, la coronita, estando de panza no se la podrá poner en la parte de atrás de la cabeza donde va, se la enterraré de frente, no te muevas, la lagartija se contorsiona, dolor endemoniado, sangre, gotitas, tienen mucho menos que los perros (litros), listo, la cruz en su lugar, la lagartija se mueve, moverá, movía, siempre como chivo expiatorio, siempre, como el Mesías, buena nueva, evangelio, como la olla de frijoles, en el mismo sitio, fecha, hora, escurre el puntito de sangre que ha de salvar a todas las lagartijas como el Cristo salvó a los perros sangrando, llueve, lloverá, llovía como todos los viernes santos, huir, tuve, dejando a mi lagartija crucificada sola en su calvario, corro, termino empapado debajo de mi cama, no lloro de berrinche, mis lágrimas no son mías, no soy perro ni gato ni nada, algo indefenso como lagartija en hospital baldío.

-¿Qué haces debajo de la cama, Silvi? -interroga Anilú, luciendo su clásica sonrisa de burla.

-Estoy castigado, maté al Señor Jesucristo -respondo temblando. Siento la piel dura, rasposa.

-¿Dominico te dijo eso?

-Yo lo sé, yo lo hice -si me muevo demasiado la piel se abrirá como si fuera de plástico.

-Bien, ¿cuánto tiempo permanecerás ahí?

-Mucho, no sé, estoy en conversión, mamá.

-Sería bueno que escogieras una cama en casa de mi hermano y no aquí, aquí prefiero mi soledad, tú tienes algo en la cabeza.

-Tengo miedo, el diablo toca.

-Si hablas del diablo me largo.

-Soy perverso, mamá, estoy sudando, algo en mi interior está invocando, El vendrá.

-Pendejo, no me asustes, estás blanco.

-Voy a ser suyo, mamá, voy a recibirlo esta noche, trae mis alas de mariposa.

-Cállate, cabrón, ahora yo no puedo moverme, voy a meterme contigo debajo, hazte a un lado, pero no, estoy paralizada, si te haces mariposa te mato.

-Lo siento adentro y en mis patas, tengo la garganta seca y la lengua me hormiguea, soy un gusano, actué como un gusano, mate al Señor Dios.

-San Tunito de mi corazón, ven a salvarnos.

-Yo no seré perdonado, he comenzado a descender, me ahogo en una tina, la cola del diablo menea el agua turbia, copas verdes, bajo mis axilas siento la dureza de mis alas en crecimiento, gusano alado, estoy duro, costra, bajo la costra plástica de mugre sangra mi antiguo ser, he dejado de ser Silvino, tu hijo, he dejado de ser quien era, ahora comenzaré a convertirme en un trozo de carne, vaca abierta y tirada en un callejón, pasa el lechero y se tapa la nariz.

-San Tunito, ven, ven.

MARIA CANDELARIA.

Mi casa, patio oscuro al fondo, donde habita una tortuga, María Candelaria, y dos periquillos de Australia, sala y comedor con muebles heredados del abuelo paterno, tres recámaras invadidas de humedad, criadero de hongos, sensación de sarro verde, el color de paredes, ventanas y puertas carga los objetos de vejez, melancolía, cansancio acumulado en años de descuido y de mota, chocan en el ambiente corrientes de maldad, apatía, inconciencia, frustración, amor en dosis miserables, reiterados y vagos sueños que el viento pasea incapaz de arrancarlos de su morada, aliento estancado, imperceptible ya a sus habituados residentes (mamá, Bul y, esporádicamente, Farina mi hermana y yo), la atmósfera impregnada de asfixia inunda el hocicoCasa, dueña de una realidad distante, en continua fermentación.

Tortuga herida.
Antes de que Felisandro venga a jugar, aquél día, yo pienso en María Candelaria, la tortuga herida que Farina agregó al hogar, mira, ¿no es hermosa?, pudo haber muerto a palos pero la salvé. viene descalabrada, pobrecita, le puse sulfato y le di agua con aspirina, sólo a un malvado se le ocurre llenar la piñata de tortugas. El animal, tortuga, concha, lentitud, estupidez, pone un toque de violencia y desvalimiento que le otorga el derecho de estancia, sí, es linda, dijo Anilú, que se quede, al fin que come moscos y bichos y no hay que comprarle bozal. El punto rojo de la herida en su cabeza -costra en transformación, de ahí emergerá una mariposa negra- es una presencia abstracta en los objetos, destino, deseo atesorar la muerte de mi hermana en una urna, cenizas para mi padre. Farina es más blanca que yo, debe ser quemada en leña verde, hoguera, desnudez de bruja, cuerpo embebido en luto, trata de rechazar con movimiento espasmódicos mi presencia asesina.
-No podemos jugar a las muñecas -dice Felisandro en cuanto traspasa el umbral del patio-, las niñas del parque ya me conocen y me huyen.
-Cómprate una, en la juguetería de la doña Carlota hay unas de barata.
-No tiene chiste, deben ser de alguien.
-Tenías tres hace unos días.
-Las estropee por bañarme con ellas -indica Felisandro, rascándose con fuerza la espalda y el abdomen. El gris del patio se ha cargado de humedad.
-¿Las sentabas en el excusado?
-Así es -el gato sonríe-, ponía a cagar a las tres muñecas de mi sobrina Fernanda.

-La muñeca güera era su consentida, dijiste. Imagino a la muñeca sentada, atisbando el baño con ojos ciegos, alarmados, su absoluta pendejez de objeto intenta discernir por qué Felisandro le devuelve una mirada con fiebre, torva, ofuscada.

-Pobre Fernanda, se quedó sin su muñeca consentida.

-Sufrir hace bien, ya tiene ocho años.

-Yo no necesito robar, Felisandro, tengo las muñecas de mi hermana Farina. Juego con dos. Las encierro con llave y cuando las saco me parecen diferentes.

-Estúpido, hay que descuartizarlas y enterrarlas -Obviamente en el arriate, para que María Candelaria camine sobre los miembros desperdigados, ignorando el crimen de plástico.

-No, claro que no, Farina ...

-Invítala, entre los tres podemos torturarlas. Me agrada meterles agujas de tejer por el culo.

-A veces pienso, me digo, que la virreina doña Blanca fue la muñeca del virrey Gudejas, porque en esa relación intervino Tezcatlipoca.

-Lo digo yo, te lo he comentado, sí, la escogió de las demás por su lesbianismo seguro, Gudejas no quiso leer lesbianismo sino moralismo y subió al altar con su muñeca. Desde entonces se preparaban los crímenes de la casa de piedra.

-Así es, en ese matrimonio se coló Tezcatlipoca, presentó a la virreina como santa y en realidad era una pervertida.

-Dirás una invertida, no necesariamente pervertida.

-Tenían que ocurrir los crímenes durante el virreinato de Gudejas, siempre caliente, anhelando coger con la virreina volteada.

-Tezcatlipoca y no don Antonio de Mendoza metió en la cabeza del ex virrey el odio por los negros.

-A todos les hubiera metido una aguja de tejer por el culo.

-Colgó a miles.

-Menos, Silvi, exageras.

-No exagero, al contrario, me quedo chico, mató negros por miles, se sabe, pero en el gobierno cuentan con tu decencia moderadora. Cien colgados son muchos para tu pequeña imaginación.

-¿Qué clase de conciencia puede tener un virrey que mata a miles de personas?

-La conciencia de un virrey español, la conciencia de un mandatario que comienza a sentirse dueño del suelo mexicano, dueño del color venerado por Jesucristo, dueño de la verdad.

-Esas palabras -dice Felisandro con siniestra ironía-, quedan bien en Chorrillo, parece que le bebiste los alientos.

-El virrey Gudejas era extranjero, español, casado con una santa que en realidad era lesbiana, veía a los indios transitar sobre su tierra como si fueran venados o changos, como animales de una tierra conquistada. Me pregunto por qué Gudejas y Malpinto no acabó asesinando a su esposa.

-Porque era española, sencillamente, Silvi, porque la puso al lado de las monjas, es decir, que la hizo o la concibió como una especie de religiosa. Un gobernante no ahorca a una religiosa, Gudejas se vio precisado a convivir con ella eternamente.

-Condenación. He ahí la venganza de Tezcatlipoca. Presenta a la virreina como señorita casta, como señora santa, como lesbiana española, como persona.

-Ahorita acabo de entender, el virrey jamás creyó realmente en el lesbianismo de su cónyuge, eso es, pensó que ella se acostaba con mujeres para fastidiarlo, ¿entiendes, Silvi?

-Cada vez que la virreina se negaba a copular, Gudejas pensaba en ahorcar negros.

-Cada vez que la virreina persistía en su lesbianismo, el virrey se deshacía de sus enemigos, claro.

-Frialdad contra calentura, Felisandro, la señora era un pedazo de tripa, una muñeca de hule para el virrey y una de cera para sus amantes mujeres, con las que se derretía.

-Gudejas hablaba de su mujer, pero no con su mujer. La llevó al matrimonio sin hablar, sin comprenderla, pero seguro que la posesión le daría influencia sobre ella.

-El sexo influye cuando enciende, la frialdad nada puede, es cadáver, Gudejas se casó con un ser de plástico, forma inerte que le provocaba ganas de torturar.

-De esa frialdad emergieron las persecuciones y colgamientos, las torturas, en la cárcel se oían gritos, gracias a la heladez de la virreina.

Masturbación.

María Candelaría será la dueña del patio, habita tras las greñas de las macetas crecida sin cuidado en el arriate, sólo a veces se aventura fuera de su círculo mágico, meramente con los aguaceros, entonces sí, retozar, palabra difícil de aplicar a una tortuga, resbalan los conceptos, besan su concha, se funde la palabra retozar en el gris original de su piel de bruta, pierdo el tiempo pensando en su descalabradura, registro sus movimientos, el mundo de María Candelaria se circunscribe al más acá de la puerta de la cocina, le encanta permanecer oculta bajo su campana vegetal, me intriga saber cómo sobrelleva su soledad mansamente, ¿sufre?, es posible, si el peso del universo está repartido equitativamente, ¿es consciente de su condición?, ¿maldice?, padecer insomnios y pesadillas de tortuga, los retozos de María Candelaria provocados por los aguaceros son explosiones, me llenan de envidia y de odio, la tortuga convertirá su descalabradura en una mariposa nuevecita.

Diferencia: María Candelaria no es dueña de un método autónomo para consolarse del deseo, la fiebre del amor se posesiona de su carne ignorante, pero, ¿acaso la maldita naturaleza la ha provisto de una manera para desahogarse sin pareja, hembra o macho?, en sueños llega al orgasmo haciéndola gozar furiosamente, exenta de culpa, pese a que pudiera haber matado a su madre.

-Dictaremos sentencia por cada bicho devorado por María Candelaria -dice Felisandro-. Lombrices diez azotes, moscas y moscos, dos. Fundaremos una celda debajo de la escalera para mortificarla por mala conducta.

-¿Y la defensa?   -pregunto al gato-, la tortuga no come lombrices.

-Yo mismo ejerceré la defensa, acaloradamente, Silvi, como si fuese Don Cuco, porque sé que las leyes fallan, yo pienso reanudar los sistemas de tortura, la tortuga debe confesar, si no come lombrices irá al dolor por hacerlo, de todas mangueras.

-Tengo miedo, a nada, se me arruga el interior.

-Yo también, viene sin avisar, al mirarme al espejo, porque pierdo mi identidad a fuerza de mirarme y hacer preguntas, carece de causa, es un parásito en mi sangre, el contraveneno para disolverlo es la tortura, Silvi, soy libre de cometer injusticias conscientemente.

El silencio se puebla de dudas, una sensación de futuro tirita en el patio, cuaja lenta, oscuramente el embrión del homicidio, las plantas se estremecen en el arriate de María Candelaria, la tortuga camina en el charco contiguo a la fila de macetas de Anilú: camisón largo, chal azul, voz chillona, adicta, dolores de cabeza, voy a reventar, San Tuno lo quiera, eres un inútil, hijo, sólo piensas en jugar (torturar), Farina es distinta, no me contestes.

-Destripar a la tortuga no es lo mismo que a las muñecas.

-Lo sé, amigo -responde Felisandro-, ¿quién meterá el primer navajazo?

-Le quebraremos la pata, María Candelaria cambiará de nombre por pirata -evocador de aventuras y de viejos grabados de filibusteros en la conquista del caribe, abordajes, violaciones.

-Hubo otro pirata en casa, ¿no es cierto?

-Sí, un loro cojo, lo mató mi padre, Bul, sufría de ataques, estaba casi pelón, yo quería conservarlo en un frasco y Bul se opuso, pensaba guardarlo en mi ropero, lejos de mi tío Dominico, conservo su pata de palo.

-Pensarán que estamos locos, si nos descubren.

-LocoPing, locoPong, el motivo, explíquenlo, y yo diré: mi padre borracho, mi madre enferma. Traeremos alfileres, agua, un clavo.

-Se le apagarán los ojos a paso de tortuga -dice Felisandro, tratando de reir-.

-Su muerte nos dejará una estela luminosa en la mente, dentro, recuerdo fugaz del tránsito, ocaso en pequeño.

-¿Cómo sigue tu mamá, Silvi?

-Jodiendo.

-Me refiero a ...

-Se queja de reumas y fuma. ¿Quemaremos o enterraremos a la tortuga Pirata?

-Tu mamá olería ...

-Los ratones apestan como ratas, Felisandro.

-Tengo náusea.

-La subiremos a la azotea, ahí nadie se quejará de la peste, pero por hoy no haremos nada, el aplazamiento nos permitirá arrepentirnos, meditar sobre algo más justo. Mientras vamos a la lonchería por una torta -se sentarán a la orilla de la banqueta a jugar adivinando marcas de automóviles-. Sabes, Felisandro, quiero usar mi rifle de municiones contra las nalgas de las lavanderas, contra el féretro de cristal que guarda a Jesucristo en la iglesia, al fin que Cristo ya está muerto, fue asesinado, se le ve la herida en el costado, punto rojo de la iglesia y de la cabeza de María Candelaria -de donde surgirá, triunfante, la mariposa negra, el bisabuelo Pancho Cardencio en todo su esplendor.

Hospital.

Pica, mucho, ahí, abajo, coño, lo que Anilú daría por tener una patita con uñas suavecitas para rascarse adentro, hasta lastimarse, sonriendo de felicidad, del modo como lo hace cuando llega al clímax en la cópula, picazón-desesperación, médicos babosos, incapaces de inventar una máquina que extraiga a las crías por arte de magia.

-Apúrate, Silvi, nace ya, carajo.

El ginecólo viejo sonríe envuelto en su capa negra de prestidigitador, que ponga a funcionar su vara mágica, ya, ella ahora se encuentra en su cuarto cargando al bebé que parió dos o tres horas antes, muchas gracias, doc, estuvo de peluche.

-El crío tiene que luchar.

-Es un güevón, doc, será de los que se echan.

-Tiempo, señora, ya viene.

-Estoy pensando en regalarlo.

-Qué barbaridad.

-Si quiere casa, que se apure. Si quiere mamá, que se apure. Bul, su padre, es igual de desesperado que yo, él hasta más, si no se le sirve su copita de tequila ahorititita, comienza a lanzar mentadas.

Cantina.

-Chema, el tequilacho, amigo, andan desatados los temblores -ruega mi padre recostado en la barra de la cantina "Las Glorias de Cuauhtémoc", debía llamarse "La Depresión India a partir de la Conquista".

-Ya despiertas, vaya, Bul, tu esposa está a punto de dar a luz, a punto de irse al hospital y tú aquí tirado.

-Más le sirvo borracho que sobrio, Chema, nada, soy cero a la izquierda con las mujeres y conmigo mismo, ojalá que lo que nazca no herede.

-El alcoholismo no es hereditario, te lo he dicho hasta el cansancio, Bul, no se sabe.

-Ves, ya dudas.

-Dudo de mí, sí, te veo postrado, muriéndote por la cruda y siento envidia, me agradaría estar parado en tus zapatos, Bul, ¿te parece que estoy loco?

-De atar, yo te veo ahí atrás de la barra y te bendigo, me pareces el arcángel Gabriel, bello y sobrio, envidiablemente fuera de las rasquiñeces de conciencia.

-Qué te crees, mis rasquiñeces mentales, concienciales, pican en seco, yo no las humedezco como tú.

-Estar de pie, Chema, es un orgullo, levantarse a las ocho a trabajar es un orgullo, saludar a los vecinos es un orgullo, hermanito, tú saludas y te levantas y cumples, a mi me tira el soplido de un bebé.

-Me levanto pero no tan bien como imaginas, Bul, a veces tengo miedo de comenzar a caminar descalzo sobre cristales rotos sin darme cuenta, imagino que voy al manicomio luego de gritar, luego de haber atropellado a una ancianita, luego de haber cogido el cuchillo y rebanar el cuello de algún transeúnte.

-Chema, eres un santo, hablas de alcohol y de dolores como nadie, eres mi hermano, las pocas veces que rezo tu estás al lado de San Francisco y de Jesús Cristo Nuestro Señor, te veo sentado en las alturas y me digo, ve, cabrón pecador de mierda, toma ejemplo de ese perro lindo que se codea la panza y se pica el ombligo con los grandes de la religión, ese perrazo es espíritu, cuando muera vendrá a rondar las cantinas aliviando con su sonrisa a los sedientos.

Chorrillo y Mascota miraban la ollita de peltre donde hervían los frijoles con tocino, epazote y una astilla de la escoba arrebatada al sirviente de la casa de piedra para realizar el maleficio, preámbulo de la misa negra, primer paso hacia la orgía de sangre perpetrada tres noches antes de que Silvino naciera.

-¿Qué son los frijoles, Mascota? -pregunta Chorrillo, sonriendo diabólicamente.

-Herencia, pienso yo, nuestro pan y nuestro queso, digo yo, ostias morenas de Tezcatlipoca.

-Pedos en forma de hostia, amada mía, a base de comer frijoles con epazote acabaremos zurrando sobre criollos, mestizos y españoles. Al virrey Gudejas y Malpinto debe caérsele el pito de horror cuando sepa de nosotros.

La astilla había sido sacada del palo de la escoba con una navaja previamente bendecida con sangre de paloma (inocencia).

-Frijoles y astilla, siento la madera en el pene, como cálculo renal.

-Puedo agacharme, amor, y me clavas la astilla en las entrañas.

-Hagáchate pues, y recibe derecho mi cañón.

-Dispara.

Los instrumentos que emplearían la noche del crimen fueron bendecidos de la misma forma noche a noche hasta completar nueve (siete más dos intervalos mágicos, igual a nueve: octava completa).

-Mi amor -jadea Mascota-, eres un pez, te han salido escamas.

-Iguana, tirano saurio, te estoy metiendo la cola.

-Me estás puliendo, carpintero.

-Pendeja, no metas aquí ideas cristianas.

-Perdón, te doy mi dedo meñique.

-Échate una cuchara de frijoles encima.

-Están hirviendo.

-¿Te lo hago yo?

-No, está bien, sí, una cucharita… no, espera, ay, me quemas, cabrón.

-Guisaría tu cabeza en la olla, ve lo que te amo.

-Ya, está bien, rojo, panza roja.

Dolor.

Según Chorrillo, el ritual confería a las armas el don de lastimar sin provocar la muerte, tendencia natural en los objetos creados para la defensa y el crimen. Las herramientas bendecidas buscan el dolor, por eso el oficiante no debe imponer su voluntad, sino dejar que la magia obre, convirtiendo al torturador en un conducto de Tezcatlipoca, quien conoce como nadie los puntos del suplicio, maestro en ello desde que el mundo es mundo, Amados míos, decía Chorrillo, mientras nosotros realizamos misas de horror en la tierra, descuartizamientos, allá donde Tezca tiene su palacio llegan las imágenes de nuestros hechos de guerra, y él las ve con deleite como si estuviera sentado ante una pantalla de televisión, pues la electricidad del espíritu está conectada a una central de su reino. En el juicio después de la muerte, Tezca os dirá: ven, hijo mío, ven y dime si mereces ser uno de mis siervos -y pasa delante del adepto las imágenes que logró transmitir a la central desde la tierra (los horrores acumulados en vida, las torturas correctamente llevadas a cabo, las mentadas de madre, las orgías). Si Tezca no está satisfecho, el iniciado reencarna para completar su trabajo; si lo está, os será concedida voluntad y fuerza para ir y venir de un mundo a otro convertidos en los que os plaza, águilas, perros, vampiros, Tezcatlipoca generoso no escatima.

Chorrillo prefería lugares áridos para celebrar sus misas y había escogido ese cruce de caminos donde crecían magueyes cuya substancia blanca servía para simular el semen.

-Ya es hora, madrecita -dijo Chorrillo consultado su mollejón de oro.

-Ya, angelito -contestó Mascota viendo el suyo. Todos los adeptos a la secta de Chorrillo estaban obligados a robar un reloj como el suyo (mollejón de oro sensible a las variantes del universo), antes de ser aceptado. El robo los iniciaba en el crimen y en la droga. Ellos -los entregados a Tezca- iban dos horas adelantados al tiempo del resto de los mortales. Futuro en la mano: sabían que matarían, sabían que torturarían, sabían que ensuciarían las paredes.

-Los frijoles y la noche yastán a punto, pus ya han pasado cuatro horas de las nuestras, padre.

-Quitémonos la ropa, amada mía. Mascota había logrado ya que la familia española destinada a morir la viera con ojos de pobre limosnera borracha. Las crías, más perspicaces, le habían echado miradas de "bruja, nos quiere chupar", cuando ella, en sus visitas, había pelado los dientes no muy firmes en sus risotadas, mi hocico traga basura y alcoholito comprado en la farmacia y disuelto en refresco de naranja, combinacho alegra corazones desgraciados como el mío, trajinado en el polvo de los caminos donde, antes de conocer al Maestro, la hacía de puta y menesterosa teporochona. Mi cara cabrona había calado en las noches de la mansión escogida, pus siempre hay una rendija abierta al miedo, hoyo de culpa porque yo tengo y el otro no, si no que lo diga el sirviente bondad que le picó las costillas con la escoba a mi maestro Chorrillo, Dante había visto su rostro de malvadita, fingiendo sonrisas a la hora de alargarle los tacos de arroz o de guisado "tenga y váyase pronto", está bueno, nomás platíqueme un poco, soy la misma soledad, podía ser tu madre, dile de tu despotismo al cura en tu próxima confesión, no es despotismo, tengo cosas qué hacer allá adentro, un ratito, hombre, por el amor de Dios, ¿te sientes cómodo siendo sirviente de españoles?

-Desde siempre soy sirviente, mejor eso y no la calle.

-Mejor la calle, digo yo, fuera no faltan las almas caritativas como tú, que den un taco.

-Tengo cama, duermo en blandito, cómodamente, sí, ¿por qué me lo reprochas?

-Yo tengo el suelo y los basureros y soy de aquí. Tus dueños son extranjeros, ellos debían dormir en la calle.

-La división es por dinero, pobres y ricos, sean del lugar que sean. Mis patrones son personas decentes.

-Ricos y pobres, buenos y malos, ¿así entiendes las divisiones?

-Sí, precisamente.

-Entonces yo soy pobre y mala y tus patrones buenos y ricos, y tú estás en medio, tibio, ni rico ni pobre, ni bueno ni malo, pero mejor que yo.

-En mejor posición, nada más, no mejor como persona.

-¿Y quién te dijo que hay algo más que la posición?

-La criatura pequeña toca la guitarra, a eso me refiero, existen facilidades, inclinaciones. Los cachorritos son muy graciosos, ocurrentes.

-Yo me incliné y mi padre aprovechó la agachada, vino la caída y los tropezones, no hubo tiempo de pensar en guitarra.

GALLO.

Así, de metiche, había sabido que la mamá tenía una librería a un lado de la iglesia y que hacía obras de caridad; que el señor era dueño de una fábrica de cigarros y que las crías iban a escuelas de curas donde les enseñaban a considerar a todos como iguales.

-Igual mi chingada madre, Mascota.

-Igual el pito del cura que el del virrey.

-Igual el blanco de los ojos. Mascotita, ¿a ti te da igual que te pique el culo?

-Me gusta, si he de seros franca, Maestro, podéis lastimarme las almorranas.

-¿Con las uñas?

-Sangraré.

-Bien, usaremos tu sangre para embarrar.

-La sangre de la menstruación es más mágica.

-Toda la sangre es mágica, mi amor.

-La sangre de las gallinas es misteriosa.

-Ayer soñé con un gallo. Soñé que yo era un gallo. Soñé que quizás, el gallo me poseía o que yo me convertía en él, pero no era completamente un gallo, sino un palo con plumas, Mascota, un palo de carne con plumas, sin cabeza, bailante, yo ... no creas que el gallo cantaba, no creas que el gallo hacía ruido, no, se movía silenciosamente en son de coito, pero carente de calentura. Desperté sediento, crudo, con la sensación del gallo invadiendo la mitad de mi cuerpo.

-Me das miedo.

-Nada tenía de horror el sueño, nada de angustia, si había transformación no provocaba en mí sentimientos o resistencia, el paloGallo se mueve en mí. o cerca de mí, o medio metido en mí, eso es todo, vacío de otros significados. ¿Dime qué te pasa, por qué esa cara, como si fuera yo a asesinarte?

-Cuando dijiste gallo pensé en una de las patas del diablo, ya ves que la gente dice que el diablo cristiano tiene una pata de gallo y otra de cabra.

-Este gallo no es el diablo cristiano, ni la pata del diablo cristiano, ni sus plumas, no olía a azufre, no olía a nada, era vacío, simplemente un movimiento en el que te conviertes, simplemente un palo con plumas. Yo no pensé en nada, ni siquiera en Tezca, yo ... creeme que me habría gustado relacionarlo con el pacto, pero este paloGallo no está relacionado más que con el vacío, cero contenido, cero contagio, cero horror. Las uñas del palo pueden rasguñar, pueden abrir una herida, pero son uñas muertas, no piensan esas uñas, no sienten esas uñas, tú eres quien las tomas para herir, me digo, porque el gallo las tiene ahí de adorno, no es un gallo bravo, él sólo se mueve. En eso radica su diferencia de una piedra.

-No entiendo y me da miedo, Maestro, lo que no capto me aterra.

-¿Captas que en mi sueño no está el diablo cristiano?

-Sí, lo capto.

-No hay nada en mi sueño, Mascota, lo comenté por comentar, porque me llamó la atención su absoluta falta de significado. Imagínate soñando mi sueño, boca arriba, sudas por el calor, de pronto, un gallo que no es gallo sino un palo con plumas empieza a moverse como queriendo coger.

-A mi me da terror, no quiero imaginar.

VEJEZ SAGRADA.

En esa casa -la de piedra- jamás se dormían las crías arriba de las nueve y los señores eran duros de sueño, había que llamarlos tres veces para despertarlos, señor, señor, señor. Se guisaban dos tipos de comida: la de sirvientes y la de los amos, y abundaban los regaños porque, digamos, los flecos de las alfombras color mamey no estaban bien peinados o porque el brocal de la fuente tenía salpicaduras o porque alguien habían entrado a la sala cuando "prohibidísimo", pus ensucian con las patas de lodo.

Espiar a favor de la secta había hecho que Mascota sintiera punzadas de vida, el interés que había perdido desde aquellos tiempos en que su padre la golpeó y la corrió de la barraca porque se había clavado unos fierros pa comprarme mi calaverita de azúcar el día de los muertos y una rebanada de pan" de esos negros que ponían en el mostrador de una tienda que se llamaba El Ruiseñor. Yo te lo digo, mi Chorrillo, luego que mi pa me dijo ya no vuelvas por la chinga de mantenerme, de pronto me mi cuenta que ya estaba trabajando en el callejón de "Los Manzanares", junto al chingo de hembras y crías, ahí tuve mi primer amor con un briago que le decían el Cacahuate, muy pedorro el cabrón, casi la ahoga en una tina, y desde la primera cama la lastimó hasta agarrarle harto miedo, pero el perro me buscaba y si yo le sacaba el bulto, lloraba junto a una coladera abrazando su botella, no os imagináis con qué ternura. No era pobre el Cacahuate, le ofreció dinero y educación, pero Mascota se pinto apenas el Cacahuate se quedó dormido para siempre con un navajazo en la garganta.

Antes, un día me entraron las calenturas y vinieron los hielos y el doctor, me iba a morir de las hemorragias, pero se salvó de milagro porque el Cacahuate pagó a los doctores y la cuido re cariñoso y hasta quiso enseñarle a leer, había tenido esos contrastes, querer ahogarla en la tina, pegarle con el puño y con fuetes y ser tierno como un pajarito. Tanto bebía el Cacahuate que empalmaba las horas y los días y los meses y había comenzado a inflársele la cara y la barriga lo mismo que a ella, años después de la enseñanza. De ahí para adelante, Maestro, recuerdo una laguna con animales, existencia negra, borrada, amnesia. Si el Cacahuate no se hubiera vuelto loco, Chorrillo, maestro, a lo mejor yo habría podido ser otra, vieja con moral, porque me leía la Biblia. Aquella oportunidad ya no volverá, pero no desaprovecharé la que tu me brindas haciéndome madre de los discípulos, aunque al principio qué locas le habían parecido las rarezas que ellos hacían en la vecindad donde antes ella llegaba solita a estar solita y a dormir con ganas de que le dieran una puñalada bien puesta en el cuello. Me siento mugre, así que voy a jugársela contigo a los enemigos de Tezcatlipoca que tanta pendejada y daño me han causado. Por mis venas corren ríos de alcohol mezclado con poquita sangre y chingo de horas de chinga y amarga joda. Hoy, ni quién se fije en mi como se fijó el Cacahuate.

Después de oír la historia le había dicho Chorrillo que él habría hecho un matrimonio indio con ellos, "lástima que el tiempo no retroceda y no puedas recuperar tu juventud y que el Cacahuate ya no viva en el callejón de los Manzanares", pero le explicó que los amores más bellos se daban entre personas de edades encontradas, crías locas con señoras enfermas, señores perversos con crías retorcidas, relaciones puras, menos pa los pendejos adoradores del bien, "Amada mía, el amor surge entre perro y animales, aves y cuadrúpedos, el Cacahuate fue tu príncipe azul y voy a decirte qué lo volvió loco, nadie le enseñó a tu príncipe pedo lo contranatural, el derrame de sangre, el placer del desquite merecido, el derecho a desollar.

A Chorrillo no le molestaban sus años ni sus arrugas ni ronchas ni sarna, hacía el amor con ella salvaje y cariñosamente, y la compartía con sus discípulos, enseñándoles que la vejez es sagrada.

-Maestro, por qué los demás no viven la hora verdadera-preguntó la vieja, removiendo la olla de frijoles.

-Espíritu atorado, viven el encantamiento del bien, es un truco, mientras más te esfuerzas en hacerlo menos haces la voluntad de Tezca: crimen, envidia, celos, placer.

-Yo me siento madre de tus discípulos, madre tuya y vuestra amante. Mis sentimientos han crecido.

-Fíjate, la culpa chicotea después de cometer un delito, no durante, ahí se conoce el embrujo, pero la naturaleza es mala, te hace creer, tú te has sentido basura.

-La basura me gusta, Maestro, gracias a ti, quiero decir que ahora tengo ganas de vivir, ganas de emborracharme, ganas se sentir golpes. El bien no lo entiendo.

-La culpa me mandó al seminario, Mascotita, traté de ser cura, soñaba con calvicies y tonsuras. Siendo apenas un jovencito violé a la hija de la sirvienta, vamos, le levanté las faldas y le metí el pito sin pensar, envuelto en puro deseo. Mi padre, perro honrrado, mocho, de misa los domingos y días de guardar, corrió a la madre y a la hija y al posible bebito, poniéndome arriba, ¿comprendes? Yo sentí un goce infinito, pero la culpa me hizo taciturno y uraño, me arrinconó, sembró en mi pecho punzadas de arrepentimiento, soy malo, me decía, estoy lejos de la virgen y cerca del ángel rebelde, el diablo español. Mi padre me había quitado el habla, pero el día que le dije que iba a expiar mi culpa en un monasterio franciscano lloró de alegría, mamarracho: "Abre tu corazón, Chorrillo, confiésate, lava tus pecados en el retiro y vuelve a nosotros con otra conciencia" -dijo mi padre. Hinchado en mi celda pedí a Jesucristo, Dios equívoco, que me arrancara el odio por mis compañeros, la rabia negra que sentía contra mi padres. No pudo. Tezca venció. En realidad, comprendí que Jesucristo no había venido a México, sino que Tezcatlipoca, en una de sus personalidades, reinaba aún. Me dije: ser bueno es un engaño, pero basta, agáchate.

Mascota soltó la carcajada cuando sintió la punta del palo de la escoba picándole el trasero.

-El palo necesita de mi caca, mi caca es importante.

-Ahora quita la olla del fuego y procedamos a lo que sigue.

Mascota retiró la olla de la hoguera y Chorrillo sacó de la bolsa del mandado cargada con lo necesario para el embrujo, las figuritas de cera simulando a la familia y a los sirvientes que serían sacrificados a Tezcatlipoca.

Pegó las figuritas sobre la escoba. Arriba la familia y abajo los servidores.

-Tú mierda es sagrada.

-Mi caca es sagrada.

Ambos orinaron alrededor de la hoguera. Con las últimas gotitas salpicaron las figuras.

-Eso es, madrecita, sólo unas gotas, tu rocío y el mío harán el encanto.

-¿Cuando será el día, Maestro?

-El sortilegio de la puerta y el sueño harán efecto en diez días, o sea, en diez días glorificaremos a Tezca, haremos que los españoles se meen de terror, saldremos en el periódico, pasaremos a la historia.

La vieja clavó con alfileres nueve mariposas negras cazadas a media noche junto a las nueve figuritas.

-Figura y mariposa viva, por cada miembro de la casa y …ahora, sangre.

Chorrillo buscó dentro de la bolsa del mandado y extrajo una gallina con las patas amarradas y unas tijeras.

-Puta madre, recuerda que tengo que encañonarte antes de encender la escoba y que debemos llegar al orgasmo juntos, en el momento en que empiecen a desfigurarse.

-Estoy encuerada, ¿o no?

-¿Y caliente y lista?

-Sí, chorreo.

El sirvió dos tazas de caldo de frijoles y dos vasos de ron curado con marihuana después de colocar la gallina y las tijeras a un lado de la hoguera.

-Salud.

-Salud.

Bebieron el contenido del vaso de un solo trago.

-Ahora la taza de frijoles, amada mía, poco a poco, soñando con navajas y puñales, coitos y borracheras, martirios.

-El coyote sale de su madriguera.

-El coyotito muerde.

-Desgarra el coyotito, mi amor. El tiempo de la taza de frijoles se repartió entre mordidas y caricias, piensa en las víctimas, amor, sorbo a sorbo, lamidas, entradas y salidas, suavecito, "detente, mi amor, pica, pellizca".

-El coyotito lame.

-El coyote arde.

Chorrilo descabezó a la gallinita con las tijeras y regó con sangre las figuras sudadas, sin perder el ritmo.

-¿Ya estás a punto, madrecita?

-Sí, angelito.

-Pendeja, dime nagual.

-Mi nagual, ya voy, voy, mi nagualito.

Cuando las figuras de cera comenzaron a contorsionarse al contacto con el fuego, Mascota y Chorrillo bufaron al unísono.

-Sangre y semen, amor.

-Sangre y semen.

MUÑECAS.

-El domingo, cuando Anilú se vaya a misa te llevaré al escondite y le robaremos un poco. Tendremos que entrar de puntitas para que mi papá no despierte, si es que el domingo está mi padre -le digo a Felisandro en la soledad del patio. María Candelaria ha dejado solo el charco.

-¿Y si despierta Bul? -pregunta el gato con cierto temor, absorbiendo el ambiente plomizo. No entiendo por qué teme a mi padre.

-Salimos corriendo, pero no despertará, los sábados se acuesta tarde.

-Y borracho.

-Eso no te importa, pendejo.

-Lo dije sin querer, perdona, Silvi.

-Si despierta, lo hará borracho, no tengas miedo.

-¿Miedo a qué? -pregunta Felisandro, haciendo una mueca que se hace parte de la enredadera.

-Mamá sabe que conozco su escondite, me descubrió, es la vez que la he visto más enojada, le temblaba la boca de rabia, se me vino encima a los golpes y luego se echó al suelo a llorar como loca, tenía ganas de matarme, pero yo desde antes ya sabía que ella fumaba mota y comía pan blanco -Mi voz suena a chisme. El chisme desea alcanzar a la tortuga.

-Quizá pensó que ibas a robarla y no solamente a fisgar.

-Posiblemente, por eso voy a darte un poco de su tesoro, le entrará diarrea.

-De aquí al domingo cambiará de lugar el escondite.

-No lo creo, me hizo prometerle que nunca revolvería otra vez en sus cosas. Sabe que siempre encontraré sus escondrijos.

-Entiendo, me usas para provocarla.

-¿Te importa?

-No, en realidad, el odio recaerá en tu contra.

-Al menos me odiará.

-Y de paso tú a mí.

-No veo la razón.

-Sin razón, me odiarás -La seguridad del gato hace eco en mi interior, soy un pozo, es verdad, la rabia de mi madre bañará a Felisandro.

-No te odio -digo en perfecta indiferencia.

-Ayer, a las doce de la noche, hice una prueba. Coloqué sobre el ojo derecho de una muñeca mi reloj de pulsera a manera de parche. En el silencio de la casa, lleno de la respiración de mis padres y de la sirvienta, Silvi, escuché con atención el tic tac. Un rayito de luz entraba a través de la cortina media abierta, suficiente para verle la cara a la muñeca. Escuché aguantando la respiración. El tic tac del reloj fue inundando el cuarto. Tic tac, tic tac y, de pronto, la muñeca estaba tan viva como un bomba. Espero la explosión, la muñeca no pestañea, yo necesito un estetoscopio para escuchar ese tic tac más vigorosamente. Le cerré los ojos, dormida no entiende que corre peligro, la despertaría para avisarle, ¿péro cómo? La muñeca no piensa, la muñeca palpita, está viva y, sin embargo, no siente, no sueña, no entiende, es nada, es la nada haciendo tic tac, tic tac, vacío insignificante con los ojos abiertos y con los ojos cerrados.

-La muñeca es sólo plástico, Felisandro.

-Plástico en forma de niña, haciendo tic tac, eso me desespera, eso me hace creer en la nada, tocar la nada, la absoluta intrascendencia. Dios podría ser un pedazo de plástico con forma de perro, un pedazo de madera en la cruz que no reacciona cuando hay peligro, que no reacciona cuando estallan bombas a su alrededor, que no hace nada por nadie ni por nada.

X

LAS INICIALES.

Bul llega borracho, ignorando las calles por las que ha deambulado, trozos, una vecindad aquí, edificios, tiendas, mugre, ¿compró cigarros?, sí, junto a la iglesita: rostro seco el de la mujer de luto, él lleva su propio negro, hay muertos dentro de su estuche, muertos en la pecera, oscuridad que archiva historias, ya llegó por quien llorabas, Ani, Bul aprieta ahora la cuarentaicinco que lleva en la cintura.

-¿Donde está la botella, Silvi? -pregunta al entrar al comedor-, tráemela, tengo que confesarte algo atroz.

-Ya bebiste de más.

-¿Y? Después de lo que hoy hice ya no voy a estar sobrio nunca.

-Voy a buscarla a la cocina.

-¿Te doy asco?

-No, ¿por qué?

-Tengo ganas de llorar, por los insectos, los roedores, las gallinas, todo me produce tristeza. Hoy vomité unos puntitos de sangre en la tina. No tengo a donde ir. Mi borrachera hizo…

-¿Me invitas una copa a mí, papá?

-Te la rete invito, hijo, ve, mientras lanzaré dos tiros al aire, agujeraré las paredes, suenan los tambores, la tierra comienza a agrietarse, soy uno con mi caballo, pudiste elegir a otro, Ani, si es que las personas podemos elegir, los que podían hablar de mi pasado están muertos, Silvi, ¿me estás oyendo?

-Te oigo, sí, sigue platicando, ahora voy, les estoy sirviendo el hielo.

-Ignoro cuando empezó la pesadilla, pero sé que en el lago infestado de monstruos me espera la bella durmiente, ja, ja, por fin, los tragos, bien, soy águila convertida en ratón, estoy loco, dividido en dos personas, Silvi, encerrado, hago cosas que yo mismo tacho de enfermas, la culpa de tu infelicidad y la de tu madre no es sólo mía, ¿entiendes?

-Sí, entiendo, lo sé, no te culpo, ni a mí mismo, yo hubiera querido ser mejor de lo que soy.

-Últimamente tengo sueños, una dama de blanco camina por largos pasillos húmedos, entre muros gruesos, le grito, ella camina descalza, se detiene a contemplar una cubeta seca, sedienta como mi garganta y dice: en el fondo debía haber un retrato de mi amado, ¿dónde quedó el sol?, el alcohol me da un poco de alegría, recuerdo, olvido y absoluta maldad, quisiera saber dónde me equivoqué, la dama de blanco trae el sol en las manos, querido, me dice, he puesto al sol mis besos para que te lleguen calentitos, gracias, contesto, voy a envolverlos en una franela y a meterlos en el horno, porque los besos también están viniendo de mala calidad, como los frijoles, ¿no te parece un escándalo lo cara que está la carne?, la dama de mi sueño llega hasta una gran puerta de madera, llama, toc, toc, adentro alguien dice: estoy en la tina, enseguida salgo, la señora que abre tiene los ojos morados, él me golpeó y ni se acuerda, él me chingó y ni se acuerda, es un borracho de mierda, hoy fue más lejos, más, se refiere a mí, hijo, lo soy, ganas de cortarme la pata, de meter el hocico en la estufa, lo que hoy hice ... la dama de blanco abre una caja negra con tarjetitas de colores, dice: a ver, pajarito, dígale la suerte al caballero cabrón, ya, ¿le aguarda una tina al final del pasillo?, ya, heredará la cría de mariposas sonrientes, ya, ahora que me muera, podrás sentarte en mi silla, Silvino, serás el amo de la casa, tendrás tu tina, caerá una gota de sangre en el agua, mira, no me explico cómo pude ahogar en la pecera los periquitos de Australia, Romeo y Julieta, se los llevé a ya sabes quién, mi maldad ahora lima una bala con las iniciales de los periquitos, "R y J", Romeo y Julieta, el príncipe encantado llevó a los novios a la tina, ilusión, Blanca Nieves, no llores, le dije, le dolió el estómago, dijo que iba a acusarme con la policía, tina, los estaba bañando y decidí matarlos porque tú ya no me quieres, voy a irme con Anilú y con mi hijo, pues vete, me dijo ella, ya sabes quién, pero deja la pistola, no llores, chiquitina, te compraré otros periquitos, ya no hay hospital para ellos, la dama se encerró en su cuarto, Silvi, fue a su cuarto como una sonámbula, yo tengo los pies grandes metidos en el cerebro, hijo, ya sabes, cada vez que muere alguien de nuestra familia tocan la puerta, pues hoy llamaron cuando arrojé a los periquitos a la basura, hoy tocaron, Silvi, con fuerza, me puse a temblar y a llorar, así de repente, los vi muertos sobre el firme del patio, supe que iba a morir y apreté la pistola, en la tina será, me dije, por eso las iniciales en la bala, ¿cuidarás de tu madre y de la otra?, gracias, Silvi, ahora voy a dormir y a soñar con la dama de blanco, no le digas a Ani que estoy.

Sueño suicida.
Arrastro a mi padre hasta el sillón, miro en sus ojos culpables a los periquillos de Australia, nadando. Me digo:
-Tal vez las iniciales de la bala no sean "R y J" sino "S", moriré en la tina, papá -Sueño suicida, Farina mi hermana fue una muñequita sucia, flaca, mocosa, comía naranjas y limones con sal, tartamuedeaba cuando sentía miedo, soy una huérfana, necesito cariños, la pistola, por piedad, que no despierte Bul, pinche borracho, como yo, acabaremos en el manicomio, carajo, está orinando, la pistola produce sensaciones de oquedad, mataré a Felisandro, Bul tuerce la boca, bestia con rabia, odio, maldad, asesinó a los periquitos, yo acabaré a María Candelaria, los frijoles mágicos de la olla han germinado en diversos lugares, el gigante es la locura, el ogro, los frijoles suponen pensamientos retorcidos, diablo, ladridos, rasguños, perdóname, señor -En el cuerpo de mi padre se pone la figura de la cruz -madera, palo, vacío en eterna marcha-, Bul siente que su cuerpo se astilla, perdón, maté a los periquitos, perdón, las heridas que produce la imagen -Dios, nada moviente- jamás cicatrizan, punzadas, quisiera gritar, penetrar por los resquicios

235

del madero lacerando su cuerpo, introducirse en sus propias llagas en coitos dolorosos, soy culpable, perdón, el viento delira también, arde, mi padre es voz, voces de arrepentimiento, cae en el vacío, es el eco que repite: ecooo, ecooo, ecooo, en el hoyo hay un ratón embarazado, peludo, su panza transparente deja entrever los rasgos de la criaturita, dientes puntiagudos de alfiler, Silvino, la vejez opera como pinzas de dentista.

En el Cancerbero, por fin enterraron en su camerino a la encueratriz y no hubo parto: la cabeza-calabaza seguía sobre los hombros de Felisandro, vaya, flores para el cadáver, aire, apesta, angustia, la bailarina había hecho más pequeño el antro, Cancerbero chihuahueño, comprimido, los músicos comenzaron a soplar en sus tubos y el show continua, toma el micrófono una cantante flaca en mallas azules, greñuda, patizamba y miope, un perro gordo golpea la pista con el casco de un refresco rítmicamente, hipopótamo.
-Por qué no nos vamos -pide Silvino.
-Ya pagamos la botella -responde Felisandro-. Si tu quieres largarte, ahí está la puerta, haznos el favor.
-Me voy.
-Vete.
-Nos vemos.
-Que llores a gusto.
-Pendejo.
-¿No te da miedo irte solito a casa, Silvi? "Hijo de puta" -digo sin cruzar las puertas anaranjadas del baño, no tengo ganas de mear, morder, patear, arrojarme al excusado, estoy endemoniado porque Felisandro y Salomón no han querido hacer mi voluntad, que se pudran, no voy a salir solo a que me asalten o asesinen, es colonia de maleantes, barrio de putas y padrotes, de rateros y drogadictos, de la boca del baño llegan los efluvios a mierda, revolotean delante de mi nariz, aguanto la respiración sabiendo que terminaré aspirando, me encuentro paralizado pensando en matar a Felisandro, otra vez, usaré un

cuchillo, una guillotina, recuerdo la guillotinita diseñada por el hermano perdedor en la obra de teatro del mismo nombre, caen cabezas de ratón, cabezas de pollo, cabezas de gusano y de paloma, caen, sangre, las puertas anaranjadas del baño se sonrojan, empiezan a creer, concretaré el homicidio.

Sin ganas, echo unas gotas en el excusado. Tengo que hacer tiempo, alargar, peso el dolor de las burlas, la lengua de Felisandro hiere como hoja de afeitar, te aguantas, aunque luego, el ojete gato se lo cuente a todos: regresaré con la cola entre las patas, preferible, un perro ensombrerado me dice:

-Paso, joven, se pone usted en medio de la puerta a rezar.

-Perdón, no estaba rezando.

-No pida perdón y hágase, amigo, estorba.

"Por menos que eso los matan" -digo en silencio, atendiendo los aullidos perforantes de la perra miope que, saltando, hace contrapuntos rítmicos con el güiro, los esperaré en el burdel -y camino decidido entre la muchedumbre apilada alrededor de la pista, maldito túnel de carne oloroso a orines y a la caja de los mismos, "que cierren las piernas", colección de perras putas desparramadas en las mesas, vendiendo compañía y envidiando con deseos de muerte a las estrellas del show, peste, ha subido de tono, ¿dónde está mi adorada encueratriz?, enterrada en su camerino por caerse al final del strip, pastillas y alcohol, telenovela, amor mío, monada, no te avergüences de tu chata, me alejaré de los miados, cantaré canciones de cuna como madre arrepentida, y Silvino se dice, camino a reunirse de nuevo con sus amigos, que ya no cantará en el coro de la iglesia ni servirá de acólito al tío Dominico, ahora trataría de ser campeón: box, béisbol, fútbol, cantante, tendré sirvientes, coches, casas, amantes, viajaré, avión privado, repartir mi fortuna inacabable pa taparle el hocico al tío Nico, quien entraba a mi cuarto cuando yo estaba dizque meditando y decía:

-Por la cara de bobo, sé en qué estás pensando -dimensión de las ilusiones, picando el fondo de la chistera a fin de que saltaran conejos y palomas, castillos desmedidos que harían más terrible el porrazo-. Cuéntame, por favor, Silvi, hazme partícipe de tus logros -y entonces, yo detallaba y recreaba la lista de éxitos: Copelia, El cascanueces, Las Sílfides en este y aquel teatro, ante un público babeante, bravo, divino Silvino, felicita a tu tío Nico.

-Menos mal que me incluyes, porque pienso que algún día te olvidarás de mí. Los grandes ignoran a los pequeños.

-Cómo crees, tío, me casaré con una princesa india, nos iremos lejos, pero ...

-Les daré mi bendición. Tu madre así dejará de rebuznar y comprenderá que tuve razón al traerte a vivir conmigo. ¿La pasas mal aquí?

-Me gustan los sueños.

-Y a mí. Juntos los haremos realidad.

-No sé.

-Sí sabes, llegaremos.

-La realidad me da miedo, el sueño ...

-Mientras más fuertemente sueñes tus sueños ...

-Los sueño a toda hora, tío, con fuerza, con deleite.

-Eso es, nunca te rindas. Silvinito, yo supe que eras especial desde que naciste, tengo ojo descubridor de artistas, verás que tu madre aceptará, por eso tenemos que apurarnos, todo puede ser si te empeñas.

-Hago lo que me pides.

-Piensa en lo que hablamos mientras haces tus ejercicios. Practica, practica.

-A veces sueño que ya soy rico y famoso.

-Está bien, pero no brinques, el tiempo es el tiempo, hoy nos toca estudiar, ejercicios, dieta.

Después, Dominico se volverá más duro:

-Burro, baboso, si no dominas esa maldita pata nunca podrás.

-Quisiera cortármela, rebanarla con el cuchillo del jamón.

-Haz un esfuerzo.

-Lo hago, ¿qué no se nota?

-Sí, claro.

-Soy un mediocre, dilo de una vez.

-No, te falta disciplina.

-¿Quién dijo?

-Yo dije.

-Disciplina y ritmo.

-Es verdad, disciplina y ritmo.

-Y oído musical.

-Algo hay de eso también.

-¿Por qué quisiste que fuera bailarín teniendo tantos problemas?

-¿Querías ser cura?

-No, otra cosa, actor, pintor.

-Probaste y no resultó, tus clases de pintura revelaron tu ceguera y como actor …

Humillado, temblando de ira y maldiciendo, Silvino se esconde debajo de la cama, cómo odiaba a Felisandro, lágrimas, su desgraciada facilidad, Dios es homosexual, le retorcería el pescuezo al gato para saludar a Satanás, infeliz de mí, malditos santos, pinche Dominico, me voy a convertir en diablo, odio a la virgen y a los buenos, empezando por mí, soy un buenón, un pendejón, nada.

Tío Nico dejaba galletas a un lado de la pata izquierda de la cama -triste, decepcionado-, que se las metiera por el fundillo, yo no quería galletas sino princesa, castillo, bailar, otro país, otro barrio y amigos, otro idioma, otras viejas mochas en la iglesia y otra pata, Diosito santo - decía, odiándome tanto que me tiraba tarascadas, donde alcanzaba, costados, patas, y mordía como al peor de mis enemigos.

Sacerdotes grises.

-Doc, **dice Anilú en el sanatorio**, no me diga que Dios hizo que fallaran las pastillas porque no se lo voy a creer, aunque sí, claro, el destino me llama la atención, aunque pienso, a veces, que yo ya he pasado en varias ocasiones por la misma canción diciéndome que he sido madre de Silvino con el mismito aburrimiento.

-Dios no, señora, El no tiene que ver en esto y, si he de ser franco, no creo en el eterno retorno.

-Eso digo yo, me digo que la falla fue suya, doc, me parece, le hablé por teléfono y respondió "no importa el olvido anticonceptivo, Ani, tómese las dos pastillas, la del olvido y la otra de un jalón ahora, no pasa nada, tranquila, las pastillas son seguras", y vea usted las danzas, el precio mata las ganas de nacimientos, y también de muertes y entierros y enfermedades, el embarazo forzoso asesina la vida, al contrario de lo que... En tiempos de mi abuela las personas eran más decentes, los doctores sabían poco y recetaban sanguijuelas y aceite de ricino.

-Le he cobrado lo mímino y la he atendido...

-Lo mínimo hubiera sido nada, un cinco para unas galletas de animalitos.

Luego de torear la contracción (duele como si entrara chocolate en muela picada) mi madre sonríe satisfecha al comprobar que la cosa es soportable y clava la vista en los tanques de oxigeno arrinconados del otro lado de la cortina, bellacos oxidados, han sido testigos de infinidad de nacimientos, sacerdotes grises, deprimentes, tétrica pareja, menos mal que Anilú es fuerte (indiferente), tendrá cosas (dolores) que contarle a Bul, espera que te espera acompañado de su botellita, ancla del marinero.

-Juro que quisiera fumar.

-No, no, ni lo mande Dios.

-Yo he sabido de otras que las dejan, quiero fumar pa calmarme, ¿dígame por qué no?

-Yo soy el doctor y digo ... es antihigiénico.

-Ah, vaya, pues préstame entonces una revista.

-Aquí no hay, pero, si quiere ...

-¿También son antihigiénicas?

-No es eso, no.

-Quiero fumar y leer una revista, y dígale a esos cabrones metiches que entran y salen, que se vayan al carajo, ¿oyó?, ¿oyeron? -Los gritos de mis animales no se oían cuando los ensayos en el hospital abandonado, ¿gritarían los bichos ejecutados en la guillotinita por el hermano perdedor? Caen cabezas de ratón, gusano, mariposas partidas, shh, no hagas ruido, dice Dominico, va a comenzar la función, yo dejo de desenvolver mi barra de chocolate La Vaquita que me compró mi tío en los puestos de la entrada, porque, en efecto, **Crispín y Crispitín, hermanos, estan ya en el centro de la escena. Juegan. Crispín está sentado en una silla de ruedas. Crispitín finge que le dispara con una pistola. Crispín muere de a mentiras y luego ríe.**

LA GUILLOTINITA.

CRISPITÍN: (Saca un alfiler de cabeza de la bolsa alta de su camisa y se lo muestra a su hermano y al público, acciona con él, pica el aire imposibilitado de quejarse "ay"): Siempre me fascinó pinchar pollos.

CRISPÍN: ¿Gallos no?

CRISPITÍN: No, porque te rajan la cara con los espolones.

SILVINO: La representación estará presente en cada vuelta de mi vida, cortes, Crispín y Crispitín rebanando cuellos buenos de cabezas impegables con la guillotinita, Dios convertido en ojo iracundo, echa fuego, le han salido dientes al ojo santo que más parece demoníaco, tal vez llegue a recordar la función de teatro en la barriga de Anilú, siendo un feto chupador, cortes suaves insonoros, Dios trata de mellar el filo de la guillotinita a dentelladas mínimas, recordaré, quizá venga la obra a mi memoria durante el entierro largo que precede siempre mi nacimiento: los hermanos pinchan gallos y Dominico y yo blasfemamos calladamente sentados, mientras en el féretro forrado de terciopelo cae del esqueleto mío el fruto de la carne podrido, estoy vivo y muerto en el Eterno Retorno, los gusanos me torturan igual que yo a las lagartijas en otra clase de espectáculo montado por el Gran Director edemoniado, ¿Dios se habrá cortado mientras se rasuraba?, porque está furioso, muerde el filo de la guillotinita cual roedor agudo. Allá abajo, tierra de mi sepulcro, el único que visita, brevemente y guillotinita en mano, es el diablo pata de gallo. Imitando doctor carnicero dice el demonio: Tendrás que permanecer en reposo otro rato antes de volver a nacer, hasta que el esqueleto se haga polvo, Silvino, la enfermedad no quiere acabar de limpiarse, pero puedo ayudar si me dejas rasurarte el esqueleto (¿la carne es enfermedad o pecado?). ¿Deseas una almohada para tu calavera suelta? ¿Quieres confesión? Podría mandar llamar a un ángel de Cristo, si te apetece vomitar tus pecados ahora que la cabeza todavía está pegada al tronco. Me apetece salir del campo santo y subir a la azotea a pinchar pollos. Si blasfemas contra la virgen de Guadalupe te doy licencia para usar la guillotinita, responde Belcebú sonriente, te convertirás en gallo inmortal que cacarea en el Cancerbero si guillotinas a Felisandro, a Dominico, a tu madre. Quiero pinchar pollos, pollos, aléjate, Satanás.

DIABLO: ¿Gallos no?

SILVINO: No, porque te rajan el alma con los espolones.

DOMINICO: **Los hermanos ríen como si hubieran hecho un chiste maravilloso. Crispín y Crispitín imitan el aleteo y el canto del gallo.** *Yo no soy un gallo, pero bajo mi sotana quieren nacer plumas. Me digo: báñate más seguido, Dominico. Suciedad externa corresponde con las plumas internas, entonces, insisto, no soy un gallo, pero en ocasiones me siento como tal. Anilú, mi hermana, es la gallina. ¿He blasfemado sin darme cuenta contra la reina del cielo? Si fuese así, pronto podré usar la guillotinita para rebanar costillas y filete.*

SILVINO: Esposa del galloDiablo, diabla, mi madre blasfemó contra Guadalupe, la he visto hacer delicados bisteces sangrantes.

DOMINICO: Anilú ignora lo que es un hijo, pero no se atrevería a blasfemar como yo tampoco.

SILVINO: Al contrario, tan sabe los que es "hijo" que me pincha con las agujas de tejer. Imaginariamente me pincha. Muerto descubriré las cicatrices en el alma, propiedad del gallo sin plumas.

DOMINIOCO: Yo digo que nos pincha y nos corta a los dos por separarnos.

SILVINO: Pinche madre, cae sobre mí, su filo brilla como ojos de verdugo.

CRISPITÍN: Un amigo y yo, Trompo, ¿te acuerdas?, subíamos todos los días a la azotea y picábamos a las gallinas con un tenedor.

SILVINO: Yo he pensado en picar al tío Nico, picar a mi madre y acabar con Felisandro metiéndo en su garganta un trinche largo. Disfrazarse en la noche con plumas y salir volando torpemente a repartir miedos baratos. He pensado que el pinchamiento es pacto.

DOMINICO: Sin sotana soy vulnerable, puedo ser picado impunemente. La sotana negra me hace humano. Sobre la sotana están prendidas multitud de oraciones defensoras. Cuando muera, la sotana me otorgará el don de planear sobre el viento de Dios e hincharme delante de la virgen de Guadalupe.

CRISPÍN: (Escupe y talla el salivazo con la pata) Esto por Dios y su iglesia. Soy jorobado, Dios y su iglesia han tratado dolorosamente de enderezarme. Mamá acarició mi jorobita y le cantó canciones de cuna mientras yo fui infante, luego comenzó con la fobia y a cantar la guácara. La joroba no se me nota más que cuando pincho pollos en la azotea, pero de bebé no los pinchaba, ¿o sí?

SILVINO: He escupido en el cuarto de Dominico, sobre el tapetito rojo y en su sopa. Gargajos verdes y rojos, peleadores. Felisandro sabe escupir por entre los dientes, chiflar, su voz es grave. Felisandro sólo es un gato despellejable.

DOMINICO: Me pondré la piel del gato a ver si algo de su genio se me pega. El gato pinta, de modo que pintaré mi sacerdocio de blanco, pintaré a Silvino con los colores más brillantes, saldrá a la calle a lucirse con mi marca artística, hecho por Dominico, de modo que el verdadero genio es Dominico, porque en verdad os digo que el mocoso es pendejo y antipático, el cura se lo sacó de la manga.

CRISPITÍN: (Escupe poniendo cara de voy al baño) Usábamos el tenedor porque no habíamos descubierto el alfiler.

CRISPÍN: El alfiler traspasa las plumas, hiere los sentimientos más finos.

SILVINO: Profundidad. Podría picar la cabeza de Felisandro y la del tío Nico y llevarlas, juntas, al mercado de San Juan, donde las ofrecen para hacer sopa de pescado volador. Las cabezas sin plumas hacen buen guiso aguado, la persona que come, absorbe, cucharada tras cucharada, la bravura del matador y las blasfemias contra la virgen de Guadalupe.

CRISPÍN: (Escupe) Tampoco me hace gracia. Ni el tenedor ni el alfiler.

CRISPITÍN: Era muy divertido

DOMINICO: Ríen estúpidamente, je, je... Mi sotana es una olla y yo los frijoles, me cuezo al calor del arte, sudo, apesto, mojo mis plumas interiores. Jamás he blasfemado contra la virgen de Guadalupe porque eso es imperdonable.

SILVINO: Quien blasfema contra la virgen permanece como nosotros atado al Eterno Retorno.

DOMINICO: Pero la virgen perdona, ¿Dios no? El Eterno Retorno es la blasfemia.

CRISPÍN: Lo que sí era bonito ...

CRISPITÍN: La guillotinita ...

CRISPÍN: ... que le pediste a los Santos Reyes.

CRISPITÍN: No me acuerdes de eso.

CRISPÍN: Por qué, te gustaba mucho.

CRISPITÍN: Sí, pero ya sabes lo que pasó.

CRISPÍN: ¿Lo de mamá? Ja, ja ...

SILVINO: Guillotinazo sobre el cuello de mamá por mantenerse distante, diría Robespierre. Guillotinazo sobre Felisandro por ojete, diría Robespierre. La cabeza de mamá irá a la vitrina de la sala como acompañante. Cargaré la cabeza guillotinada de Felisandro como un revolucionario. Salvé otra vez al mundo de su pedantería. El gato se parecía a Robespierre tanto como Crispín y Crispitín, la patria necesita cabezas que pensaron, cabezas que marchan militarmente hacia el cementerio parlanchin, pues dicen que los muertos son chismosos y entrometidos pero muy pacíficos. Mi padre ira a la tina del suicidio y se convertirá en Marat. Yo iré también a la tina y dispararé sobre mi sien la bala limada. El forense leerá mis iniciales. "S" de Silvino. Así estaba escrito en el Eterno Retorno por blasfemia contra la virgen de Guadalupe. Ni modo. Te pasas de listo y el emplumado te coge.

DOMINICO: En la tina calentita puedo pelar mis plumas interiores.

SILVINO: El suicidio no es pelable.

DOMINICO: Dios ha pelado el mundo a su imagen y semejanza.

SILVINO: Estamos en algún pasillo del Cancerbero con el gallo y no en el mundo ni con Dios.

CRISPITÍN: No te rías.

CRISPÍN: Eres más estúpido que yo.

CRISPITÍN: No digas eso, me duele.

CRISPÍN: Acomplejado, burro, zonzo.

SILVINO: Pendejo completo como yo.

DOMINICO: ¿Qué pendejez recóndita me hizo creer que haría artista a este animal? Guillotínenlo por mediocre, diría Robespierre, dios de la revolución francesa.

CRISPITÍN: Acomplejado no, mentira, me he medido y soy más alto que un enano.

DOMINICO: Crispitín lagrimea como cría, bebé emplumado, el pollo perfecto para picotear.

CRISPÍN: Déjame encender un cigarro para oirte mejor. Me encanta cómo platicas, tus ideas.

CRISPITÍN: (Después de sonarse) Voy a platicarte, pero no me interrumpas.

SILVINO: (Murmurando): Idiota.

CRISPÍN: No.

CRISPITÍN: Bueno.

CRISPÍN: (Al público) Ustedes también pueden encender sus cigarros ahorita. Si lo interrumpen a la mitad del relato es capaz de matarlos.

CRISPITÍN: No te burles.

CRISPÍN: No me burlo.

CRISPITÍN: Entonces empiezo.

CRISPÍN: Sí, sí.

CRISPITÍN: Lo que voy a contar pasó hace mucho. Crispín y yo éramos adolescentes.

CRISPÍN: Mentira, todavía éramos crías pequeñitas a punto de uso de razón.

CRISPITÍN: Está bien. Se me ocurrió a mí.

CRISPÍN: A ti, sí, la idea creció en tu cabeza y la cortaste para entretener a tu hermano. Yo llevé la idea tuya cortada a la nariz y olí su frescura, hmmmm, aspiré su absoluta originalidad.

CRISPITÍN: Era la primera vez que papá nos llevaba al cine y vimos esa película de pielrojas en que quemaban a una muchacha.

CRISPÍN: No, trataban de quemarla. Acuérdate del güerito que la salvaba y le hacía el amor.

CRISPITÍN: La salvaba, pero no le hacía el amor.

CRISPÍN: Sí, ellos se daban un beso al pie de un árbol y luego todo se iba oscureciendo poco a poco hasta que volvian a verse cabalgando en un llano. ¿Qué crees que estuvieron haciendo en todo ese tiempo, platicando?

CRISPITÍN: Idiota.

CRISPÍN: El idiota eres tú.

CRISPÍN: Tú, idiota tú.

SILVINO: Silvino es idiota, lo dicen los libros que leo, lo dice mi tío y mi pata trasera. Pelo mi idiotez.

DOMINICO: Devolveré al idiota pelado a su casa.

248

CRISPÍN: Sí, soy idiota, pero me envidias: pude hacer lo que tú tanto has deseado: matar.

SILVINO: Me atreveré a matar.

CRISPÍN: Tu única época feliz fue cuando tuviste la guillotinita que te trajeron los Santos Reyes.

CRISPITÍN: No me lo recuerdes porque me pudro en nostalgia, llegué a creer que tenía corazón.

CRISPÍN: Si no te lo recuerdo te mueres. Pero continuemos con el cuento. Estábamos jugando a los indios. Tú me quitaste mi lagartija y la amarraste a un lápiz, te brillaban los ojos, te sentías realizado, transportado. La lagartijita se movía en el lápiz como un perrito y nos quedamos oyendo y no oyendo su llanto de cría, sintiendo y no su miedo y coraje, porque convenimos que como todos los seres mortales, las lagartijas se encanijan y odian y sufren como cualquier hijo de perra.

CRISPITÍN: Sí, sí, sí. Luego la colocamos en el centro del cuarto y comenzamos a bailar alrededor.

DOMINICO: Crispitín baila alrededor de la silla de ruedas de su hermano, tapando y destapándose el hocico al modo de los piel Rojas.

SILVINO: Indios putos.

CRISPÍN: Pusiste un montón de palillos que rociaste con alcohol, querías secarle la vida a mi lagartijita viva. Ah, que este momento dure siempre -dijiste, conmocionado por el disfrute.

CRISPITÍN: Le prendí fuego.

CRISPÍN: No tardó la lagartija en hacerse chicharrón, ja, ja.

SILVINO: Lagartija crucificada. Hija de Dios. Perfecta para ser escupida por idiota.

DOMINICO: Me estoy transformado en gallo con cabeza de hombre.

CRISPITÍN: De qué te ríes.

CRISPÍN: Recuerdo la peste y la cara que puso papá cuando le llevaste el diseño de la guillotinita. "Esto es lo que quiero me traigan los Santos Reyes, papá".

CRISPITÍN: Primero se asustó de mi precocidad. Luego él mismo le hizo algunos cambios. Estaba orgulloso de mí. Este es mi Robespierre.

CRISPÍN: Papá mejoró la guillotinita.

CRISPITÍN: Sí, era maravillosa, digna de una revolución familiar.

CRISPÍN: Cupo la cabeza ...

CRISPITÍN: ...Mamá se empeñó en meterla.

CRISPÍN: Papá le dijo que no era para ella.

CRISPITÍN: Pues mamá la metió.

CRISPÍN: Necia, no la diseñamos para tu cabeza.

CRISPITÍN: Pues mi cabeza la quiere.

CRISPÍN: Carajo, no eres pato ni lagartija.

CRISPITÍN: Lo soy, claro que lo soy -lloró mama con endiablamiento.

DOMINICO: Ambos hermanos suspiran añorantemente, cosa que no hacen los pollos. Siento la sotana como un edredón.

SILVINO: La muerte del ratón no amerita entierro. Felisandro animal. El ratón tiene vida. Felisandro alma. La crucifixión de la lagartija puede considerarse delito. Quizá resucite de entre los muertos.

CRISPÍN: Qué chistoso.

CRISPITÍN: ¿Qué?

CRISPÍN: Hasta ahorita caigo en la cuenta de que te pareces mucho a papá. En cambio yo me parezco a mamá.

CRISPITÍN: (Enojado) Mentiroso, soy muy distinto.

CRISPÍN: No te enojes. Mejor acuérdate cómo guillotinabas lagartijas y ratones. Nunca te atreviste a matar un pollo.

CRIPITIN: Tú qué sabes, no estabas todo el tiempo conmigo. Yo tenía tiempo para mí solito, fuera de tu presencia, fuera de tu vigilancia, tiempo para ir creciendo.

CRISPÍN: Yo no estaba todo el tiempo contigo, por supuesto, tampoco ahora lo estoy, pero tú me lo confesaste un día que estabas borracho. Los pollos son más grandes que los ratones - dijiste. Esa gordura los acerca a los perros y a los gatos.

DOMINICO: Esa gordura cubre mi sexo cuando orino.

SILVINO: Esa gordura matable.

CRISPITÍN: Si no lo crees … (Petulante) Un día estuve a punto de guillotinar un gato.

CRISPÍN: A punto, pero no lo hiciste.

DOMINICO: Esa gordura grasosa.

CRISPITÍN: (Disculpándose) El gato le gustaba a mamá.

CRISPÍN: Pero no a papá. En fin, por lo que sea, el caso es que no pudiste, como papá tampoco pudo matar a mamá en la guillotinita. Ni siquiera quiso rebanarle una pata, ni siquiera la cola o una oreja.

CRISPITÍN: Yo le rogué que no hiciera caso a los ruegos de mamá. Me hinqué y él …

CRISPÍN: Fracasado cobarde.

SILVINO: Como yo.

CRISPÍN: Muchos gritos y amenazas: "un día me voy a llevar a su madre a la tumba", habladas. Lo hubiera admirado si alguna tarde o noche: Hijitos, ya no esperen a mama, ha dejado de sufrir, el garrotazo que le di le impedirá oír el tic tac de los relojes.

SILVINO: Tic tac en el interior de las muñecas.

DOMINICO: Plumas de plástico.

CRISPITÍN: (Herido) Mejor hablemos de otra cosa.

CRISPÍN: Como quieras. ¿De los indios?

CRISPITÍN: Bueno.

SILVINO: Tío Nico se remueve en su asiento. Sacerdote, representante de Dios, su dedo índice prohibe el crimen, lo señalaría.

DOMINICO: Quiquiriquí. Quiquiriquí.

CRISPÍN: A mí nunca me gustó cómo tratabas a las lagartijas.

CRISPITÍN: Por qué.

CRISPÍN: Te ensañabas.

CRISPITÍN: Pero bien que jugabas.

CRISPÍN: Por darte gusto, yo compadezco a los animales irracionales.

CRISPITÍN: No me digas que mataste por darme gusto.

CRISPÍN: Es distinto.

CRISPITÍN: Si realmente me quisieras hubieras dejado que yo participara en la muerte grande, yo te invitaba cuando usaba la guillotinita.

CRISPÍN: Aquella vez estabas muy lejos, no había nadie más que el odio de él y el mío.

CRISPITÍN: Podías haberlo aplazado. Las reacciones inmediatas son animales.

CRISPÍN: Fue repentino. El quiso abusar de mí, gritaba, mandaba, quería que yo viviera a su servicio, que yo hiciera lo que se le diera la gana pese a mi desagrado. Me agarró de malas y me negué a ir por la botella de trago. Me dijo: "Si no vas... bájate los pantalones porque voy a nalguearte hasta cansarme". ¿Con qué derecho?

CRISPITÍN: Lo hubieras dejado.

CRISPÍN: No entiendo.

CRISPITÍN: Entre los dos habríamos tramado la venganza, algo peor que lo que hiciste.

CRISPÍN: No había venganza, me irritó y lo golpee. Los abusos racionales me sacan lo animal.

CRISPITÍN: Eres idiota.

CRISPÍN: Puede ser.

CRISPITÍN: Cuénta bien como ocurrió.

CRISPÍN: Lo maté con el pisapapeles.

CRISPITÍN: Simplemente una reacción y pas.

CRISPÍN: Sí, pas, odio las contrariedades.

CRISPITÍN: Mientes.

CRISPÍN: No, él fue por la vara de mimbre para darme en las nalgas, ya ves que la guardaba en el ropero, y yo cogí el pisapapeles y lo aguarde de espaldas contra el muro. Al entrar, pácatelas. No le di tiempo ni de suspirar. Fue una muerte limpia, benigna.

CRISPITÍN: (Descompuesto) Mentira, cuando menos lo tramaste una semana.

CRISPÍN: Fue en el momento. ¿Qué haces con un mosquito molesto que jode y rejode? Levantas las patas y plac, lo mismo alacrán que gato.

CRISPITÍN: (A punto de llorar): Más difícil, una semana de pensarlo sin dormir, obsesiones.

CRISPÍN: Fue facil. El me iba a agredir y yo le hundí el pisapapel en la cabeza. Se quedó tendido en el suelo después de exhalar su último suspiro. Aguanté la lata de enterrarlo porque ya no iba a molestar. Odio sentirme pegajoso de sudor, ensuciarme las patas, ni de cría jugaba en la tierra. Hablemos de otra cosa. A ver, no seas tonto, lo que pasa es que tú no has tenido chance. Vamos, tú eres un artista, ¿o no?

CRISPITÍN: ¿Qué quieres decir con eso?

CRISPÍN: Que tú lo hubiera hecho cien veces mejor. Yo soy bruto, me falta refinamiento, tu estilo.

CRISPITÍN: Soy más inteligente, es cierto.

CRISPÍN: (Cariñoso) Lo sé, lo sé.

CRISPITÍN: Toda mi vida he soñado algo extraordinario que sangre en los periódicos.

CRISPÍN: Por eso diseñaste la guillotinita.

CRISPITÍN: Tú no hubieras sido capaz de ello.

CRISPÍN: Qué va, en todo me superas, te recordarán como a Jack el destripador.

CRISPITÍN: Un día voy a lograrlo.

SILVINO: Yo también, sobre la moral del tío Nico.

DOMINICO: Quiquiriquí.

CRISPÍN: Si quisieras de veras sería sencillo.

CRISPINTIN: ¿Cómo?

CRISPÍN: Puedes matarme a mí.

CRISPITÍN: ¿A ti? Estás jugando.

CRISPÍN: En serio. Realiza tu obra maestra en casa, con todas las comodidades y con mi aprobación, es decir, con la anuencia de la propia víctima, ¿no te parece original?

CRISPITÍN: Necesito tiempo, tiempo.

CRISPÍN: (Guiñándole el ojo al público) ¿Tiempo para qué?

CRISPITÍN: Pues para idear un modo perfecto que asombre por su mecánica y su estratagema.

CRISPÍN: Papá dejó una pistola. Usala.

CRISPITÍN: No, no.

CRISPÍN: Qué tal un tubo, me das el riatazo en el coco y ...

CRISPÍN: No, me hace falta una semana para meditarlo.

CRISPÍN: Bien, concedida, ¿estás contento?

CRISPITÍN: (Agradecido) Sí, gracias.

SILVINO: **Oscuro. Dominico tose. Mosquito molesto, zumba, habrá que arrojarlo al excusado.**

DOMINICO: **Luces. Quiquiriquí.**

CRISPÍN: (Guiñándole un ojo al público) ¿Ya lo pensaste?

CRISPITÍN: Sí, pero ...tiene que dar mejores resultados que cuando te aventé por las escaleras. Si entonces hubieras muerto yo no estaría ahora insatisfecho.

CRISPÍN: No me aventaste con la fuerza suficiente. (APARTE): En realidad quería suicidarme.

CRISPITÍN: Tuve miedo, es natural, eres mi hermano.

CRISPÍN: Tanto que yo mismo tuve que impulsarme hacia el fondo la escalera.

CRISPITÍN: (Azorado) ¿Qué?

CRISPÍN: Nada (Aparte): Y no crean que me quebré la espina. Me castigo con la silla de ruedas, es una manera de superarse. (A su hermano) ¿Por qué chillas?

CRISPITÍN: (Llorando) Dijiste que tú mismo te habías lanzado escaleras abajo.

CRISPÍN: Tonterías (Aparte) ¿No han tenido ganas de enfermarse para tener justificación de no hacer nada? Unos huyen del trabajo fingiéndose locos, otros suprimiendo a sus padres o abuelos.

CRISPITÍN: Me engañaste.

CRISPÍN: Pero esta vez, júrolo, no lo haré. (Aparte) Observen. (A Crispitín) ¿Has pensado algo?

CRISPITÍN: (Enojado) No, carajo.

CRISPÍN: Anteayer dijiste que estabas diseñando otra guillotinita.

CRISPITÍN: Todavía no termino.

CRISPÍN: (Aparte) Ni la ha empezado. (A Crispitín) ¿Tardarás mucho?

CRISPITÍN: Un par de días.

CRISPÍN: Entonces despreocúpate.

CRISPITÍN: (Abismado) No me preocupo.

CRISPÍN: ¿Platicamos de los indios? (Señalando al público) A los señores va a encantarles.

CRISPITÍN: (Mohíno) No tengo ganas.

CRISPÍN: Ándale, te ayudo. Muchos cueros cabelludos y ...
No has comido casi nada. Te la pasas pensando.

CRISPITÍN: No quiero comer, no quiero, y qué.

CRISPÍN: Si suponemos que ya he muerto, ¿tendrías hambre?

CRISPITÍN: A lo mejor.

XI

DOMINICO: **Continua la función. Luz para ver el asesinato de Silvino.**

SILVINO: ¿Mataré?

DOMINICO: Matarás. Tu conciencia guarda algo que patea.

SILVINO: Recuerda quizá que asesiné en la vuelta pasada.

DOMINICO: Crimen nuevecito como zapatos recién boleados.

SILVINO: Crimen dominical.

DOMINICO: Huele a misa.

SILVINO: Huele a estreno. Siento que me llevarás al cine.

DOMINICO: Quisiera llevarte a la cárcel.

SILVINO: Pero por matar tu sueño.

DOMINICO: Mis zapatos son negros como mis sueños negros.

SILVINO: Están recién boleados mis zapatos pero rechinan, huelen a viejo.

DOMINICO: Para mí son nuevos.

SILVINO: Claro que no.

DOMINICO: Es la primera vez que te veo amarrarte los zapatos manchados de sangre.

SILVINO: Crimen sin mancha. Manchón colorado, sale a luchar en el palenque colorado, levanta espolones colorados, el manchón fue educado por el gallero, la escuela del gallero es colorada como el manchón oculto bajo las escaleras.

DOMINICO: Quiquiriquí.

SILVINO: Aquí se ha realizado un pacto. Reflexionemos.

CRISPITÍN: Puedo pensar el crimen.

CRISPÍN: Entonces piénsalo. (Aparte) De tal palo... Mi papá se la pasó días y años hablando del crimen de mamá. Ella sólo quería que Robespierre la ajusticiara. Aprovecha mami que hay guillotinita en casa y entra su cabeza en el aparato. ¿Listos? Falta el dedo de papá. Se ha ido el dedo muerto de la risa.

DOMINICO: Chorrillo cagó el nacimiento de mi sobrino Silvino. Mamá culpa. ¿Qué pensó Silvino?

SILVINO: Sangran animales racionales e irracionales a la hora del guillotinazo francés. Yo pude haber comprado esa guillotinita donde cabe la cabeza de madre para usarla en el comedor. Grito: Mamá, baja por favor, te traje una sorpresa que te hará volar la cabeza. Ani se apresura pues sufre abstinencia de pan y mota y el asesino asesta el golpe. ¿Verdugo? Pom. La hoja rebana la cabeza de mamá y también - bendito Dios- la del pinche cura. Terminaron sus egoísmos. Perfección. Descabezamiento doble en el Eterno Retorno. Manchan los animales muertos violentamente las alfombras. Manchan la ropa y las manos del criminal que cacha las cabezas despeinadas. ¿Qué dirá Dominico cuando me vea embarrado de su sangre? Al fin te salió lo Chorrillo, dirá. ¿Qué dirá la muerta al contemplarse en el suelo chorreado?

Perdí la cabeza, Bul de mi alma, estoy hecha una mancha. ¿Y qué más dirán los descabezados? Dirán: Vinimos a dar del lado del diablo como lo predijo el cara de chivo, menos mal, en el paraíso no hay mota qué fumar ni se forman bailarines geniales. Estamos en el infierno, demasiados espejos reflejan nuestra multiplicidad. Somos los muertos invitados a la fiesta, qué duda cabe, pollos sin sangre, nos pudriremos con cierta originalidad ya vista millones de veces. Si tenemos suerte conoceremos en el Cancerbero al bisabuelo Pancho Cardencio, El nos orientará en el camino de venganza contra el cabrón de Silvino, nuestro verdugo, en la próxima vuelta.

DOMINICO: Quiquiriquí.

SILVINO: Perfección. Dos cabezas boleadas.

DOMINICO: Dos cabezas en la punta de tus zapatillas rojas.

SILVINO: Estoy listo para bailar.

DOMINICO: Piensa en el crimen.

SILVINO: Pienso en las zapatillas rojas.

DOMINICO: Yo pienso en Dios.

SILVINO: Bailaré de puntitas sobre tu cabeza y la de mamá.

DOMINICO: Pienso en Dios.

SILVINO: Dios boleando almas en el paraíso.

DOMINICO: Boleando ideas.

SILVINO: Ángeles y arcángeles usan las zapatillas recién boleadas.

DOMINICO: Que buen bolero es Dios.

SILVINO: Piensa en zapatillas brillantes.

CRISPITÍN: (Desesperado) No puedo pensar, estoy tapado.

CRISPÍN: Haz un esfuerzo.

CRISPITÍN: Es inútil.

CRISPÍN: Come. Si no te alimentas ...

CRISPITÍN: Estoy deprimido, los crímenes iguales me enferman.

CRISPÍN: Y si me mataras de hambre.

CRISPITÍN: ¿De hambre?

CRISPÍN: Claro. Pongámoslo en práctica inmediatamente. (Aparte) No se preocupen, tengo una pequeña alacena en mi cuarto. (A Crispitín) Niégame la cena.

CRISPITÍN: ¿Cuánto durarías?

CRISPÍN: Si me quitas el agua casi nada, pero qué importa, mientras más dure mi agonía más disfrute, ¿o no?

CRISPITÍN: Te pondrías agresivo.

CRISPÍN: Enciérrame.

CRISPITÍN: Tendré que cambiar la cerradura de tu cuarto, es muy débil.

CRISPÍN: Magnífica idea.

CRISPITÍN: Iré en la tarde por el cerrajero.

CRISPÍN: Bueno, no corre tanta prisa.

CRISPITÍN: (Iluminado) Te irás muriendo poco a poco. Yo me quedaré junto a la puerta.

CRISPÍN: (Con emoción exagerada) Sí, si.

CRISPITÍN: Me quedaré ahí para torturarte.

CRISPÍN: Puedes usar la recetas de cocina de mamá que tanto me gustan, fíjate: albóndigas en chipotle, asado de puerco a la naranja, pulpos en su tinta con vino tinto … uh, y yo agonizando de hambre y de sed, qué cuadro, digno del Bosco.

CRISPITÍN: Te las leeré lentamente mientras me harto de comer.

CRISPÍN: Haz ruido de agua, me sentiré en el desierto, sufriré alucinaciones.

CRISPITÍN: Sufres mucho, me pedirás auxilio.

DOMINICO: Auxilio, quiquiriquí.

CRISPÍN: Auxilio, hermanito, un vaso de agua, veo visiones, la calaca, un traguito.

CRISPITÍN: No, mejor no me pidas auxilio, puedo compadecerme, te quiero.

CRISPÍN: De acuerdo, lengua mordida.

SILVINO: Silencio.

DOMINICO: Silencio.

SILVINO: Aletea el silencio.

DOMINICO: Pollo silencio.

SILVINO: Silencio picado.

DOMINICO: Silencio crucificado.

SILVINO: Brilla el silencio como zapatos recién boleados.

DOMINICO: Me pongo el silencio y salgo a la calle.

SILVINO: Vamos de puntitas a matar.

CRISPITÍN: Me pondré a bailar como piel roja y arrojaré periódicos encendidos por debajo de la puerta.

CRISPÍN: Si deseas ahogarme, pídeme que no abra las ventanas.

CRISPITÍN: (Incrédulo) ¿Y lo harías?

CRISPÍN: Por ti lo haré. Te quiero.

DOMINICO: Plumas negras. El crimen propuesto no acaba de convencer. La participación activa de la víctima produce confusión. Ya dije: me han crecido plumas bajo la sotana.

CRISPÍN: Qué te pasa.

CRISPITÍN: Pensaba en qué haré cuando hayas muerto.

DOMINICO: Aletear.

CRISPÍN: Es lo de menos.

SILVINO: Comer maíz.

DOMINICO: Bailar.

SILVINO: Cómprame otras zapatillas.

CRISPITÍN: ¿Y si no mueres en una semana?

CRISPÍN: Moriré en nueve o diez días.

CRISPITÍN: (No muy convencido) Eso sí.

CRISPÍN: Entonces, ¿trato hecho?

CRISPITÍN: (Serio) Trato hecho.

CRISPÍN: Pues vamos a festejarlo.

CRISPITÍN: (Otra vez con dudas) Sabes, hay algo que no me agrada.

CRISPÍN: ¿Qué es?

CRISPITÍN: Sólo falta que tú mismo te asesines.

CRISPÍN: Cuenta el resultado.

CRISPITÍN: Sí, pero …

CRISPÍN: Trae la botella de ron, vamos a brindar.

CRISPITÍN: Bueno.

DOMINICO: **Apagón. Crispín grita "ábreme" con fingida angustia. Cerradas o abiertas, las puertas dan al gallinero ensilenciado, gorgojiento. El gallo quiere coger. No hay gallinas sino castidad católica.**

SILVINO: Felisandro se cuece en el horno.

DOMINICO:
Luz. Crispitín se queja, empujando la silla de ruedas de su hermano. Parálisis.

CRISPITÍN: Me lastimaste, bruto.

CRISPÍN: Para qué me abres. Estaba dispuesto a morir.

CRISPITÍN: Gritaste.

CRISPÍN: ¿Y qué? No sirves para nada.

CRISPITÍN: Hoy subí a la azotea y estuve pinchando a la gallina.

CRISPÍN: No tiene ningún chiste. Ahorita podrías estarme velando.

SILVINO: Anilú pinchada. Velará mi suicidio. Soy el criminal. No se culpe a nadie de mi muerte.

CRISPITÍN: ¿No te importa que pinche al canario y a los periquitos de Australia?

CRISPÍN: (Haciéndole el juego) ¿Y gallos no vas a pinchar?

CRISPITÍN: No, porque te rajan la cara con los espolones.

CRISPÍN: Quizá algún día ... no pierdas las esperanzas.

CRISPITÍN: Es muy triste pasarse la vida pinchando pollos.

CRISPÍN: No te amargues, es cuestión de tiempo.

CRISPITÍN: No sirvo para nada. Junto a lo que leíste en el periódico ...

CRISPÍN: Ah, ¿lo del bombazo?

CRISPITÍN: Sí.

CRISPÍN: No puedes aspirar a tanto.

CRISPITÍN: Estoy deprimido. Ahora me parece ridículo asesinarte a ti.

CRISPÍN: No hagas caso del número, piensa en calidad. Ayuda mucho el que yo sea tullido.

SILVINO: Helado el hueso de mi pata trasera izquierda. Hueso estúpido. Flexibilidad sin tuétano. Inteligencia calcificada. Quiquiriquí.

CRISPITÍN: (Llorando) Un tullido.

CRISPÍN: Mejor que nada. Claro, hubiera sido genial que, por ejemplo, te hubiesen asignado la tarea de lanzar la bomba atómica en Hiroshima o Nagasaki, pero ... no fue así, tendrás que conformarte conmigo, un tullido, inválido don nadie. Es cuestión de cómo lo planees. Acuérdate lo que dice De Quincey sobre el asesinato del rey de Suecia, lo consideraba de una rara perfección, porque fue asesinado al medio día y en el campo de batalla.

CRISPITÍN: No se me ocurre nada excepcional.

CRISPÍN: Pues hazlo sencillamente, mira, lección de humildad: tomas una varilla y me la hundes en el cráneo. Lo primero es que me mates, ya después pensarás en algo sensacional, adecuado a tu soberbia.

CRISPITÍN: Tal como estoy, te pudrirías primero. No se me prende el foco, estoy seco como pan.

CRISPÍN: Amárrame, me metes en un saco, me cuelgas en el patio, consigues un carnero y comienzas a moverme para provocarlo.

CRISPITÍN: Eso fue lo que leíste en el libro "El Club de los parricidas", de Bierce.

CRISPÍN: Ya lo sé. Pero eso qué tiene. Es horrible de cualquier manera, ¿o no? Cada topetazo gritaré "soy tullido, ¿te agrada?

CRISPITÍN: Horrible, pero no original, yo necesito que tenga mi sello.

CRISPÍN: Entonces lánzate a la calle y matas al primero que encuentres.

CRISPITÍN: No estamos en Londres. Y eso es lo que me contaste de los señores Purke y Hare, asesinos.

CRISPÍN: De plano eres un completo retrasado.

CRISPITÍN: Todo lo que imagino ya se ha hecho.

CRISPÍN: ¿Y qué si te inspiras en alguien? Haz memoria, recuerda algún asesinato y adáptalo. Jack el destripador es fuente inagotable.

CRISPITÍN: El que me gusta no puede practicarse en una sola persona. Y se necesitan ametralladoras.

CRISPÍN: La ametralladora se las alquilamos a algún policía.

CRISPITÍN: ¿Y la gente?

CRISPÍN: ¿Te conformarías con cinco o seis personas?

CRISPITÍN: Sí.

CRISPÍN: Pues asunto arreglado.

CRISPITÍN: ¿Cómo?

CRISPÍN: Les decimos a los primos que has decidido heredarlos. Los invitamos a cenar ...

CRISPITÍN: Y me envenenan.

CRISPÍN: Tienes que correr ese riesgo.

CRISPITÍN: No, me da miedo.

CRISPÍN: Como quieras.

CRISPITÍN: Además, sería una lata volver a cambiar el testamento.

CRISPÍN: ¿Hiciste tu testamento?

CRISPITÍN: Cuando pensaba suicidarme. Todo es para ti.

CRISPÍN: ¿Para mi?

CRISPITÍN: Ahora que vas a morir es absurdo, ¿no?

CRIPIN: Completamente.

DOMINICO: Crispín saca una pistola y se la vacía a su hermano.

CRISPÍN: Como ven, el arte por el arte no funciona. Es indispensable el motivo. Ustedes lo vieron. Por cariño me prestaba a sus excentricidades, pero … En fin, discúlpenme, tendré mucho que hacer en las siguientes horas. Hacer desaparecer un cadáver no es sencillo.

SANGRE ESTUPIDA.
Modesto había dicho: La Guillotinita, olla de frijoles, es una sinfonía que suena simultánea y sucesivamente en el gran libro. Tú tienes gato encerrado.
-Fue hecha para mí, por mí, autobiografía guillotinera.
¿Gato?
-Ya lo comprenderás, Silvi, leyes del cosmos, somos marionetas gobernadas por cuerdas emocionales. Tu existencia sólida es

un mueble depositado en el infierno, cuerpo sin voluntad y sin conciencia, oculta el misterio de una segunda presencia, quizá, la del felino. Un tremendo castigo pesa sobre nosotros.

-¿Lo que ya hice en anteriores repeticiones? Trato de comprender lo del gato, pero ... Guillotinamientos, los hizo el bicho? De seguro comencé mal mi ciclo, antes de ser perro era gato. Estoy crucificado sobre el suicidio y la obsesión, odio a mi tío, odio a Dios, odio a Felisandro y a mí mismo, mi madre continúa en la indiferencia. Construiré una guillotinita donde quepa mi cabeza, la cabeza del gato.

-Híncate y pide perdón, púnzate y recuerda que estás condenado, llora tu arrepentimiento, haz que tu sangre lo comprenda, di, con el poeta, "vale la pena haber vivido, con sólo escuchar el viento".

-Mi sangre es estúpida, circula estúpidamente.

-En ella vive tu conciencia, tu identidad doble, eres lo que tu sangre, Silvino, tal vez perro y algo más.

-Fracaso. Amargura. Deseos de no volver a saludar. Como gato soy arisco.

-La maldición en tu sangre consiste en la inconformidad, Silvi, no te basta con vivir, quieres arrasar, sobresalir, convencer. Tanto has insistido en ser otro que lo estás logrando.

-Verdad, estoy maldito, ¿empezaré a convertirme en Felisandro? Dios me dio la madre que tengo, padre alcohólico, adúltero, los sueños de Dominico surgieron del mismo cielo.

-Deseas seguir sufriendo, Silvino, te compadezco, con tal de seguir pensando en grande, en ti, engrandecido. La vida de una cucaracha es interesante, el otro que viene en ti puede llevarte al manicomio.

-Mejor que la mía, digo, la infancia de cucaracha.

-Te compadeces, ya basta.

-Compadezco al que se me pare enfrente.

-Matarías con tal de verte grande.

-Es posible, sacaré las uñas.

-Es posible que ya hayas escogido víctima, hablando de uñas y maullidos.

-Es posible, pero nada ocurre fuera de la voluntad de Dios.

-¿Dios mata?

-Sí, Dios.

En el Cancerbero, Silvi torna a la mesa con las patas en las bolsas, miró a sus amigos, se sentará.

-Bienvenido el hijo pródigo -dijo Felisandro.

-Si vas a empezar maúllo.

-Empezaría, pero no, siéntate en paz o ve a danzar con la perra miope, no te quedan los bigotes de gato.

-¿Iremos al burdel?   -pregunto para capotear a la cabeza sangrante, pelando los dientes, única manera de mostrar que estoy por encima de la crítica -sólo un bobo hace caso de las puyas.

-Por supuesto, vamos, sí señor, alimento para el pajarito, mataremos un millón de posibles perros envidiosos como tú

-despotrica Felisandro, atusándose el bigote-, desperdicio espermático.

-Ojalá nos alcance la lana -digo aspirando con fruición el olor a miados que viene desde el baño. Felisandro pintará a mi padre en el manicomio, en la tina del suicidio, temblores y alucinaciones, primer plano de la bala con las iniciales "R y J", en honor de los periquitos de australia, yo lo mataré disfrazado de gato.

-Si no pedimos más tragos alcanzará -murmura Felisandro y se persigna-. ¿Gato religioso?

-Yo prefiero esperarlos afuera -dice Salomón-, pa evitar la tentación, me molesta la infidelidad.

-Silvi y yo entraremos al mismo cuarto, intercambiaremos.

-Nada de intercambios, solo.

-Podrás platicarles a tus nietos que me viste colgado del orgasmo, ja, ja…

-¿Quién te dice que tendré nietos?

-Tu mediocridad, abuelo.

-Ninguno de los dos, Felisandro, me refiero a ser abuelo gato.

-Tu sí, y engañarás a las criaturas diciendo que fuiste gran bailarín, ágil como felino.

-Te encargarás de desmentirme, si vives.

-Suenas amenazante.

MANSION DEL GATO.

Noche de ejecución, Silvino sale (salió) de la casa de huéspedes, frío en nariz y orejas, ratón de patas gélidas recorriéndole el espinazo. Lo prenderás de la cola, maullándole hola. Lunes, mal día, el peor. La dueña le había dicho cuando lo descubrió bajando las escaleras de puntitas:

-Ay, Silvi, pa qué bajas así si ya me pagaste, por mí da de taconazos. ¿Te vas a emborrachar?

-Eso …

-Te sulfuras porque vuela la mosca, un día vas a liquidar a alguien porque te saca la lengua, qué carácter, déjale las rabias a los gatos.

-Estoy harto de vivir, y qué, me gustaría rasguñarme.

-Y nada, que sigues viviendo harto y en mi casa. De vez en cuando podrías bajar a tomar un cafecito.

-Estoy ocupado.

-Se ve, por las ojeras, ¿te despertó la pesadilla?

-Sí, soñé que asesinaba.

-Si es a mí ni me digas.

-No, desde luego que no, ¿por qué habría de matarla a usted?

-Porque soy la dueña, porque aborreces mis pambazos y mi sopa de fideos.

-Al contrario, no hay sopa de fideos comparable a la suya, ja, ja, ja …

-Me asustas, mejor vete, Silvi, espero que la próxima no te vea ronroneando en el manicomio.

-El manicomio es una puerta generosa.

-Ay, nanita, puede que sí estés loco.

-Mañana bajaré a tomar cafecito.

-¿Mañana?

-Primero mataré la noche.

-Ah, vaya, qué alivio, me hiciste temblar, ya ves que soy sensible hasta las lágrimas.

Vieja metiche, constantemente con el consejo y el cigarro en el hocico -voz rasposa y risa como quebradero de canicas. La habría aventado escaleras abajo, pero ella desapareció envolviéndose en su chal amarillo, mortaja, la hubiese tenido que sepultar en la carretera. "Daré los taconazos en tu cabeza, vieja gata, soy piel roja, llevaré al parque tu cuero cabelludo".

Escaleras. Felisandro pertenece a otro espacio. Escaleras suyas, infinitamente, peldaños quejumbrosos, descargaré mi veneno en la mansión del gato otro, reflejo de la envidia. El crimen durará poco, el tiempo que Felisandro se llevó en golpear a Cari. Caminas lentamente, diciéndote que nunca has amado tanto a una perra golpeada.

Momentos antes, Felisandro llama:

-Silvi, ven, te necesito en casa.

-Para qué.

-Acaba conmigo, yo no puedo, ayúdame.

-Estúpido.

-Mandé al hospital a Cari, la golpié, ¿te llamó?

-Sí.

-¿La viste?

-No quiso decirme la dirección del hospital.

-Si me matas podrás casarte con Cari, sé que la adoras.

-Yo no te odio. Iré, pero no a …

-Le rompí… Ya no vas a reconocerla. A mí tampoco.

-Soy tu amigo.

-Estamos ligados, pero no en estimación.

-Te equivocas.

Puerta de la mansión entornada. Saco mi anforita de brandy y bebo. Cari será mía, pese a que cogió en la cama del gato y de Niqui. Al empujarla, la puerta cruje (maulló).

PAN DE SUEÑO.

Pasada la contracción -qué lata con el cuello de la bata- Anilú imagina que la sala de labor huele a pan y sueña con un bolillo tostadito, humeante, hoy se comería siete, su número de suerte. De cría robaba piezas en la panadería de don Cuyo, gordo y simpático panadero, cachetes colgados -ella siente ganas de jalárselos como una liga gruesa que al soltarla echa trompetillas. Don Cuyo abre a las siete de la mañana -olor en clímax que ella respiraba hasta atascarse los pulmones.
Envidia a las hijas del panadero, crías color café como regalos con sus moños rojos y sus vestidos igualitos. Lástima, la mayor, Eufrosina, tuvo viruela y nunca se le taparon los hoyos del tamaño de una lenteja.
-Por qué no te los tapas con lentejuelas de colores, te verías re cuca.
-Sería una fregadera quitármelos para bañarme, cosa que tú no haces.
-Tú sí, una vez a la semana.
-Las veces que tu fornicas.
-Las feas se vuelven mironas, ya veo. Llegó el primer ataque, los médicos dijeron "lombrices", cierto, a eso de las ocho, después de servir el desayuno -carne de puerco en chilaca-, se había escondido debajo de la cama a tupirle a los bolillos y de repente los temblores, ay mamacita chula, vómitos y dolores de cabeza, bomba caliente de asco, había azotado echando espuma por la boca y la abuela grita "se atacó" que traigan al pinche médico que habían traído en seguida para que moviera la cabeza en son de crítica severa: es el pan, si no le para aterriza en el panteón de Dolores. Anilú había prometido contenerse y había cumplido hasta que ya casada, noche de bodas, viendo que Bul se había ido a emborrachar con los cuates abre el hocico y se atasca, olvidando convulsiones y pesadillas -perros chamagosos le meten pan por orejas y nariz y cola y hocico. A partir de esa noche había comenzado a robar en la panadería de

277

don Cuyo y a encerrarse en el clóset, donde se quitaba la ropa y se acariciaba, al fin que sólo ella se quería con todos sus defectotes, donde se sentía atontada y culpable, con ganas extrañas de lavar trastes, de ir por el mandado, de barrer y sacudir cuando las novias chocan con el trajín de las ollas y el plumero.

PAN DEL CIELO.

Dolor dulzón, alfileres que pican, la carne se dilata, abre, flor, chistera peluda del gran demiurgo donde brotan los cachorritos.   Saliendo convencerá a Bul de montar una panadería, Anilú la atenderá de mil amores, al demonio con la ropa de contrabando que da puros dolores de cabeza, instalará una cava con vinos importados para que Bul tome fino y no le rujan las tripas, habrá coñac, brandies, permitiéndole, claro, que él siga con su departamento de soltero y con sus viejas esporádicas.   La panadería se llamará "Pan del Cielo" y nada de huevos de pato para hacer la masa, de gallina, volverán los tiempos dorados.

-¿Qué horas tiene? -pregunta, mirando el reloj eléctrico.

-Olvídese del tiempo -ordena la enfermera.

-Ya me olvidé, a sus órdenes -responde mi madre cuadrándose como soldado.

-Piense en Dios.

-Si no voy a morirme.

-Claro que no, pero Dios es necesario a toda hora.

-Le rezaré a San Tuno por si acaso. Por cierto, ¿no habrá un bollito de cena?

-En el hospital está prohibido el pan blanco.

-Eso y fumar.

-Naturalmente.

-Insanamente, van a matarme de los nervios.

TAMBOR CHAMANICO.

Chorrillo, el maestro, ya ha logrado comulgar con el espíritu de Tezca, siente voluntariedades destructoras al tocar el tambor pom, pom-pom, tampom pommm trac tim poc tam, en la ceremonia de la cosecha zas, hemorragia de nariz le manda Tezcatlipoca por camino misterioso, alcanza para regar las espigas, sangre sobre el trigo, Chorrillo grita a pleno hocico.

El tambor había sido consagrado con sangre de lagartija y semen, polvo de hueso de pato ahorcado a las doce de la noche en el cementerio. Chorrillo invoca, pompomtactimpan, guerrea con los espíritus de los curas enviados desde el seminario, los comanda Prudencio el mudo, santo que recuperó el habla el día que la virgen María lo nombró capitán de sus legiones, pompomtactimpan, quieren quemarle el lomo con agua bendita (Prudencio engañó a Chorrillo en el seminario fingiéndose adorador de Tezcatlipoca, por su culpa lo habían expulsado). Noche de relámpagos, amados míos, Tezca me pidió que curara las espigas de trigo con mis mocos rojos y con pulque, y que chicoteara a nuestra madrecita fuerte y tupido, nosotros le lamemos para que Mascota, caliente, agradezca chupando genitales, leche fértil, ella mama recordando el callejón de los Manzanares, chupa creyendo ya en Tezcatlipoca y en su misión de madre protectora, pus sí le gustaba sentirse tantito importante y querida, no era lo mismo sola y con miedo a la compañía de los muchachos que la hacían feliz dándole sexo, trago y droga, ríe, uno solo en mí, somos Tezca, el espíritu del mal, combatiendo contra el pinche seminario.

XII

MASCOTA, MADRECITA.

La noche que Chorrillo y sus discípulos tomaron posesión de la vecindad abandonada, Mascota pensó que salían de su delirio, pus me dolía la panza, náusea, la cabeza había pescado en sueños, vuelta y mareo, lengua seca, que cruda, una mosca zumbadora de panteón había querido crecer frente a mis ojos lacrimosos, había querido tomar cabeza de hombre y arrojar a gritos mis angustias a través de su boca, zumba la mosca grande y los nuevos amigos se arrojan a mis patas llorando por haberme encontrado tal y como les predijo Tezcatlipoca, el dios mago, el señor de las tortillas:

-Madrecita -me dice el primero, ¿es hijo de la mosca?, quizá del mago que los guió a mí, hijo del alcohol, es decir, de la sequedad inmensa que me abisma.

-Abuelita -no lo soy, las abuelas florecieron tristemente en el pasado.

-Reinita -los señores me confunden.

-Ando descargada, ni pa comer tengo -les digo con el resto de mi voz-, así que no me chinguen, necesito alcohol o marihuana, algo que me componga, ahorita, pronto.

-Venimos a consentirte con el pito, Tezca te dará lo que nos pidas, te has convertido en su esposa.

-Me dan miedo ustedes, no se ven personas normales sino carachos asesinos.

-No lo somos, ¿normales?, y tú tampoco, se nos peló la cuerda del conformismo, ¿normales?, a no ser que esta parte de la tierra no sea un manicomio, ¿normales?, sí, como normales de atar te traemos obsequios de Tezca, venimos directamente de Tenochtitlán.

-¿Son indios? -pregunta Mascota con voz temblorosa.

-Indios puros, madre, nos rapamos lo mestizo, ¿qué no se nota?

-Se nota y mucho, claro que sí, son de mi raza aunque se vean más limpios.

-Será por fuera, por dentro nos apesta el coño tanto como a ti.

-Yo soy vieja, mi cueva alberga viejos animales.

-Antediluvianos.

-Puede ser, ya no los toco, ya no los insulto, dejo que vivan en mí. De algún modo, mi vagina es una selva virgen, je, je…

-Selva que hay que desflorar.

-A riesgo de contagio.

-Correremos dicho riesgo, amor -afirma Chorrillo, alzándole la falda a la madrecita-, eres fruta bastante jugosa, allá adentro veo pantanos y ríos, memorias de sangre.

-Entré en batallas, cierto, y salí casi muerta, herida, las guerras que libré siendo adolescente alzaron cicatrices, curtieron mi esqueleto, tengo sed.

-Soldado de experiencia, canas de experiencia en el culo.

Ungüentos espirituales.

Mascota: Pensé que venían a rebanarme el cuello, pero no, sacaron me mis visiones y mi sed con lo que inyectaron en la vena, ungüentos espirituales que combinan frío y calor, vi la pechuga de un pollo rabioso y caminé sobre la panza de una araña albina, subí escaleras empinadas y atravesé pasillos estrechitos que comunicaban con cuartos de techo altivo donde yo me vi tendida en la muerte con los ojos pelones, la muerte reía en mis adentros igual que loca de ojos azules, igual que perro flaco reía la muerte malvada, sus aullidos solitarios volaban en callejones de mugre, Dios no existe, decían los gritos espantosones, tu Dios Jesucristo reina en las europas, tu Dios católico abandonó el barco americano, se hizo marinero y emprendió la huida en pleno fracaso, la muerte que te traes adentro desearía comer carne y verduras por lo menos una vez a la semana, y aquí vienen las convulsiones que me muestran a la pelona que dice "ya me perteneces, pus sobrada estás de hambre y de frío, tiembla tu esqueleto santo, tu alma en procesión bendita vendrá al cielo de los justos", pero yo le contesto qué va, mierdona, voy a ser la madrecita mimada, esposa de Tezcatlipoca, ve que me traen mis calditos de pollo y yo como calentito hasta con cebolla y cilantro, delicioso caldo, sabor olvidado, suave sabor de alcurnia, rico, ricosoncho, los ardores de la calaca se apagan dentro de mí, lámpara de silencio, late al tiempo que mi corazón, no es lo mismo morir a lo pendejo que morir siendo enteramente mexicana, mis amigos me ponen sobre el suelo con las patas abiertas tal y si fuese a dar a luz o a coger eternamente, y gritan "déjalo que salga, madre, pícale el culo al diablo, pégate las plumas, miéntale la madre a la virgen de Guadalupe", se refieren a mi anterior destino de pepenadora borracha nomás, se refieren a lo que fui, niña y adolescente, jovencita enamorada de la luna, señora de nadie, de la pobreza incorrecta, eructona, señora de la calle, me cogieron los albañiles y yo le rezaba a la virgen pa que me saliera marido de entre los fornicantes, nada, la virgen no hace milagros, me cogían los policías y yo le rogaba a la virgen, dame esposo de justicia, nada, la virgen no hace milagros, está siempre en silencio, calló cuando me robaron el bolso los pandilleros cabrones, silencio cuando el padrote se hartó de patearme una y otra vez, mañana, tarde y noche, la virgen no hace milagros, premia a los golpeadores, pus mi pachuco se pasea en coche convertible, pus mi pachuco trae mujer de pieles, la virgen no hace milagros, "déjalo al otro ser, que salga el nuevo que cacarea en las mañanas, hijo de gallo y gallina, tu anterior persona que se mande mucho a la chingada en el barco que va a las europas llevando a Jesús herido", y por cierto que sí se larga mi doble cristiano, adiós Jesucristo, adiós virgen de Guadalupe, porque me mojo de los calzones y ellos me voltean de espaldas y me montan a su antojo ahora por el trasero lleno de piojos, diciendo que yo soy bebita, dicen y calientan, niña nueva, porque pujo y me aviento, porque jadeo y me doblo, soy hermana de los nacidos en México Tenochtitlán, renacidos más bien en aquellos momentos precisos inclinados al derrame de sangre, huevo rojo, huevo del diablo cargado con cientos de coágulos, millones de puntos granados.

-Me gusta causarles antojo pese a mi fealdad, señores, pese a que ando bastante sucia y meada por dentro y por fuera, mis costumbres buenas se fueron en el barco de Jesucristo antes de conocerlos a ustedes, antes de que me dieran bebedizos dulces, antes de que me arrimaran tantas cogidas como nunca jamás. Yo ya no me baño porque pa qué, yo ya no me limpio porque pa qué, yo ya no rezo porque pa qué, yo ya no amo a mis padres porque pa qué, yo ya no soy amable porque pa qué, escupo al gobierno, pedorreo a mis bienechores si los hallo en la calle y me dan pa mis aguas o pal pan diario de hoy, pasó el tiempo en que me preocupaban los dolores de muelas, porque ya no tengo, pasó el tiempo en que soñaba con príncipes y doncellas, los años se hicieron cáscaras de mugrosidad en mis brazos y piernas, cáscaras en mi cara de adentro, la que me pide que mate y que muerda, la que me pide que sea pesada y aplaste, boca que le mienta la madre a la virgen y habla de tú con Tonantzin.

-El amor es ciego, preciosa, nos convierte en poetas proselitistas -comenta Chocolate en pleno orgasmo-, amor, yo quiero transitar por la vía filosa de tus chancros y gonorreas, si tuviera suficientes dientes comería la grasa de tu panza.

-Nunca había yo estado tan satisfecha, tan entera, tan vuelta a ser mujer, pus los sentí como si todos juntos fuesen una sola verga bendecidora hablando, pus los sentí y los siento.

-De hecho lo somos, madre -dice Chorrillo-, pito conjunto, reata integral, verga o falo absoluto metiéndose en tu iglesia peluda, desarrugando la cueva de los cocodrilos y el mondongo de la mierda, aquí la palomilla y yo actuamos en nombre del dios grande, nuestro amado Tezca, como le decimos de cariño, contrario a los remilgos de Cristo tocante al sexo mamón e invertido, tocante a las cuchilladas y al robo. El nos permite drogarnos y coger sin miramientos por delante y por detrás, aprovechando escobas y uñas, dientes químicos y naturales.

Venimos de lejos como los aztecas de Aztlán, venimos de recorrer azoteas y baldíos, pero parece que hemos topado con tierra, parece que hemos hallado a nuestra madre en ti.

-Muy comprensivo me parece el dios, madre soy, sería con tanto semen cargando en mi vejez estéril, pero ahora, ya que terminamos, después de años y porque escurre el puro contento, voy a darme una remojada en la llave, huelo a chivo venido a más, huelo a puta venida a menos, huelo a ladilla, la vecindad se arruga bajo el influjo de mi nube oliente, los leones amansados piden que me moje.

-Al contrario, madre, déjate como estás, el esperma debe cuajar en tu vagina como dulce de huevo -pronuncia Chorrillo en tono de sacerdote-. Tendrás un hijo nuestro, engendro de la limosna, acólito lindo.

-Bueno, a mí no me importa apestar, que les reviente la nariz no es cosa mía, al revés, se me acepta como estoy, se me perdona el cómo soy, se me permite gozar y desquitarme en compadrazgo de valentones, hijos míos de mis arrugas, yo bien los adopto a todos si me siguen dando aguja con chile.

-Cosas peores vamos a oler, razones prohibidas.

-Cosas de muerte.

-Anteriores a la muerte, putrefacciones previas.

-Putrefaciones posteriores.

-Desubicaciones sexuales que huelen.

-Elevaciones vulgares que apestan.

-Santa madre, estás aterrizando de la inyección.

-Buenos días, santa madre.

GALLO MUERTO, SEÑAL.

Ya en mis cinco oí que antes, Tezca había hablado a sus adeptos diciendo: Hallarán a la madrecita donde vean un gallo muerto y colgado en la entrada de una casa antigua -mi casa colonial, donde un gallo pende haciéndola de puerta, nadie gira su picaporte podrido, nadie traspasa sus aires agresivos. Esa noche, mis hijos habían sido apedreados y corridos por tercera vez de cuartos de azotea vueltos templos de Tezcatlipoca.

-No vuelvan por aquí, cabrones, o los entregamos a la policía del virrey.

-Vamos a volver, señora, pero no a estar tranquilos en la azotea, sino a pescarla del cuello cuando esté sumida en alguna pesadilla.

-No estoy sola en el mundo, mi marido me ama, mi marido los hará pedazos.

-Si no es que lo pepenamos a él también dormido, soñando con otras nalgas menos apestosas.

-Lárguense de aquí, en el barrio no los quieren porque odian a la virgen de Guadalupe y le rezan al diablo.

Una semana completa habían deambulado fijos en la idea de hallar lo que toparon en la vecindad de mis dominios, el gallo de la madrecita colgado y podrido, llamando, vengan al destino emplumado, vengan y entren por la puerta que no se entiende, vengan y toquen mi vagina arrugada.

-Colgué el gallo, les digo en la puerta, pa ahuyentar las malas intenciones, viejitos -comenta Mascota sonriendo en plena chimuelez -es ella, se cumple la palabra del Dios antiguo, siempre ha sido su palabra la que siembra y cosecha.

-Al revés, nosotros las trajimos, las malísimas intenciones, con tijeras y pinzas y un tubo pa los chiporrazos, somos capaces de colgar junto al gallo, sapo que cante cual canario sonoro.

-Al gallo me lo encontré en un solar y me dije, qué mejor cerrojo pal que ya no huele, qué mejor, soy hija de la basura y la pestilencia, qué mejor, será mi emblema el gallo, lo dije, pensé en el gallo como un escudo, pensé en el gallo como algo superior, ser de carne otra, ser de pasta otra, ser que me cuida y me empasta por dentro, ser de pico y no muelas, como yo, ser de paladar rabioso, como yo.

-Olía bien el gallo que ya no es gallo, madre, como tú, que ya no tocarás el agua bendecida por el cristiano proceder, por la boca amarilla de los curas ensotanados. El agua ni siquiera se bebe, madre, el agua debilita la conciencia, el agua humedece españolidades.

-Me bañaba con cerveza, mi vida, y ahora con semen.

-Mañana serás joven bañándote con sangre.

-Ay, nanita, de qué me acusas.

-De nada, soy Chorrillo, tu maestro, te has estado matando a la pendeja cuando se puede intentar con los demás, digo, en vez de tu cuero el de otros, ¿te late?

-Nada les debo ni me deben, somos íntimos porque me cogieron, traigo su semilla adentrito.

-Hazte la pendeja nomás, como si de veras no mataras la mosca, como si de veras no odiaras de manera dura.

-No niego mis abominaciones, no niego que me comería a una criatura cruda, no niego que le mordería la reata al virrey y a sus policías, no niego que las mentadas a la virgen emergieron sin mi consentimiento, sino por orden de alguien que me posee, yo misma en otra forma, la madre o esposa de Tezca, quizá, yo misma sentada en mi trono de rabia y resentimiento.

-Ora sí te reconozco y me hinco, madre, somos odio y perversidad, a mí también me salieron canas el día de las mentadas a la religión, yo la agarré contra Jesucristo, le dije que me lo iba a coger, le dije que era puto como mi padre, puta como mi madre y mi abuela, y de esas mentadas blasfemas apareció Tezcatlipoca, tu esposo y señor único en la tierra y en el cielo. Soy Chorrillo, tu maestro, soy el que he sido siempre, jardinero de estas tierras fecundas.

VIAJES ASTRALES.

Por ningún motivo, otro que no fuera el maestro podía percutir el tambor del mago, bajo pena de muerte con tortura y desollamiento.

-Yo mismo lo colgaría de uno de los pilares de piedra (sostienen el techo largo que cubre el balcón semi cuadrangular que da al patio de entrada), las manos de Tezcatlipoca hicieron ritmo sobre este tambor, escribieron un código, yo lo entiendo, habla de repetición, horca y luego, yo mismo resucitaría al culpable pa darle muerte a cintarazos recios y luego otra resurrección hasta completar siete, el ritmo resucita y mata, cuando la víctima se debilita y muere gracias a la tortura, el ritmo viene en favor del malo y retorna al muerto para que sufra otro rato (por eso los discípulos ni de relajo tocan lo que no es suyo sino de la magia superior, algún día ellos también palmearán el tambor propio, merecido cuando asciendan a la altura espiritual de Chorrillo, después de la consumación en la casa de piedra, entonces podrán tener un tambor chico cada quien, que no compita con el tambor del maestro, mediante el cual hacer invocaciones y maldades, y vuelos al cielo astral, pus el tambor jala a esas regiones prácticamente inéditas, donde uno encuentra Pegasos y cocodrilos alados, cáscaras de huevo flotantes, dragones y árboles de estrellas que dan flores arco iris y donde, quien tiene la suerte de darle caza al doble vuélvese dueño de su cuerpo interior, tupido de bosques y duendes, hadas y caballeros andantes y brujas que ya han sido quemadas por los sacerdotes del bando de Prudencio, el ex mudo, antiguo novio del maestro -acordarse del ingrato enciende y facilita lo planeado contra la familia española, acordarse es temblar, extrañar al puto cristiano, inclinado al bien pese a su reprobable feminidad.

Toques de tambor.
A base de toques personales de tambor Chorrillo lograba que ellos -la palomilla de bribones necios- alcanzaran estados de éxtasis (endurecimiento moral cercano a la condición de la piedra) que los ponían en comunicación individual con Tezca, el que habla todos los idiomas, el que entiende de sentimientos y perversiones, el que enseñó al maestro que los pensamientos malos no pueden cortarse de raíz, qué bárbaro mijo, no, nomás se les poda con el fin de contrariar con fuerza impositiva los mandamientos de la iglesia enemiga, el "no matarás y "no desearás la mujer de tu prójimo" y demás sandeces imposibles

promotoras de culpa y debilidad, pus el dichoso cristianismo de santos y vírgenes nos hace pendejones perdonantes, tu padre no tuvo la culpa de tus complejos, rehabilitemos a los asesinos y rateros, pensemos en los derechos humanos.

Sobre las vibraciones del tambor los magos se sostienen en los viajes astrales del mismo modo que las arañas en su tela, mediante hilos vibratorios e invisibles, de ahí que en vida, el brujo teja sus redes entrañables en la región astral donde, una vez muerto, podrá andar en la eternidad infinita mientras Tezcatlipoca no le conceda sus alas hechas de polvo de estrella. Chorrillo sabe de magos que han tirado telaraña sonora en más de trescientos mil kilómetros cuadrados, pero del otro lado hay que cuidarse de los cazadores espirituales de Prudencio, dedicados a matar a los brujos durmientes y a tijeretear las redes invisibles con sus contra tambores cristianos.

Pom, pom-pom tam-pomPOMMMM hacía el tambor sagrado sembrando en los corazones de los elegidos odio y locuraPomPomTanPomTam. Decía Chorrillo: mago y tambor, amados míos, producen dolores a distancia, chingan telepáticamente, mago y tambor ponen en labios canciones obscenas, ansias de asesinar, impulsos torcidos hacia la familia aparentemente feliz, padre y madre y los hermanos, esto es joder sin esconder, pomporomPOM, vienen las ronchas y los hongos, tumores y amebas, diarreas y gripes, escorbuto y viruela tamborilea en la casa de piedra, entraremos volando mariposas con máscaras de gusano, cabalgando desnudos en escobas desgreñadas, llevando retortijones, arre, los discípulos bailan alrededor de Mascota, la madrecita, encuerada y yaciente en el centro del patio de la vecindad construida cuatrocientos años atrás.

OFRENDA Y SACRIFICIO.

Cuatro mecheros de petróleo flamean proyectando sobre los muros derruidos las siluetas de los discípulos danzantes y enmascarados, con cucuruchos picudos en las cabezas piojosas.

-Domingos de misa aburridos, amados míos, aquí gozamos ya, escuchen el cuero y, a ritmo, depositen la semilla de trigo en la vagina de la madrecita, dedo adentro y grano puesto, esa fuente de meados concede deseos sonrientes: lastimaremos a los ojetes, orgasmo inmenso, ¿verdad?, pinzas van y los dientes, agujas buscarán los nervios y las astillas chingamos los ojos azules, comemos el sabor del cielo, pintándole un violín al crucificado melancólico, llorón, comprometidos hasta el tuétano, fuera timideces, rociamos a la madrecita con abono bendito, nos besamos el hocico, perforan los penes, chucuchucu hace el tren de las corridas blancas, chucuChucu, Tezca manda lluvia y truenos, es la señal, la vecindad caerá en pedazos sepultando a uno de nosotros.

Expiación.
LINDA, la pequeña de la familia seleccionada por Chorrillo se queja en la cama, dolor insoportable, más horrible que cuando la abeja me picó, más que cuando me machuqué la pata con la hoja de la ventana del comedor, más incluso que la operación de las anginas.

-Ay, Dios mío, ay, por algo me mandas este horror, expío faltas, pago, debo, es justo, siento que me convierto en cuadro, Señor, puedo ser colgada en el templo, sudo Tú, a Ti te sudo, ahogo, el aire en el cuadro de la persona que sufre se ha hecho caliente y seco, al fondo veo la fuente pintada en mi propio cuadro al óleo, la virgen ha lanzado la cubeta al agua viva -balbucea, tocándose la uña enterrada, pus, exprimir, cómo envidio a los que caminan sobre patas normales fuera del cuadro de mi espanto, los que usan zapatos de su medida y llegan sin problema a la fuente de Dios. Antes de hacerse verdadera cristiana, Linda maldecía por ser bizca y gordita, el espejo ha visto mis ojos encontrados y mi panza, ombligo saltimbanqui, ambas cosas difíciles de arrastrar, el espejo sabe que he llorado, Dios ha leído de mí en el agua del espejo, la virgen también, me había preguntado ¿conoces santos o dioses bizcos?, respuesta negativa, el cielo no cultiva ángeles cojos y tuertos, arriba el tema es perfección, abajo friega maldita, había sido berrinchuda y altanera, sí, mucho pesa una panza tripona. Muchas veces, reconocido con vergüenza, había saqueado el monedero de su madre, pues quería comprarse listones de colores y dulces y bagatelas -saquear era emocionante, comer oculta bajo la mesa del comedor aquellos dulces absolutamente propios, a nadie le daremos, porque nadie es nadie, porque la boca de la nada es tan inmensa como el mar. En ocasiones, el botín lo escondía en el fondo de la chimenea y ahí mi hermano descubrió el hurto, fui corriendo a acusarlo con mi madre y al pobre lo encerraron en el clóset luego de atizarle con el cinturón, le dejaron verdugones feos que yo veía en sueños con ganas de hacerme chiquita y tremendamente coqueta, con ganas de darme un portazo o cortarme con el vidrio de la cocina. Como esa historia había montón que recordaba con las mejillas y las orejas calientes. ¿Cómo había llegado al arrepentimiento? Lo cuento. Un día dijo la cocinera "qué crees, Linda, qué crees, si no salgo del asombro y de la pena, me siento hasta chismosa y atarantada, pus no esa malvada de la Miau, la muchacha peluda de al lado, la de las nalgotas y las patas flacas, se la acaban de llevar entre caras serias y algunas risas espantosas, la subieron en el coche los polecías con placa y pistola, porque enterró en el jardín a su hijito recién nacido, afigúrate namás, niña, te acuerdas de ella?, mala se veía pero no tanto, mala se veía pero no de cárcel y escándalo, era malhablada y rezongona, era, ¿te acuerdas?", sí me acordaba, la coqueta de junto, mismita que se fajaba la panza pa que no se notara el embarazo, ¿por qué?, por miedo de que la corrieran, andar dando las petacas no es bueno, señorita Linda, Dios se encabrita y aplasta a las prostitutas, pus que va la Concha, la otra muchacha de allá, más chismosa que mi persona y que encuentran a la chiquita enterradita y muertecita en el jardín, entre negra y morada, entre persona y sabe Dios, una criaturita que podía haber crecido, y la méndiga madre no estaba compungida, digo la Miau, ahí iba adentro de la patrulla como si nada, haz de cuenta que por haber robado un refresco o cosa parecida sin nada de importancia, y nada es nada, fría estaba la cabresta, lo sé porque nuestros ojos se encontraron y ella me sonrió, la loca, ¿no?, ¿qué anda diciendo con esa sonrisa misteriosa?, decía que había dejado de ser madre a través del crimen malvado, decía que el crimen malvado podía tomarse de otra manera menos cristiana, entonces me dije, apoyando la labor de la Santa Inquisición, sintiendo que hacen falta las llamas: merece que la quemen dando de gritos brujos, Linda se sintió tan mal que vomitó la alfombra detrás de uno de los sillones blancos de la sala, diciendo Señor, te ofrezco mi miedo, me haz hecho comprender, luego de ir y venir por los túneles infinitos que desembocan en el infanticidio, he podido aquilatar el milagro de oler y ver y sentir y caminar y el gusto de dos chupadas a un helado real y Linda escuchó, de pronto, un traquido que subió desde la sala, ¿habría alguien en la sala o trepando la escaleras? Llama en la puerta de la recámara de sus padres: mamá, mamacita, pero nadie contesta, silencio y dolor, pus manando de la uña podrida, Linda da un paso para emprender la retirada que no inicia porque escucha el crujir de sus huesos que la obligan a retroceder, abre la puerta de sus padres: mamá, mamacita, silencio zumbante, aturdidor, cama vacía, recuerda atragantada por el horror, ellos le avisaron que llegarían tarde, tonta. La luz de la luna entra por la ventana y Linda pregunta si aquella mole gigantesca sufre como los perros en la tierra, Dios bendito, por qué salieron hoy, que dolor en la uña que se quiere convertir en cuerno, pata de chivo, te lo ofrezco, Señor, que no me pase nada, mamacita, ojos enrojecidos, abiertos, ay, alguien hace ruido en la sala, clavo de mi cruz, una piedra crece en su cabeza, asco, agradecimiento, Diosito chulo, voy a punzarme.

Linda se durmió hocico arriba y con las patas en cruz sobre la cama de sus padres.

XIII

TIEMPO SOLIDO.

Tiempo compacto, endureció porque en tu embriaguez quisiste detener un instante irrepetible, punta, cordillera de tu cuerpo tetradimensional, el transcurrir de la energía mental se ha parado esquizofrénicamente en este ahora sólido, como rueda de fortuna descompuesta, consistencia de hule, desearías rasguñar este instante congelado porque impide el movimiento con una tenacidad desesperante, bárbara, absurda, ¿qué el tiempo no debía cursar, acontecer?, carajo, tu reloj marca pero la acción ha quedado suspendida, ¿estatismo frente al espejo?, quizá dentro del espejo de mi cuarto, ¿dónde estoy?, en mí mismo, borracho, el tiempo no se ha detenido en realidad, pero tu insistes en poder hacerlo, ¿por qué?, deseas demostrar que en cada instante, célula, ha estado presente la proclividad homicida, obsesión clavada desde la concepción, parásito divino, Dios no arrancará el alfiler porque El mismo lo incrustó, sus manos creadoras ataron el encanto, matarás, amigo Silvino, el cabaret y la botella te sirven de laboratorio, permanencia invariable, ¿entonces dónde estoy?, no frente al espejo sino chupando ron en el Cancerbero (infierno macizo) con Felisandro y Salomón, presente el olor del baño caca orines, flotando sensación de vacío en la taza cerebral, jalarás para que se vayan los mojones reflexivos, burbuja homicida, claro, contrariando el mandamiento "sí mataré al puto gato", morirá porque tú eres enano en lo tocante a pintura y baile, salud, aprendiste algo de violín pero careces de oído, profundidad, todo lo tocas superficialmente, de hecho, cuando palpas, parece que tu mano esta ausente, coges los objetos a distancia, los negocios te aburren, así que matarás como Chorrillo, identidad macabra, hermandad diabólica que dura lo que la borrachera, adios carrera de bailarín (sólo danza tu necedad recurrente), jalamos luego de cagar la obra, es decir, asesinar al gato, la mierda animal se va por la taza, pero no en el Cancerbero, el crimen ocurrirá en casa de Felisandro, ¿serás capaz?, aquí, frente a la pista de la bailarina encueratriz aseguras que sí, por supuesto, valor prestado por el alcohol, alucinación: Chocolate te aguarda en el manicomio, qué bueno que te chingaste al gato para venir a acompañarnos, jugarás con los Huracanes en el campo Edgar Poe, criminales como tú se detienen frente a la puerta del castillo negro, tocan, adelante, dice el bisabuelo Pancho Cardencio, estirándose la nariz porque el exterior apesta más que el interior del infierno, finalmente apareces tronando de ira, Silvi, pasa, Chorrillo desea saludar, untarte mocos, meter tu cuerpo en la bañera y lavar de los riñones hacia afuera, introduciendo el cepillo en las tripas, dándole brillo a dientes y ojos, los goznes de la puerta del castillo rechinan, producen música estridente, ven, pasa, corazón, rasurarse adentro puede costar la cabeza, y qué, tenemos tantas, música retumbante en el Cancerbero (por supuesto que no estás tieso en el espejo sino en el cabaret que en realidad es infierno y manicomio, te mueves y vienes aquí en seguida, mandato, te despegas del agua espejal y resulta que estás sentado en este lugar -silla- imaginando cómo cumplir con tu: matar a Felisandro en su casa o, simplemente, pensar con dureza perdurable, día y noche, que lo asesinas porque lo odias tanto como a tu persona, pero pensar y actuar no son sinónimos, pinche borracho, pensar te estatiza frente al espejo de la casa de huéspedes): Silvino clava la vista en las parejas de bailarines que invaden la pista en seguida que desaparece la perra miope de las mallas azules, enseñó el coño y sale airosa, habrá que abrir peluquerías de sexo, empacadoras de carne de gato, salchichas y chorizo, jamón de pierna y queso de puerco, matar, repiensas el homicidio de la calabaza sangrante, cae la guillotina, guillotinita, salpicón, perra puta, encueratriz, ya se ha ido, aturdimiento sonoro, te paras de puntitas para ver por encima del trompudo, la tetona y la salchicha bailadora, ombligo con ombligo, prenderle fuego al cabaret, aullan los bomberos, interior del castillo negro, pasillos, un alacrán deambula por ahí, el perro hipopótamo menea nalgas como molinillo estrujando a su pareja, destrípala, cabrón, apriétala hasta que vomite, carnes movedizas, soy más de lo que veo en el espejo, mirada hipnótica, dormirás al gato, ganas de orinar, miedo a coincidir con otro perro ensombrerado: paso joven, que se me reviente la vejiga, pase, coño, yo no estorbo aunque esté pedo, claro que estorba, a un lado, dice el otro perro ensombrerado, yo no voy al baño aunque me meo, por qué me empuja, no empujo, llevo mi camino, yo no voy con usted al miadero, aquí me bajo, desaguaré camino a las putas, digo, y me topoEncuentro con un bailarín desmirriado, aire de filósofo, me recuerda a Chocolate, el doble de loco: "Todos conoceremos el huerto de la fruta universal, Silvi -dice Chocolate en mi memoria aguada-, perfecta, el que la encuentra ya nunca tiene que comer otra cosa, alimentase sólo de la frutica que mantiene a la persona en el peso ideal, yo la encontré en las islas lejanas del Parambazo, pinche Silvino, montañosas y boscosorosas, con lagunas saladas y dulces, fuentes pensadoras y filosóficas, Silvi, Silvillo, Silvinín, en esas islas nos alimentamos de la fruta universal   y,   por   lo   mismo,   no zurramosCagoteamosMeamosVomitamosNiNada,

aprovechamos todititirita la sustancia, amigo, tú, querido, deberías embarcar hacia el Parambazo, afirma Chocolate: vestía de soldado y se cuadraba para saludar a las visitas domingueras del manicomio:

-¿Recuerdas lo que hiciste, Chocolate, el batidillo?

-Cálla, Silvi, reza porque suena la campana, pam, olvida "fui" y concéntrate en "soy", amigo, saber daña, ¿destapar el caño?, ¿por qué?, soy evadido ya de la casa de piedra, el manicomio me ha dado asilo entre santos, monje loco grito cuando quiere agarrarme una imagen del ayer, las escaleras, cuando vienen los interrogatorios del psiquiatra grito y me oculto en el ruido sin sentido, tu insistes como el loquero, Silvi, ¿crees que bajaré las escaleras estando hipnotizado?, mi mente frunce cuando pregunto por Chorrillo, echa moco y sal si se trata de ascender nuevamente aquellas escaleras dulces, resbaladizas.

-Yo he soñado infinitamente, Chocolate, las escaleras rondan, bajan, pregunto, ¿seré homicida?, el espejo me ha atrapado, estoy tieso tras el cristal o dentro de el, o ahogado en el alcohol que continuaré bebiendo en cuanto salga, corriendo ascenderé al Cancerbero.

-Por eso el manicomio, ¿matarás?, ¿crecerán ansias verdaderas como raíces y camotes explosivos?, interrogación en tu cabeza pendeja, ¿será que soy como Chorrillo?, por eso la bebida, tanto bombeas el pozo petrolero que subirá locura vomitada desde el centro hasta la torre para adueñarse de tus decisiones, pero no, el alcohol te ha hecho romántico inofensivo, Silviquitín, subir o bajar, faltan los muros de agua helada para ser Chorrillo, te falta gallo, esa noche Chorrillo fue Tezcatlipoca, había hecho el pacto con la persona superior, dejó su cara desde que ascendió las escaleras, vi pelo en su pata izquierda, le creció la tercera tetilla, pero sólo durante el sacrificio, luego volvió a la máscara anterior, la ferocidad del maestro rebasaba, ¿era el preferido o Tezca había vestido su piel?, reza, amigo, suena la campana, pam, estas transformaciones no se perciben a la luz del dia y menos en tu sano juicio.

-Oscilo desde niño, caigo en premoniciones depresivas, dudo, ¿terminaré estúpido? Detecto, un escalón abajo, cierta brutalidad. Siento que iré más allá.

-¿Más allá de donde, Silvi?, contesto, tratando de explicar tus sopechas tenebrosas de descenso. Las escaleras parten de un punto y llegan a otro, límites, escaleras cortas y largas, gordas, fuertes, endebles.

-Más allá, sé que mis escaleras tienen más peldaños, más cuerda, más horror.

-Como en el cuento de Barbazul, no vayas al cuartito pequeño, la superficialidad es indispensable en las escaleras.

-Te siento hermano, Chocolate, has viajado conmigo.

-Contigo no, Silvi, peregriné en la casa de piedra de la mano del gallo, comiendo cresta, barco grande como sombrero que te matará desde la prueba.

-¿Estoy loco como tú?, dímelo sinceramente, tienes experiencia en las subidas y bajadas.

-Loquillito, no cruzas, no cruzarás nunca la raya negra que va al castillo del gallo, pata de pezuña, a la hora del pacto saldrás corriendo.

-Mediocridad, persigue hasta en el tamaño de mi locura.

-¿Y qué tiene de malo, estúpido, carecer de cresta? Compraría tu mediocridad que no sabe de gusanos, sudo noches de colores subidos, Silvi, Chorrillo caga en mí, me abre el hocico y zurra, mastico los mojones del maestro como si fueran queso, denme diarrea de sopa, pasta lombricienta pero déjenme en la superficie, tierra firme sin alcantarillas, sé basura, Silvi, saco de presunciones inocuas, sal del manicomio y hazte cocinero, corre, no pares, huye, vete de mi presencia.

CRIMEN.
"Mataré al desgraciado y entraré al manicomio por la puerta de la distorsión, dices, Chocolate debe haber visto al asesino en mí, segundo Chorrillo, ¿por qué la puerta abierta?, mi amigo despidió a la servidumbre, no habrá testigos, ¿haberme disfrazado?, por lo menos traer lentes oscuros y bufanda, frío de nervios, pediré a Felisandro carta de suicidio que leeré en el manicomio a Chocolate, entro, escaleras curvadas del lado derecho, tomaré un trago, te acercas a la cantina debajo de la escalera y frente a la puerta de acceso, le pedirás que te herede, parte a Salomón y parte a Cari no, dos tragos gordos te hacen toser, tapas la botella y subes, las escaleras no desembocan en el crimen de Chorrillo sino en el tuyo, cuerpo blando, estoy programado para jalar el gatillo, infinito, olla de frijoles, si no te atreves te suicidarás frente al espejo, ¿qué ves?, veo mi odio reflejado en el rostro del gato, veo mi cara, está en su sitio pero

petrificada, máscara, abajo de Felisandro encontrarás tu imagen, me detengo delante de la puerta del estudio y llamo:
-Pasa, Silvi, está abierto -murmura Felisandro.

Venganza.
Leo a Swift, mi rencor se ha convertido en algo blando y distante (buscarás la vecindad de la madrecita para azuzarlo, nariz alzada, hueles el crimen que todavía permanece ahí, absorbes aquella malicia entra en tus pulmones y cambia tu estado de ánimo, pulmonía criminal, ¿entrarás en delirio?), sentado, aplastado, fraguo el crimen apáticamente, la venganza se va por la madriguera de una rata imaginaria y peluda, cola repugnante, hundido en mi flojera vanidosa provoco incendios, ahorco, pateo (Chorrillo y sus discípulos te invitan a la secta a través de las olidas perrunas en la vecindad, desde otro segmento de tiempo, ven, Silvi, abre la puerta de la distorsión, huele mucho el sacrificio de la madrecita, Tezca será tu padre, vestirá tu pellejo, te hará bailarín si pactas, podrás amar a Cari si pactas, podrás matar a Dominico si pactas), ¿será posible que así comience la frialdad despiadada? Leo: "...*una tierna cría saludable y bien criada constituye, al mes de nacida, el alimento más delicioso, nutritivo y comerciable, ya sea estofada, asada, al horno o hervida ...*"

GRANO.
Swift sí podrá (podría) ser amigo de Chocolate en el castillo negro:
-Porque Swift apachurró el grano, Silvino culero, sólo crecen en seres rebasantes, ¿comprendes?, qué va, pero explico, el maestro Swift es agua insana, la sirves en botella y rebasa, la sirves en la olla de frijoles y rebasa, la sirves en el tinaco y rebasa, en el lago y rebasa, en el mar y rebasa, la analizas como agua y rebasa, la analizas como refresco y rebasa, la analizas como alcohol y rebasa, rebasa la sustancia alucinatoria de los hongos y la religión.

-Para rebasar hay que pertenecer a la secta de Chorrillo, ¿no es así, Chocolate?

-Pertenecer y ser son cosas diferentes, peldaños arriba o abajo, el Maestro salta lleno de pasión amarga, agita las plumas, ¿sabes quién es?, lanza espolonazos.

-Algún día hablaré contigo de tú a tú.

-Lo dudo, Silvi, y conste que yo me considero caca si veo los pies del Maestro ascendiendo la escalera.

Leo a Swift: Hermosas crías con su manzana en el hocico, carne bien tostada para hincar el tenedor y el cuchillo, rebanadas jugosas, Dominico aprecia los sesos, ojos, oreja, cura traidor, digo y canturreo "el perro al gato, el gato al ratón" … mundo de hambre, ley demoníaca del comer (el tambor de Chorrillo llama a distancia, ¿Dios inventó el apetito caníbal?, por supuesto, todos los apetitos están escritos en el libro divino), me arrojaré bajo las ruedas de un camión, no olvidarán al pobre Silvino, desplazado por Farina: Entiéndelo, Silvi, Dios te negó talento, busca vocación en casa de tu madre, envidioso, tu hermanita merece la misma oportunidad, contigo ya se hizo lo imposible, te sigo queriendo y puedes venir a verme (Dominico sueña en su iglesia del mismo modo que Modesto), pero adiós castillos y princesas, había sacrificado cine, compañías, diversiones, duro y dale, acabé de maestrín raído, pedorro, sueldo infame (Me refugié algún tiempo con mi madre, pero pronto cai en la casa de huéspedes donde ahora leo a Swift).

-Tú me hiciste creer, tío Dominico.

-Yo creí contigo.

-¿Cómo sabes que Farina es mejor?, decías que yo lo era.

-Lo es, hasta tú lo sabes, el entusiasmo me hizo ver en ti lo que no tienes.

-Mi madre me echará.

-Tu madre necesita compañía.

-Tendría que fumar marihuana, pincharme los pulgares.

-Creer en Dios, ser más piadoso, humildad.

-Gracias a ti perdí la fe, se me revierte en ira.

-No me culpes, ahora vuelve a Cristo, precisamente ahora que te sientes perdido.

-Mal maestro, Dominico, mal sacerdote, tampoco tú crees en Jesucristo, faltó el milagro porque Dios nos repudia, química, quizá el diablo me abra los brazos y me cobije con sus plumas, quizá en verdad Jesús no vino con los españoles, salió del pedernal cagando de risa.

-Animal, insistes en lo que no eres, el diablo no te hará bailarín, engaña.

-¿Cómo sabes?

-Lo sé, ni el diablo hará ese milagro, ya están echadas las cartas, pasó tu tiempo.

-¿Y si lo hace, creerías en él más que en Cristo?

-Lárgate, no deseo seguir hablando, estás cayendo en tentación.

-Pendejo, cuando veas mi nombre en las marquesinas correrás al baño.

-Vulgar, además de la pata, Silvi, tu vulgaridad impide que seas artista.

-El demonio es vulgar, Dominico, habla obscenidades, blasfema, mata, pero es rey de la tierra, tu finura me llevó a la amargura y al alcohol, voy a invocar al padre de Chorrillo pa que te chingue, sentirás su verga escamosa.

-Vete, ahora, vete ya no eres mi hijo.

-Falso cura, fornicador, puto, te maldigo en nombre de Satanás, en nombre de la iguana, en nombre de Tezcatlipoca, en nombre de la piel que me quema.

-No lo invoques porque viene.

-Vendrá a cogerte.

VOCES INTERIORES.

En "Los Lobos", café bohemio (viejos directores de cine, jóvenes greñudos que escribirán, perras prestidigitadoras, actores de voz cavernosa, bailarines), Farina dice en contestación a mi pregunta (su estado mental se mantiene aún en realtivo equilibrio, hembra pálida, inclinada peligrosamente al misticismo):

-Ser actriz es lo de menos, Silvi, yo quiero encontrarme a mí misma, el arte sin conciencia vale madre (ella cree en la obra transformadora, en la alquimia espiritual).

-Eres el sueño de Dominico, yo nada, el sueño de Modesto, lástima, ¿lástima?, te envidio.

-Daré gusto a mi tío, pero tomando en cuenta mis voces interiores, siguiendo sueños y pesadillas, padezco, como si hubiera en mí una culebra, en mi cerebro acurrucada, siento que se mueve alguna víbora de cascabel, Dominico piensa que saldrá la pesadilla, pero Modesto la exorciza punzándome los pulgares, ve mis dedos, los dos chupamos a sabiendas de que no habrá matrimonio, la iglesia de Modesto es más grande que la de Dominico, físicamente hablando, he visto más pasillos y santos, la culebra puede ser el diablo, sabemos de posesiones, me habita la culebra desde que recuerdo, en alguna ocasión la culebra se transformó en ansias de matar, Silvi, a ratos le crecen plumas a la serpiente porque desea volar silenciosamente en el vacío de mi cerebro, por qué llegó lo ignoro, la sensación, pero tengo la sospecha cristiana de algo demoníaco, la culebra está ahí dentro, dudo cuando me digo "Farina, qué pasa, la persona poseída pacta con el diablo, la persona poseída permitió la entrada al demonio, porque las criaturas de Dios estamos protegidas, sacramentadas, sólo si el albedrío insiste en abrir ... no es que hable la serpiente, Silvi, pero podría ser serpiente parlante incrustada en la red de mis ideas, la naturaleza del demonio es desconocida, ¿podría ser materia de obsesión?, de ahí que me interese más mi evolución personal que la realización externa, se contradicen, ¿comprendes? Una cosa es ser, respondiendo a las propias habilidades, y otra ser interiormente, modificación, cambio profundo, desposesión de la serpiente.

-Salte de su casa, ten la tuya, serás maravillosa ama de casa, pese a que ... reconozco, tienes talento, las inflexiones de tu voz son perfectas, y los movimientos... tu palidez y la culebra me hacen pensar en suicidio: te veo tendida sobre la cama con un agujero rojo en la sien, de empeñarte llegarías a donde te empuja Dominico, pero ... ¿serás feliz? Ya no, la culebra, dijiste, te robó esa posibilidad desde cría, estorba, acerca el manicomio, Dominico te usa, me usó, Modesto te usa, pasiones y ambiciones, yo, por supuesto, anhelo el fracaso del pinche cura, no quiero tampoco que te pierdas en la iglesia de Modesto, deseo sencillez sin veneno para ti, pero te siento enferma, Farina, me digo que tú, cuando cobres conciencia en el más allá, cuando la serpiente milenaria se encanije, volverás de la tumba a matar a tus dos sacerdotes, dos ahorcamientos veo, un féretro para los dos obsesionados que te dañan, ¿alguna vez saldrá la culebra a defenderte?, ¿saldrá antes de que atentes contra ti misma? Se fiel a tu condición de mujer y enamórate de otro que no sea Modesto, otro que no te encierre, esa es la realización verdadera, sí, someterse, atender a tu pareja, lavar pañales, cantar canciones de cuna, corregir tareas. Me mueve la envidia y los celos y me preocupa tu bienestar, Farina, trato de evitar que Dominico te ahogue como a mí.

-Silvi sí, sí quiero casarme, tener hijos, cuidarlos aunque sea intrascendente como dice el tío Nico, pero ¿y la serpiente?.

-Intrascendente, carajo, lo es, trivial, de viejas flojas que hablan de la servidumbre, pero ... ¿temes transmitirles la serpiente?, tío Nico estúpido, uno sigue su propia espontaneidad, yo ... cuando supe que iba a sustituirme por ti pensé en martillarle la cabeza y aventarla por la ventana, mi culebra encabronada pensó en meterla dentro de una olla de frijoles hirviendo, la rabia se había hecho indigestión, pero no llamé al diablo aunque quise levemente, pero él, la culebra... No, no dejes que Nico te mate a base de ejercicios, cásate, ten hijos, se feliz, la culebra reposa, descansa, no habla, no es hereditaria.

-Habrá que enamorarse primero y tengo miedo de que me salga del fondo el gusto de mamá por un borracho, Modesto en cierta forma lo es, se embriaga místicamente.

-Dominico envenenó mi sencillez, mató mi inocencia llenándome de ambiciones.

-El sólo alentó las que tú traías en el alma.

-¿La culebra? Es verdad, pero pudo haberme encaminado hacia la carpintería y no hacia el baile. Pudo haberme guiado hacia las leyes, podría haber sido un farmacéutico sencillo y bebedor.

-Un farmacéutico sencillo no bebe, Silvi, tú lo haces porque eres inteligente, huyes del diablo, usas la extraordinaria inteligencia que te tocó sólo para percatarte de tu mediocridad como bailarín, enredos de la serpiente, estamos poseídos, Silvi, los dos.

ARAÑAS Y MOSCAS.

Maldita sea, Farina tenía que amar a Modesto, ¿no Señor de las serpientes?, por su influencia -Tuya- adoptó la religión de la sangre, la volvieron loca entre los tres -cascabeleo de la culebra-, compañera de la fruta universal, matas de queso, esposa de las sombras comedoras de moscas.

-Silvi, me entiendo con arañas y moscas como San Francisco, escucho a Edgar Poe graznando o picoteando el cristal de mi ventana. Quita esa cara de tristeza, soy feliz aquí, aquí soy esposa embarazada cuando quiero serlo, panzota, aquí tengo hijos cuando quiero y soy actriz, ja, ja, represento a Josefina y a la virreina.

-He visto lo que te dan de comer, Farina.

-¿Rico, no? Sopa de langosta, filete a la roquefort, ensalada de camarón gigante, manitas de puerco a la vinagreta, soy la princesa de la culebra emplumada, distingo de los demás en el espejo por lo que traigo dentro, mi reflejo dice que pude haber nacido sin culebra y haberme perdido en casa de mamá o en la iglesia de Dominico.

-Aun podrías ser actriz, Farina...

-Lo soy, represento el papel de loca feliz, ¿crees que en realidad la culebra reblandeció mi cabeza? Eso es, demuestra que no sabes quién soy, ¿confías? Anilú piensa que me trajo pero arribé directamente por un pasillo de la iglesia de Modesto, Dominico se golpea la espalda desde que estoy aquí, cinturonazos, yo me traje a mí misma, Silvi, cansada de que vieran el futuro en mi rostro de cristal, grito convincentemente cuando los choques eléctricos, sabes, he actuado con excelencia mi papel de loca, ja, ja...

TRENZAS.

Sala de labor, el tiempo sería más breve si Bul estuviera cerca de Anilú, tomándole la pata o profiriendo dulzuras de las que salen del alma, pero el borracho no está y tienes que verle la jeta al viejo inconsecuente, médicoIgnorancia, que nomás sabe de tactos, el sexo de las hembras es la cueva desde donde se diagnostica y cura toda enfermedad femenina, porque, dicho por la abuela de Silvino, a partir del primer embarazo las señoras se vuelven hoyo, mijita, tengas o no educación, leas comics o novelas serias, y cuando deja de funcionar el dichoso hoyo, mijita, despídete del matrimonio, así que bátelo bien muévelo, dale picardía pa que te ronden moscones zumbando de amor, pero Anilú ahora piensa que los médicos debían ser guapos y serios como los actores, ¿no crees mamá?, si yo fuese dueña del hospital pondría pantallas de televisión en cada cuarto, sobre todo en la sala de labor y de expulsión pa desaburrir los partos, ay, alfileres punzada, el pájaro flaco (reloj) continua marcando los segundos con eterna lentitud, mentecatez, con eterna chingatez, carajo, levanta el vuelo manecilla corta, torcacita bella, vete a consultar la suerte en el mercado, donde una vez cogí a un canario asustado antes de que metiera el pico en la cajita de los papelitos y lo aventé con el fin de que volara, huye, le grité temiendo el castigo que valía la pena recibir por salvar al animalito, pero el canario ni abrió las alas, cayó contra el suelo igual que piedra y rebotó, el muy menso había olvidado como volar, en la feria había dejado de ser lo que era, entonces me puse a chillar de harta tristeza, pues el animalito ahí encerrado jamás conocería a su príncipe.

-Vamos muy bien -dice el ginecólogo.

-Vamos, vamos, ojalá pudiéramos largarnos.

-La cría y usted van de maravilla.

-Dirá la cría, yo estoy que me lleva, me he estado acordando de mis padres y mis travesuras allá cuando tuve infancia, allá cuando la responsabilidad era una resbaladilla y mi mamá me peinaba las trenzas.

-Si es que le duele …

-No digo que me duela, me desespera, ¿qué horas son? Vea el reloj, panzudo y güevon.

-Ya no tarda.

-¿Qué no le aburre su trabajo, doc?

-Al contrario.

-Si Dios hubiera prevenido estos percances usted estaría en la calle, sentado en el parque, comiéndose unas palomitas, dándole de comer a los animales en el zoológico, pero Dios se compadeció de los doctores y les dio el don de aliviar dolores y enfermedades, por eso abusan.

-Es verdad.

-¿De qué se ríe?

-Bueno … es que yo trato de no abusar, pero parece … me parece que usted …

-Que yo pienso lo contrario, lo pienso en cuanto empieza a querer largarse y dejarme cual lombriz.

-Si me voy usted…

-¿Puedo fumar?

-Estando lejos el cigarro no huele.

-Entonces qué espera, doc, ya se está tardando, ¿qué no tenía que hablarle a su dama?

-Voy y vuelvo.

-Tómese su tiempo.

SAPO.

Encuentro a Felisandro sentado en el pretil de la ventana de su estudio, dispuesto a saltar, sapo listo para ser empujado. Una ola de emoción confirma, verdad, quiere morir con el cráneo aplastado, verdad, desea ser arrojado de hocico sobre el pasto del jardín recién cortado, pero tendrá que firmar antes la nota "no se culpe a nadie" y mostrarme el testamento, cediéndome parte de la herencia, viajaré al extranjero, departamento, tal vez me case, tal vez decida comprar un bar y emborracharme hasta convertirme en vampiro.

-Hay trago en la mesita, Silvi, por favor, yo no atiendo porque tengo miedo de bajar y arrepentirme, ¿estás contento? Lo supongo, respiro tu júbilo, amigo, por fin se te hace darme en la madre, sacar a orear tu serpiente rabiosa.

-Vine a hablar contigo, convencerte de que no -sirviéndome mi copa, un buen fajo me calmará. Al cuarto entran los reflejos de un spot dirigido hacia la alberca, ameba azul, calentita, pronto la disfrutaré, al principio sin invitados por fingido respeto al gran artista, luto mentiroso, en el entierro no aguantaré la risa, serpiente fría, maté al sapo, lo aplasté, ¿escuchas Edgar Poe?

-Ni siquiera volteo, Silvi, enpújame de pronto, soy culpable, huelo a cadáver.

La voz carece ya de su acostumbrada ironía, miedo inmenso, descalabradura, enciendo un cigarro, sesos regados, viene la ambulancia y la policía, mañana limpiaré: a la luz de la flama veo, aterrorizado: la calabaza sangrante se punza una y otra vez y suerbe las gotitas de sangre, ¿Modesto lo había metido en la nueva religión? Entonces, el gato no teme al pasto sino al Eterno Retorno, olla de frijoles, lo mataré millones de veces.

-Yo te estimo, Felisandro (sapo hijo de la chingada).

-Se honesto, Silvi, sabes que volveremos a encontrarnos.

-La religión de la sangre es absurda, Modesto envenenó a Farina, a mi madre y por lo visto a ti.

-Tú crees en el Eterno Retorno y te asusta tanto como a mí. Modesto tenía razón, las leyes que nos gobiernan son inflexibles, Dios es inflexible, Dios es regla. Yo pretendí liberarme a través de la pintura, supuse que era privilegiado, pero soy basura igual que tú, Silvi, la diferencia es que yo ahora me entrego a mi destino, me pongo en tus patas para que tú cumplas con el tuyo lanzándome al vacío, me romperé los dientes allá abajo, se me saltarán los ojos, mi orgullo de sapo reventará embarrando.

-No te mataré -digo, pensando: el gato tocará mi odio a la hora de caer, verdadero sapo croando en absoluta malvadez. Bebo otro trago largo.

-Date valor, Silvi, todo el que necesites.

-Bebo porque soy borracho, Felisandro, si en verdad quisiera convertirme en asesino (eternamente) ...

-Yo estaba ebrio hace rato, Silvi, pero tu presencia bajó el efecto de un litro de ron, miedo, sabes, me hace ilusión pintarme muerto, chimuelo, sesos embarrados.

-No habrá luego, Felisandro, allá abajo te espera la desmemoria, silencio, nada, Dios no es regla, pero la naturaleza sí.

-Habrá futuro, vendrá mi infancia, seguirá tu odio croando, mi desprecio por mí mismo, Silvi, los dos hemos fracasado, ambos hemos querido ser lo que no somos, vamos, soñarás siempre que eres artista, tú eres terco hasta la estupidez.

-Yo no sé lo que es amor (sapo). Yo no sé lo que es el odio pero sí soy necio, tienes razón.

-Amas a Cari, estás aquí por ella, y por ella serás capaz de aventarme, Silvi, ¿me darías una copa?

Sirvo dos copas, estado singular animalizado, vivo, pensante, vacío, actual, actualísimo, detrás no hay nada, adelante nada, cualidad eterna, inmediata, ahora, libertad, actos ni buenos ni malos, ni triste ni alegres, lo mismo da besar a Felisandro que arrojarlo al pasto, lo mismo punzarse la pata con él y llorar arrepentidamente, los actos están por encima de los seres vivos, los actos rebasan, me rebasan, me han sido impuestos, nos han sido impuestos, son responsabilidad pura de los Dioses, de Dios, de la naturaleza, del azar.

-Gracias -dice Felisandro al recibir la copa.

-De nada -viendo los ojos de la calabaza, ya sin importarme que pueda descubrir el gato en los míos.

-Brindemos, Silvi, por el modo en que nuestras vidas están trabadas.

Chocan los vasos y el tintin persiste un instante atemporal para luego desaparecer en el pasado, el tiempo fluye como chorro de agua templada, sutil, inexorablemente.

-Siempre has estado aquí, Silvi, mi muerte carece de importancia, los que no hemos estado en una guerra o no hemos presenciado alguna catástrofe suponemos una cuota pequeña de muertes a nuestro alrededor, pero nos equivocamos, la cuota es grande, igual, destino... que muera yo, que haya muerto Salomón, tu madre, tu padre, Farina, que hoy se hayan cometido novecientos crímenes, que muera un millón de crías y de madres en el parto no es significante, lo he sabido siempre, pero sólo en este instante de mi vida, porque antes me veo como prestidigitador, el orgullo me embriaga, soy rico, famoso, tengo mujeres, casas, talento superior, inteligencia superior. El tiempo es una onda, Silvi, nacemos y morimos en idénticas circunstancias, nacemos y morimos, cabalgamos en la onda del pequeño tiempo que nos corresponde, es la ley universal de Dios, Modesto lo sabía, nos lo enseñó.

-Modesto estaba loco -le replico.

-Quieres pensar eso porque le echas la culpa de la muerte de Farina y la de tu madre, a lo mejor piensas que yo he llegado a la idea de la muerte por lo mismo y que Salomón murió porque era partidario de la religión de la sangre, no es así, Silvi, Salomón ha perecido siempre en la misma forma, tú me has empujado con la misma furia, tu madre y Farina han terminado como tenían, somos impotentes, para evadir el destino hay que deshacer la cebolla del tiempo, como decía Modesto.

-No te he matado nunca, ni lo haré, estás loco tu también, de remate. Cebolla del tiempo, capas, regresos, sólo en el manicomio. No te empujaré -Lo harás, falta que yo mueva un tornillo, verás, el último tornillo del ciclo.

Imagino a la calabaza rodando escaleras abajo como Crispín en la Guillotinita, como tantos rodaron en los sacrificios aztecas. Me niego a participar en el juego -tendré que asesinarlo de manera original.

TEZCA.

No te vayas, maestro -pide Mascota, queja, presiente que morirá, esa noche será su encuentro con Tezca, el dios la jalará a su reino de placer, allá del otro lado del espejo hará las travesuras que dejó pendientes, jamás aceptará de nuevo el papel de prostituta ni de pepenadora, será una duquesa rica, esa noche, cuando den las tres de la mañana, Mascota será cadáver, realicen la despedida, propicien el encuentro, Cancerbero la recibirá: pase usted lindísima dama, música alegre, pus ya, ay, ya está viendo como Tezca le cierra el ojo rosadito con flores encendidas adentro, lo guiña el dios, ay, lámparas vegetales, culebritas de cristal, que fuerte se oye allá, del otro lado del espejo, el escándalo de la pachanga, las putas se cagan de la risa en el callejón de los Manzanares por el que camina aquel novio de Mascota, el Rojo, con un ramo de rosas rojas y sus lagrimones, amor, mi amor querido, el único que me quiso enteramente, Mascota saluda al Rojo, amante, novio, allá en el otro lado, cariñito, hola, ay, podremos irnos al casorio, corazón, tú vestido de negro, yo me pondré ligueros, medias negras como la levita de Chorrillo, no te vayas, maestro, tengo miedo, Tezca me guiña el ojo agusanado, Tezca me mira, me llama, yo sé, sabe del cuchillón clavado en su cabeza, Chorrillo y los discípulos la cortarán de la pandilla, ha sentido los piquetes del futuro afiladillo, mientras los discípulos trajinan, vociferan, mientras preparan la segunda cosecha, bugambilias, símbolo de sangre remolida y de costras y moretones violáceos, dolores amarillos y solferinos, enredadera interior de Tezca, mientras rumia en el centro del patio el tambor de Chorrillo, el maestro, listo pa conventrise en lo que haga menester, ay, mi queja, ay, la madrecita riega la tierra con vómito amarillo, buen presagio, es una lástima que ella tenga que irse, pero Tezcatlipoca lo manda.

-Ahora vuelvo, madrecita, no tardo, mientras estate en el privilegio, mi amor, ya podrás agarrarle los huevos a dios, ya podrás sentir su pene grande en tu vagina, ya podrás, después de los dolores.

-No, no, no -balbucea ella ojos cerrados, el rostro del Rojo me sonríe, sus patas acarician, el cabrón, sus dientes muerden, Rojito, novio, calavera agusanada, Rojito pálido y pendejo, dice Mascota, cuando la puerta cruje al cerrarse detrás de Chorrillo, quien avanza hacia las escaleras que bajan al patio, decidido a seguirle dando de beber a Mascota pa que no sufra tanto, intoxicación delirante, alguno de los discípulos se encargará del puñal, debe morir después de la segunda cosecha, regazón de bugambilias, en la tercera y la cuarta la madrecita participará muerta, amados míos, sembraremos su muerte que florecerá en la mansión de piedra, bugambilias, Chorrillo recuerda a Prudencio, ven, ven, haciéndole señas, cabeza de ángel, recuerda la primera cita, dos de la mañana primaveral, crecen las flores y los árboles, animales inquietos en el bosque, selva, mar, palabra primera, amor, cópula, hiere el aire, ven, ven, dice Prudencio, pasa, tengo sentimientos nuevos para ti y Chorrillo entra en la celda, sobre la mesa de trabajo está abierta la Biblia de Tezca (¿Tezca y no Jesucristo?) y Chorrillo quiere leer, dice en voz alta: Tezca es fuerza irreprimible que no entiende de moral, Prudencio lo mira, Prudencio lo besa, Prudencio lo viola, locura, veneración, Prudencio, Prudencio, palabra abierta y olorosa de la primavera, te amo aún, te extraño aún dice Chorrillo y se sostiene del barandal apolillado al pie de la escalera de piedra, en la vecindad, pronuncia entre dientes Prudencio, nombre del recuerdo, nombre de la presencia, nombre de la primavera, la ahogará en sangre -mientras los discípulos van a él como inocentes corderos y él los recibe con los ojos bañados en lágrimas.

Dolor.

Linda, la más pequeña de la familia escogida para el sacrificio a Tezcatlipoca, acaba de regresar del pedicurista (padece uñas enterradas), se sienta sobre su cama y abre la Biblia que papá le obsequió, pensando que había sido cobardía el permitir que la inyectaran en el consultorio para evitar las molestias del tratamiento, pues comparado con el padecido por Dios en el calvario, su dolor resultaba insignificante, infantil, nimio, así que chasqueó la lengua disgustada ante su egoísmo y debilidad, vaya, tanto lagrimear por una gotas de pus y las punzadas, el precioso don de la vida hay que pagarlo, piensa, cuando mamá asoma la cabeza dentro del cuarto:

-Cómo te sientes, mi amor?

-No me dolió nada, de veras, mami, no te preocupes, dejé que la doctora me inyectara, soy una facha.

-No veo la necesidad de sufrir. Tendrás hambre.

-Se me antoja una torta de jamón.

-Pediré que te la hagan -dice mamá, sentándose junto a Linda en la cama-. ¿Qué estabas leyendo, hijita? A ver, es la estampa de la sublimación a través del dolor, qué bonita y misteriosa, las vírgenes que sufren me dan escalofrío, Linda, me hacen sentirme lejos, un poco inhumana o demasiado, yo le huyo a los dolores, ahí es donde menos comprendo a Dios, ¿por qué dolor?, me digo que es un aviso, una manera de provocar el progreso, pero ...

-A mí en cambio, sí, no se qué siento cuando miro estampas religiosas, me dan ganas como de meterme, pero, efectivamente, me da horror no poder soportar el dolor y quedarme ahí adentro en la estampa gritando en silencio.

Ser santo no es cosa de juego, ser santo duele y mucho.

-Dios está en todas partes, podemos sentirlo, en aquél y en este tiempo, me refiero al de la estampa.

-Pienso en el otro tiempo, mami, verás ... Las estampas son amables conmigo, yo digo que me sonríen, yo digo que en cierta forma me coquetean, como si adivinaran que yo he pensado en el convento.

-Yo también pienso en el tiempo de la estampa, en eso te pareces a mí, Linda, hijita, yo de niña quería ser monja, y no habría sido mala religiosa de no haber tenido hijos, ja, ja... ahora me considero mejor como madre, las monjas pueden volverse misioneras, les da por viajar, les da por sufrir y yo...

-Sí, el tiempo de lo dibujado es una tentación para mí, pero sólo eso, al final tendré hijos como tú, me casaré, claro, y seré feliz enseñándoles a seguir y creer en Jesucristo, porque El está vivo, ¿no?, porque el vive como antes y como después de su resurrección en tiempo presente, ahora, ¿tú crees que las estampas llamen, entonces, mamá?

-En sueños, sí, es un tiempo de fantasía y un tiempo de religión, hija, para mí el llamado de las estampas fue de fantasía, no sé para ti, las monjas verdaderas oyen desde el tiempo religioso, otro tiempo.

-A mí me hablan de un mundo iluminado, desde el cual pueden vernos y juzgarnos los santos, y entristecerse por nuestra faltas, estoy convencida de que allá han llorado por la madre que enterró a su bebé en el jardín.

-Tu papá sabía que iba a encantarte esta biblia.

-El encuentra siempre lo que me gusta -replica Linda y en seguida quiere agregar "tú también mamacita", pero dice: quedaste en mandar que me hagan una torta de jamón.

-Oh, sí, me acompañas abajo o prefieres ...

-Te acompaño, claro.

En la cocina:

-¿Mostaza y mayonesa, mijita?

-Ni me digas, que sea sorpresa, pero sí, por favor, y dos rebanadas de jamón, me da hambre cuando tú me la preparas.

Mami, ¿tú crees que alguien haya sufrido tanto como El en la cruz?

-Nadie, hija, imposible imaginar lo que sufrió, los clavos, las espinas ...

-¿Ni los enfermos en los sanatorios sufren o han sufrido lo que El?

-Su dolor es el de todos nosotros juntos, sufrió por pobres y ricos y enfermos. Suma tu dolor de los pies a los dolores de muelas, y el de los tumores cancerosos, y de los enfermos atacados de viruela y el de los infelices accidentados, y todos los otros dolores, y tendrás una idea vaga de los El sufrió en la cruz, de lo que El tuvo que padecer por nosotros.

-A veces comparo, tontamente, el dolor de mis uñas enterradas al de los clavos.

-Fue más que eso, te digo, pero en tu medida, en tu tamaño, Linda, has sufrido mucho, hija.

-Entiendo, sin embargo ... hay dolores y dolores.

-Entre nosotros sí, pero el dolor de El ...

-Ya veo, soy vanidosa, ¿no mamá?, por momentos he pedido sentir un poco lo que El.

-Un poco está bien, Linda, es suficiente un poco, muy, querer acercarse al Señor es un tanto blasfematorio, un tanto malo, bueno, un tanto presumido, digo, pero un poquito sí.

-Ya veo, qué vanidad, ofrecí mis punzadas modestas.

-El lo aprecia, corazón, no necesitas entregarle más, El recibe ese poco de buen grado y te sonríe.

-Pero, insisto, me ha parecido poco.

-Poco no, al contrario, eres una niña. La madre metió el pan al tostador.

-¿Y los pobres sufren más que los ricos, mamá?

-No lo sé, hija, es posible -mirando la ventanita del tostador.

-Sufren más, creo, uñas enterradas y hambre, cancer y hambre, diarreas y hambre.

-Nosotros no somos ricos, vivimos bien, pero no una cosa del otro mundo.

-Vivimos más que bien, mamita, si comparamos con un pepenador o con alguna limosnera de las que se quedan tiradas en la calle.

-Es verdad, Linda, pero en vez de hablar come ya, ¿correcto?

De grande, Linda dedicaría su vida a los demás, se iría de misionera, curaría enfermos y leprosos, llevaría consuelo y comprensión, lepra contagiosa, la mataría lejos de casa, como a San Francisco.

-Te diré que ... a veces los pobres son pobres por tontos, no estudian ni trabajan, se la pasan de vagos en las cantinas y billares, son borrachos -asegura la madre, poniendo la torta sobre la mesa del antecomedor-. Algunos, no digo todos, si quisieran, podrían tener lo que nosotros y más, ve cómo se mata tu papi en la oficina, hasta los sábados y los domingos, te consta que yo le digo que no trabaje tanto porque nos descuida, quiero decir ...

-Muchos pobres trabajan, mamita, sábados y domingos.

-Es cierto, pero no estudiaron, quizá estuvieron de burros en la escuela. ¿Qué tal tu torta?

-Deliciosa -pensando en la limosnera que se ponía en una de las entradas del mercado de San Cipriano, perra chimuela que despiojaba a su cría con un peinecito especial negro de mugre.

XIV

LA NARIZ DE DIOS.

El barrio que la Providencia escoge para que Silvino abra sus taciturnos luceros apesta a fritanga (Dios participó en tu funesto nacimiento con la nariz, señaló olfateando, impuso a partir de sus reconocimientos nariciles, puede que al Señor le agraden las garnachas y gorditas de tuétano, ángeles del metate le hacen el desayuno que El disfruta en el cielo, calentito, a la mexicana), el conjunto de sus edificios, casas y vecindades, tendajones y mercerías, mercados, iglesias, avenidas, calles y parques son caldo de cultivo en el que prolifera peste y mediocridad (con sesos pequeños se lee y se discute y se hacen comentarios sobre el teatro griego y la vanguardia, las lenguas expresan lo que surge en las mentes infectadas de ¿meningitis espiritual?): primitivismo prejuicioso incapaz de discernir entre una obra buena o mala (qué importa, comenta Dios, mientras las tortillas estén hechas de maíz y no de olote, mientras la tierra de chilitos verdes y cuaresmeños).

-Nacos agresivos, Salomón, de eso estamos llenos en la colonia, lo que no les gusta es malo y lo escupen con pedazos de solitaria, lo que no entienden es malo y lo vomitan entre chicharrones y carnitas, gusto de mercado, ni si quisiera podemos hablar aquí de tomadores de pelo porque, me parece, es auténtica su perversión, la meningitis espiritual hincha las opiniones hueras, proporcionándoles cierta consistencia que se iguala con el barrio.

-Qué te fijas, Silvi -contesta Salomón, pensando en la Pipa, adoración, haciendo cuentas y ahorros para el vestido de boda y la fiesta, cambio de muebles, la cama será matrimonial, quizá alcance para dos noches en Acapulco, la sangre virgen de la novia merece sábanas gringas-. Hay para todo y de todo, tu error estriba en que quieres a fuerza, igual que ellos, que nomás exista de una sopa.

-Es cierto, porque la otra sopa es orín, la de ellos, chorros amarillos de estupidez.

-Bájale, no te sulfures, hombre, a mí me gusta lo que a ti, quiero decir en arte, la Pipa ... estoy de tu lado, pero yo vengo a este parque a ver nalga, no cuadros, sé qué clase de arte se vende y, sencillamente, no lo compro, ni lo compraré, de aquí me atrae precisamente lo naco.

-Siento el parque como isla hecha de tierra y cortezas, siento que la tierra está disminuyendo en proporción y gana la presencia de la corteza, como alucinación, siento que el lugar puede masticarse, me dan ganas de quemar, arrasar.

-Renacería, Silvi, la estética cucarachil crecería más frondosa, tú lo acabas de decir, es cuestión espiritual, o psicológica, tendencia congénita, pendejez mamada en la cuna, compañero.

-Felisandro gusta en esta tierra demasiado vegetal, lo que significa ...

-Claro que no, Silvi, Felisandro entra en todas las categorías, es admirado aquí y en Bellas Artes, talento rebasante, lo tiene el gato, pese a lo odioso que a veces es, pese a que no nos vea como amigos, soy testigo, verdad, aquí y allá logra el asombro y, confieso, no sé como.

-Mala señal.

-O buena señal, quién sabe, yo no sé que pinta Felisandro, Silvi, ¿saber?, veo los cuadros y creo que entiendo, ¿qué?, no sé, pero me producen, eso sí, o me sacan emociones inéditas, ¿mamada?, pensamientos nuevos en el ámbito puramente visual, no sé.

-¿Lo admiras?

-Por supuesto, artísticamente es superior a nosotros, noto el tamaño, la estatura que produce irritación, noto que Felisandro trae, de nacimiento, un desarrollo interno diferente, más sólido, superior.

-Dirás que superior a mí, tu música...

-Dije nosotros, Silvi, por favor, deja mi música en paz, mis debilidades no son sonoras pero hacen mucho ruido, ya lo verás, el tiempo habla.

-Hablará de mi suicidio.

-Desde luego que sí.

-De mi protesta, mientras más hinchado me ponga muerto, hinchazón de cadáver, más periódicos expresarán condolencia, la hinchazón crea conmiseraciones, la hinchazón la siento en el parque, Salomón, el parque se ha empanzonado, como si ya estuviera viejo e indigesto, en el sentido del Eterno Retorno, pinche Modesto.

-Desde luego que sí, pero ¿vale la pena?

-¿Suicidarse?

-Sí, suicidarse, caer en silencio, del lado de los que no oyen, del lado de los que no sufren, tú crees que sea ...

-En mi caso no veo otra salida, cojeo, es como si tu fueses sordo.

-Beethoven ...

-Cállate, Salomón, no me hables de la sordera de Beethoven, porque me dan ganas de arrancarme los pelos, ¿el talento es más grande que los defectos?, ¿sí?, en el caso de Beethoven, Beethoven quizá, se habría cagado de risa de mi cojera, ¿eso querías decir?

-Quería decir que tú también tienes talento, Silvi, tanto como el de Felisandro o el mío, pero, al igual que yo, distinción con Beethoven y con el gato, padecemos ciertas debilidades, hoyos internos, abismos inexplicables en el carácter, diablos cristianos incrustados en forma de pantano, en ellos nos ahogamos, por ellos no entendemos, y no hemos aprendido a secarlos, ni aprenderemos, me parece.   Tal vez somos demasiado inconformes.

-Lo somos, sí, y a mucha honra, sí, claro que soy inconforme, lo seré ahora y bien muerto, desearía decírselo a Dios cara a cara.

-Es la primera vez que te oigo hablar de la muerte fuera de la sensación de Eterno Retorno.

-No creo en esa paparrucha inventada por Modesto, la muerte es nada, Salomón, nos devuelve la total inconsciencia, estoy diciendo nos devuelve, coño, ¿acaso la tuvimos?

-Tu apasionamiento me toca, Silvi, es fiebre de artista, me contagia, si hay Dios hablarás con El, reclamo, explicación, todos contentos, de lo contrario caerá perfecto el reposo sin arrepentimiento, sin Eterno Retorno, metidos en una dimensión donde el cabrón de Modesto sale sobrando.

-Sin embargo, honestamente, en ocasiones me digo: Dios bendijo mi alumbramiento de mal talante, se hallaba en un momento de humor agrio, harto de la necedad de sus criaturas, ¿es posible que El mismo haya planeado este regreso? Te das cuenta. La rabia me hace responder: Dios planeó esta rueda de la fortuna, Salomón, permite la existencia de este parque colgado de basura, ¿colgado dónde?, desvarío, quise decir petrificado fuera de la cuarta dimensión, no alcanzo a comprender su mentalidad, pero me retemputa, ¿es sádico?, ¿un flojo que ve con indiferencia lo que pasa aquí abajo?, entre pedo y pedo Dios bosteza, come uvas celestiales, dice que es mexicano o español. Me digo aconsejado por el coraje que Dios tiene pensado este maldito parque desde que el tiempo es tiempo, desde que Adán mató a Abel, desde que los romanos crucificaron a Cristo, desde que los Aztecas fundaron Tenochtitlán, pienso en Dios como si fuera uno, como si no hubieran existido otros, pienso también en dioses, es una congestión, como si tuviera gripe escatológica, me sueno a Tláloc, Tezcatlipoca es un moco mientras no recuerdo a Chorrillo, ¿realmente contactó con el diablo?

-Dios es Dios, Silvi, ni trates de comprenderlo, carajo, porque de seguro El nos ve igual de nacos que nosotros a los que compran y exponen cuadros aquí, nacos desesperados o tristes, con agruras.

-Su mentalidad es más amplia que la de nosotros, quieres decir, su mentalidad es tan amplia que yo no la comprendo, tú no la comprendes, quieres decir, pero hasta un pendejo comprende que hay mal en el mundo, hasta un ciego repudia el hambre, ¿verdad?, quieres decir que no entiendo, bien, pero me irrita, ¿puedo irritarme con la obra de Dios o con el vacío?

-Lo estás haciendo, Silvi, pero de nada sirve, Dios es Dios y está donde está si está, Dios es persona o no lo es, quiero decir que no sé nada de Dios, Silvi, por eso toco y me olvido, suena el saxofón y Dios desaparece, de hecho, pienso, cuando no toco, que sería mejor que Dios no existiera, por explicar sencillamente las cosas que tú preguntas, Silvi, la cuestión es que con Dios y sin Dios me faltan respuestas.

-No es casualidad que el hospital donde nací se encuentre al lado de la casa de piedra, precisamente la ultrajada por Chorrillo, ¿o sí?, Chorrillo pacta con el demonio inexistente, supuestamente pacta, supuestamente el diablo habla con él, las hormigas carcomen, Salomón, el crimen florece ante las narices divinas, ¿debió intervenir Dios cuando El mismo lo ordenó?, volvieron los tiempos de exorcismos y amuletos, ya estaban en el parque, tiempos del mal de ojo y de las Animas benditas del Purgatorio, y de los chiqueadores, el chaman reina, reinan los traficantes de pintura, ¿no lo crees? Ve qué basura Salomón, ¿tú colgarías esta marina en tu sala?

-Sólo si a la Pipa le gustara, Silvi.

-Si a la Pipa le agrada esta marina no será mi amiga y no debería ser tu novia, carajo, es para cagarse, ¿te casarás con una señora que cuelga esa marina en la sala? Estás renunciando a mi amistad, estás renunciando a la música, putísima madre, llego a empedarme y tengo que verle la jeta a la marina, y la jeta de la marina es la jeta de tu esposa, y la de tu esposa la del ex amigo, adiós, Salomón, me estoy despidiendo, paso.

-Ves lo que te digo, comes verdura ajena, Silvi, y te indigesta y, sin embargo, tienes razón, de eso hablaba hace un momento, debilidades, calenturas contrarias al talento, las debilidades, quiero decir, son las caries del talento, Silvi, comenzamos con una concesión y viene la resbaladilla, yo de seguro estoy cayendo y pienso en morir, no tanto como tú, pero pienso, el parque no me chifla, precisamente, precisamente porque me estás obligando a que lo sienta hinchado y eterno, picado de mosquitos, con razón Modesto acabó de pordiosero luego de la muerte de Farina, lo justifico, tanta soledad en la iglesia estalló con la muerte de tu hermana, Silvi, ¿no quieres hablar de eso?

-Vaya, cuatro hospitales en la colonia y tenía que ser ese, ese, sólo porque el tío Dominico obtuvo rebaja, malos augurios es lo que debía haber economizado el pendejo en mi nacimiento, Dominico adora al Dios de las marquesinas, adoró el talento de Farina, la empujó, me empujó a mí, ¿te da la sensación de que ya hemos hablado esto?, reconocimiento, Señor, se hinca ante el talento "divino", Dios es conocido, famoso. Creerás, Salomón, que me traía al parque algunos domingos a aprender lo que no debía hacerse, según él, pero en el fondo, el pinche cura disfrutaba viendo despintura, si puede llamarse así, jetas de bugambilias, jetas de vecindades, jetas de indios, ¿refritos de los grandes?, ni eso, falta la mano, ni eso, los grandes venidos a menos ya es conceder, Dominico mi tío es una mierda, lo abomino, de buena gana lo encerraría en un barril.

-Eso lo sé, no necesitas recalcarlo tanto, porque comienzo a sentir que pese a todo lo quieres.

-¿A Dominico? Qué va, carajo, es el culpable de mi estado actual.

-Bueno, lo odias completamente, ¿se puede odiar así?, tú dime, no le saques.

-Mi nacimiento quedó marcado por nueve homicidios que enchinaron las greñas de la vecindad. ¿Qué tiene que ver con lo que hablamos? Verás, si Dominico hubiese calculado este hecho lo adoraría como al diablo, pensé que lo era, encerrado en la iglesia como Modesto, predicando basura, amor que no siente por el prójimo, caridad que no practica, humildad que llena de ego. Dominico es diablo especialista en inyectar sueños de opio, ¿quién podría pintarlo boca arriba y despanzurrado?

-Je, je, el único que pinta aquí temas rojos es Felisandro, ¿no?, iría de buena gana a la iglesia si le dijeras ven, he matado a mi tío, je, je.

-Comienzan a imitarlo los estúpidos, allá en el fondo del parque hay una perrita con pincel forense, huele a gusanos y pus.

-Vamos a ver, te invito.

-Vamos.

-Ojalá sea mejor ella que él, puta purulenta.

-A Felisandro sí lo odias completamente, Silvi, por él sí no he notado el más mínimo sentimiento de cariño de tu parte, hay frío en tu voz, cierto desprendimiento, como si hablara otro en tu nombre.

-Te equivocas, lo admiro y lo envidio, te equivocas, algún día lo despellejaré y bailaré con esa ropa ante la presencia de Tezcatlipoca.

-Oigo de tu nacimiento, Silvi, y pienso mamona y seriamente: Sigilosos, callados, astutos, los virus criminales vuelan en busca de cunas recién ocupadas, bajan al cuello de las crías y chupan hasta matar, las discusiones e insultos entre cónyuges, golpes, desamor, miedo, sirven de vehículo y sustento a estas bacterias astrales, ¿las habrá?

Parque.

Salomón y Silvino pasean en el parque, mañana espléndida, los pajaritos pían sobre jacarandas y fresnos, se zambullen juguetones en los espejos de agua, romería bulliciosa, hace contrapunto a vendedores de palomitas y algodones, aguas frescas-las aguas, naranjas, perones y jícamas con chile y limón.

-Odio a Felisandro, Salomón, verdad, lo juro, lo han inflado, no tiene derecho a burlarse, hice ... hago lo que puedo, me dijo mediocre, de dónde saca la idea de que es tan fregón, mis huevos.

-No te ocupes, Silvi, atiende lo tuyo -responde Salomón, mirando a una perra insignificante, vestida con un conjunto color de rosa pasado de moda, corriente, colgaría una marina en su sala.

-Me revuelve las tripas el gato pinche, es el que más vende en el parque del arte, gente morbosa, les fascinan los crímenes que pinta Felisandro, ¿me estás oyendo?

-Claro, sí, pero piensa en lo tuyo, vaya, Felisandro es auténtico.

-En el barrio los dentistas son descuidados con sus propios dientes, los peluqueros con su pelo y los zapateros caminan con el calcetín.

-Silvi, ven, ¿compramos una jícama?, se me antojaron, ¿a ti no?

-Se me antojan, sí. Camino al puesto de jícamas y pepinos te dices "no vale la pena tener éxito con ignorantes".

-Salomón, tú crees que la Pipa colgaría un asesinato de Felisandro en la sala?, a que no.

-Puede que sí, Silvi, me ha dicho que la mueve el realismo del gato, entiéndase realismo como chingadazo, me ha dicho que llora al ver lo brutos que somos, me ha dicho que Felisandro la hace tener pesadillas y que eso es magnífico. Quiero decir que prefiere la marina en la sala, Silvi, desde luego, si a eso te refieres, pero a Felisandro lo colgaría para recordar que es culpable, para recordar que es bueno acercarse a la iglesia, agradecer.

-Me recordaste a Modesto paseándose en su iglesia, meditando en soledad, diciéndome: Silvino, la función del arte es ayudar a despertar la conciencia del Eterno Retorno: suma de corajes y envidias, no existe el libre albedrío, porque el espíritu es un imán, jala los mismos acontecimientos, amigo, el orgullo ata, no hay progreso ni justicia mientras dure la cebolla tetradimensional, sólo se libra de la cárcel el que nace de nuevo en otro campo magnético controlado por leyes diferentes, el arte, Silvi, es un modo de asustar, el asombro vivifica, revienta la costumbre, el peor de los vicios.

-Dos jícamas con chile, la mía con mucho, tú, ¿Silvi? -pide Salomón al jicamero

-Igual.

El carrito se halla a unos cuantos metros del lugar donde expone Felisandro. Silvino percibe cuadros nuevos, el gato los acaba de pintar: secuencia de escenas sucedidas en la calle de Las Animas, ahí está la puta pelirroja, maldita sea, en un descuido te retrató haciendo el ridículo, pagando por el placer no recibido.

-Qué te pasa, Silvi, estás descompuesto.

-Nada.

-Ya caigo, los cuadros, ¿no los habías visto?

-Si me pintó cogiendo, lo mato -dice Silvino cogiendo camino hacia el sitio de exposición sin esperar que terminen de prepararle su jícama. Salomón suelta la carcajada.

-Espera, es lo que crees, mándalo a la chingada. En los lienzos están tus expresiones de aquella vez, repetición, pliegue en el Eterno Retorno, rostro adolescente, asustado, ojos abiertos al enigma sexual, sobre todo ignorancia, lacerante desconcierto ante la prostituta pelirroja que chorrea maldad -te mandó a masturbarte después de cobrar.

-Espléndidos, verdad Silvi -dice Felisandro-, te di mi palabra y la cumplo, ese no eres tú aunque te parezcas de a madres y respires pendejez.

Ciego de ira, nublada la vista, te arrojas sobre Felisandro, pero éste esquiva con un movimiento ágil y gracioso de torero que su público aplaude.

-Ole.

-Cobarde, te voy a romper la madre, juro -grita Silvino sacudiéndose el polvo.

-No te alteres, Silvi, mi amor, nadie de los aquí presentes es capaz de reconocer tu cara babosa en los cuadros, ¿verdad señores?, él no se parece ni tantito al adolescente puñetero, ja, ja, ja...

-Levántate y vámonos, Silvi -pide Salomón, dándole una palmada en el lomo-. No hagas caso, son estupideces. Tú respondes llorando de rabia:

-Voy a matarlo, Salomón, te juro.

PERROS ILUSTRADOS.

Terminaste tus estudios de maestro en condiciones jodidas, ni modo, ganarse la vida, no tienes abuelos ricos, chinga, a nadie importa si mueres machucado por la cirrosis, aceptaste el trabajo en la primaria oficial "Perros Ilustrados", idea: iniciar a los alumnos en los misterios del arte, ¿qué misterios, los de Dios?, pero vino la inspectora y "Silvi, apreciamos su esfuerzo, mucho, sí, lo vemos en que se cansa y esmera, sí, viene a este mundo y trata, digo, como maestro, pero se complica, mire, y lo sé, la cuestión es apegarse al programa, ¿por qué usted no lo hace?, bien, el programa está hecho por maestros competentes, ¿no lo cree? (lambiscones del sistema como ella, salchichas que repiten, memoristas con mostaza y catsup), yo no, lo digo sin ironía, no entiendo lo que trata de inculcar en las inocentes crías, vienen sin desayunar y usted ... ¿de qué libros, por favor, sacó el nuevo programa?, el programa distinto al nuestro, díganos si desea conservar su trabajo -doña salchicha, la inspectora, suspira y menea la cabeza, se acomoda las gafas redondas, carraspea, busca las palabras menos ofensivas y dice "son tarugadas, Silvi, hombre, ¿qué no ve que los tiene con la boca abierta y atontados?, ellos vienen de familias pobres, los pobres, como le dije no desayunan, poco entienden, poco asimilan porque poco comen" -dice la pinche solterona, ¿ha probado la salchicha?, más bien se convirtió en salchicha freudianamente hablando, cuento de hadas, doña salchicha deseaba verga y le dieron salchicha sus padres, comprendió que la salchicha era decente, ¿pero se goza?, doña Salchicha goza de la confianza de los directores del plantel, yo, digo, trato de profundizar, señorita inspectora, intento que los cachorritos comprendan, ¿comprende?, intento que aprendan a pensar, su lenguaje es reducido y no captan el sentido de la mitad de las palabras, le hago de diccionario y de maestro de arte, señorita, busco que razonen y no que repitan de memoria, sólo las salchichas repiten (Dios también repite, luego, es una salchicha).

-Vaya, Silvi, por favor, a nosotros al contrario, me refiero a gobierno y maestros (sistema), me refiero a padres de familia, los pobres y los ricos, digo, personas decentes, lo que nos importa y seriamente, es que lo que sepan los niños, lo sepan de memoria, mandamientos, principios.

-La mayoría de los mortales, señorita inspectora, somos perros calientes con mostaza en vez de tacos de chorizo, mi madre me educó repitiendo, como Dios.

LOROS ILUSTRADOS.

Ebrio, encerrado en la casa de huéspedes, señorita inspectora, Dios es circular, la enseñanza parte de un punto y regresa al mismo: del culo al culo, memoria peluda, memoria cagada, diarrea con cara de loro, ¿será Dios un loro multipoderoso que ha poseído a todos los maestros?, la señorita inspectora cotorrea en jaula de soltera, mientras se baña busca sexo de mujer y no lo halla, ¿dónde estará para enseñarlo a gozar?, encuentra sexo de loro, ¿cómo se manipula esta cosa verde?, vaya, echaste el pasador de la puerta, habrá acción, operación sencilla, suicidio azul, bien, agregarás color al suicidio, le pondrás color de cielo, azul, sesos azules, Dios, el berrinchudo, presta atención, ¿por fin, mi suicidio está o no escrito en el libro sagrado del loro?, Dios mueve la cabeza dudando, el sexo de la cotorra inspectora no es de loro sino de solterona, acostumbrado a la mano, dedo con uña, sería maravilloso poder contrariar al Divino Círculo y matarse contra su voluntad, chingar el mecanismo del Eterno Retorno, ¿es drama o comedia la que representas frente al espejo, delante de ti mismo, en absoluta transparencia?, comedia si el suicidio está escrito y drama si no, el loro multipoderoso llora y patalea diciendo "padre mío, por qué me has abandonado, no debías haber permitido que Silvino se pegara un tiro frente al espejo, a

Tezcatlipoca le agrada reir, se agarra la panza, claro, muerto te convertirás en salchicha de sesos, ja, ja, Tezcatlipoca pide sacrificio zurrándose de risa, venga suicidio, mucho, mucho, grita aplaudiendo, el cabrón está empulcado, reiteración, espejo, salchicha sin sesos, no has salido de él, El es el espejo, Tezcatlipoca, misma caja de espejo, alberca espejo, nadas en sus aguas, ajolote, contemplas el cielo azul de tu suicidio imposible, ya habías muerto, ¿y qué?, trabazón de Dios, dedo de dios reventando tu coco hueco, masturbación y orgasmo, saltarán tus sesos fuera del estuche sin contenido, tu cráneo calaveril, y se prenderán los sesos con uñas y dientes del espejo, embarramiento de ti, tú, el del espejo, untado por Dios, Mí, Tú, el de los sesos lisitos y cristalinos, copa, recipiente vacío, pura forma, objeto salchichesco pensado por Dios Nuestro Señor, pata mayor, cojera eterna, cojera hinchada, Farina te ganó el cariño del tío Dominico, recuerdan tus sesos embarrados, ¿te quería a ti o a tu talento?, reiteración, Dominico toma el talento para modelarlo, es decir, para embarrarlo, se cree Dios, lo mismo tu talento que el de ella, Dios es Dios, modela, embarra, hace creer que los sesos piensan cuando en realidad son una torta azul, carajo, cuántos perros has visto que no necesitan pata hábil para bailar y, sin embargo, Dios modela, otro trago a pico de botella y en seguida sacas el costurero del buró, adentro está el almohadoncito rojo, desencajas la aguja más gruesa, veamos, te pinchas con fuerza, ay, ¿dios está contento, el cabrón, porque me estoy pinchando?, ¿de eso se trata?, Dios pequeño de contentillo: si te pinchas te concedo nueva pierna, si me adoras te hago rico, ay, chillas, ojete, picaste nervio, exprimes la herida y llevas una gota de sangre al hocico, ahora, poco antes del embarramiento de sesos, creyendo aún que el creador puede arrepentirse y volver a modelar, ahora, ya te pinchaste, entonces, por Dios que tu pata comenzará a transformarse, ahora, Dios copiará la pata del mejor bailarín, ahora la coloca en vez de la otra, la pata pinche, la que diseñó primero con afan joditivo **(TE ADVIERTO DIOS QUE SI NO**

LA CAMBIAS HABRA EMBARRAMIENTO DE SESOS), ahora, ahora Silvi podrá bailar o arrojarse por las escaleras, Borracho de mierda, dice Dios, ¿querías la pata o no?, si la quería, pero ya no, voy a chingarme pa quitarte lo berrinchudo, señor Loro, métete la pata nueva por el culo, ja, ja, te la regreso y me chingo, veo con delicia que el suicidio no estaba previsto, no, no se me bajará mañana, no amaneceré con pata nueva y bailarina, vete a la mierda, Señor, voz de Modesto: "la sangre es el recipiente donde está contenida tu esencia, sangre y no sesos, animal, ¿qué es nariz, oreja, un ojo?, descripción de funciones, nariz huele, ojo ve, oído oye, estómago digiere, sesos piensan o pensaban, ¿qué es pata, uña, lengua?, nacemos, morimos, tu vida es un pez, la conciencia agua, nadar, ¿deseas otra vuelta?, ¿deseas que Dios te de otra embarradita?, suena el disparo, reventón, puta madre, ¿está o no escrito mi suicidio en el libro de Dios?

LA LOCA DEL "FIT-FIN".
-Ya estuvo suave, aquí le paramos, doc, chintetes, mis nalgas están sentadas en la eternidad, Silvino intenta contrariarme, contrariar a Dios, niño necio, berrinchudo, en el cielo los ángeles ven el reloj y truenan los dedos.
-Calma, hija, Roma no se hizo en un día.
-Conchudo, no sale, está diciendo que no, irracionalmente niega, ¿por qué?
-Dale tiempo.
-¿Más?
-Otro poquito, ahora vuelvo, ¿eh? Tal vez usted aproveche el tiempo mientras (¿Está sugiriendo el puto doctor que mamá se fume otro churro?). Desde la calle, el cilindrero manda su vals triste como viejo escupiendo en bacinica, desafinado vals cachivache, Anilú lo bebé encendida, humo santo, el mismo vals desde cría, resuena el cilindro y mami se lo toma con ganas de llorar, tragándose el sentimiento de lástima por ella misma acurrucado en su interior, necesidad de caricias, apapachos,

papi, ¿me cargas un ratito?, ¿qué no ves que estoy ocupado?, música honda, languidez, parte entrañable también de los vecinos pobres de la colonia: padres de crías berrinchudas untadas de mocos, divirtiéndose en la tierra, jugando a las canicas, los quemados, tragapalito, lucha libre, recuerda Anilú las contiendas de luchadores sobre el cuadrilátero, enmascarados y peludos propinando piquetes de ojos, patadas voladoras y candados, salpican sudor, truenan las caídas en la lona, Ani se habría dedicado a esa profesión tan llena de vigor pese a las risas de sus compañeros de escuela, quienes te tenían pavor por las patadas y pescozones que repartías (luchadora ruda, óyeme, cabrón, no me levantes la falda ni me aprietes las chiches), tus padres te prohibían jugar con mugrosos: me siento huérfana echando sola brincos y volteretas, seré su amiga, así no tendrás que correr del viejo del costal, recuerdas el susto -palpitaciones broncas- con la señora empulcada en "Las Glorias del Can", viene tambaleante, velo negro, falda sucia de mocos, camina y tú juegas cuando de repente, saltando la cuerda, que salta la vieja y casi se te paraliza el corazón al ver aquellos ojos inyectados y asquerosos, legañas de un siglo, selva en el mirar, peligro de mordedura de serpientes y alacranes, te pepenó por el cuello diciendo "fit fit", yo no le he hecho nada, seño, usted parece buena (costra, como árbol que sangra, tronco femenino), sólo estoy brincando la reata, sí me hiciste -contesta la loca-, me hiciste nada que es mucho, nada que me duele en los ojos y eso que veo poco, de tu nada llegaron las cataratas y la falta de pulque, me largan a patadas cuando faltan los centavos, tu nada sabe que soy princesa, ¿no?, me quedan los zapatos de tu abuela y los de Cenicienta, pero nada me dan, escasean las limosnas, crecen las uñas, me hiciste porque andas diciendo que soy vieja loca ¿eh?, y tus decires me encantan, dices que soy y soy, me escondo de la gente, voy a misa, rezo en mis días de fiesta, claro que me hiciste loca diciendo que soy loca, a que sí lo dices, ¿eh? -lanzándote el aliento pestilente, náuseas, ¿quién es vieja loca?, a ver, dime, ¿soy vieja loca?, usted no, seño, claro que no, la loca es otra, ni mi mamá ni vos son locas, bueno, ta bueno, fit fit -repite la loca, agregando unos pellizquitos inofensivos y se va saltando.

Perros guapos.
Cuando le platicaste a la criada Sinforosa lo de la loca del fit fit: ay, cría de mi corazón, mi vida, esa cabrona borracha está re loca, nomás anda a la caza de perros guapos, donde ve pantalones aparece a coquetear pelando los dientes verdes, dicen que se alza la falda y orina, dicen lo que tú no debes oír, chula, mi amor, es borracha y limosnera pero no tiene culpa de estar loca, digo yo y dice don Bofe, el carnicero, que las culpas caen en sus amigas de andanzas, las otras borrachas que luego taquean en una de las esquinas del mercado de San Cipriano, tacos de arroz y de sopa de pasta, tortillas solas con chile, tragan las malas brujas, porque dice don Bofe que las desdichadas taqueadoras -empacan y beben pulque-, gente mala, la agarraban a los cocotazos zonzos entre chanza y broma cuando se quedaba dormida de tanto trago, pas, cuas, sácataleas con los catorrazos en la chirimoya blanda, ¿verdad que duele?, y ella empulcada diciendo fit fit en vez de no jodan, fit fit, quejándose pero sin poder pararse por la borrachera prendida, zas, pom, a cocotazo y cocotazo sordo perdió la cabeza y encontró el fit fit, dicen, ¿tú les crees?, y no te creas que es perra corriente, al contrario, se volvió así por la beberecua, antes, dice don Bofe, estudió pa secretaria muy seriamente, tiene título y todo, lo saca y lo enseña en la pulquería, pero le dio por enamorarse y dar de comer al pajarito antes de tiempo, entonces, alimentado, el cabresto pajarito la dejó un sábado en la tarde en plena iglesia, sabe cuántos invitados, ya ves que es muy triste los amores, Ani, pero yo de bruta, y menos me expongo a los cocotazos, como si fuera diversión, figúrate tú, el alcohol embrutece y enloquece aunque da harta felicidad.

EL TULLIDO PANFILO.

Los roba chicos de la oscuridad emergen para llevarse crías malcriadas, en cambio los Chorrillos suben las escaleras pensando en rebanar, es muy feo el mal ajeno a los móviles lucrativos, más feo, pena por la loca del fit fit, víctima de la maldad que se complace en la maldad, caracho, esto de parir es tan natural como las hemorragias nasales, el cilindrero le da a la manivela cerca del kiosco, en el parque, junto a una vitrina con algodones de azúcar, Anilú prefiere, de niña, disfrutar al cilindrero mordisqueando pirulís en la banca de ladrillos rojos, porque ahí, el sentimiento ese que provoca el cilindro se sentía más rasposo, cuando sea grande, voy a comprarme el kiosco con todo y cilindrero, ningún otro juguete, lo bonito de los gnomos es que tienen vida propia, Anilú ha leído biografías de monjas y santos que hacían sentir algo similar a lo suyo con el kiosco y el cilindro, por eso había pensado en ingresar al convento y convertirse en servidora del leprosario de San Lázaro, pedir limosna, fit fit, padecer hambre y frío, Dios está del lado de los humildes, aguantó horas en las cruz, Anilú no podría soportar crucifixión, ya muerta que te claven o pinchen, total, conoce viejas inclinadas al padecimiento, fit fit, ausencia de Bul, estando él, me río y me carcajeo, el changuito del cilindrirero se llama Titerín y el amo Caperuzo, recuerdo, Caperuzo tuerto y roñoso, comezón alérgica, picor, en vez de sudor transpira tristeza, puro luto escurren sus poros salados, ve como ido con el ojo sano -pescado gelatinoso pegado en el paladar-, hace bromas de tuerto hambreado, sabe de perros que se acuchillan por un bolillo tostado -tan sabrosos y dañinos-, por una hembra o un peine, eso les contó a las crías del parque: dijo Caperuzo que en su pueblo el tullido Pánfilo picó a un mocoso porque le quebró dos dientes a su peine de carey, nomás afigúrense, fit fit, Pánfilo tenía humor de los demonios, marinero atravesado y fortachón, bebía ron desde el desayuno y odiaba con el alma que le agarraran la cabeza, sí señor, ¿qué sentía?, suponen que asco de convertirse en murciélago, dicen que horror a tomar el camino pecaminoso de su padre, pero la cabeza de Pánfilo debía recordar o repudiar algo especifico, quizá, porque aquel que lo despeinaba ya podía contarse entre los muertos agusanados, como el mocoso que le sacó dos dientes a su peine: el que me toque la cabeza lo degüello, muy enamorado el tullido Pánfilo, siempre peinadito, aunque no se bañaba seguido, tatuada una sirena en la pata de palo, resentía algo en su cabeza el marinero tullido como el tuerto su visión a la mitad, distinción minimizadora por la tendencia equivocada de función en el ojo tuerto y en la cabellera de Pánfilo, en vez de propender al color el ojo (y de algún modo la cabeza del tullido) había inclinado su preferencia hacia la ceguera dura y rasguñadora, pues la parte mala había querido ser uña y no ojo (¿cresta de gallo en vez de melena deseaba crecer en el cráneo del marino?), por vengarse de Dios y de la vida, tal vez, porque al ojo o a la cresta no le compraron un triciclo en Navidad, Santa Claus no había podido dejar regalos debido a que la casa de Pánfilo carecía de chimenea, el caso es que el ojo inservible era demasiado blando para ser uña y demasiado duro para ver, el caso es que las crestas de gallo no se peinan y mucho menos se tocan, porque la furia ciega daña irreparablemente, había dañado el ojito ciego del cilindrero y la cresta de Pánfilo, por cierto los padres del tullido no habían llamado doctores que le rebanaran al niño la cresta imaginaria, se conformaron con la voluntad de Dios, Pánfilo sí vio a la bruja curandera del pueblo y ella le hizo tamaña limpia que no dio resultado, la parte positiva del asunto, según el mirar del tuerto, es que el ojo que quiso ser uña, atrapado en su cuenca, asusta e hipnotiza y la cresta también, porque hace pensar en el demonio cornudo, pata de gallo y pezuña de cabra -dijo Caperuzo aquel domingo después de misa, mirando con su ojo sano a las crías que lo rodeaban, vista a medias pero completa, a la mitad y entera, de buenas el cilindrero tuerto porque se había hallado un billete de cinco pesos en el atrio de la iglesia, Dios vela por mi pellejo y me envía dinero consagrado, contaba la historia haciendo

331

gestos que hacían juego con la historia del tullido, ya les digo, pongo de testigo al chango Titerín, Pánfilo acuchilló a la novia buena con que iba a matrimoniarse, llovía de a madres en el pueblito, pa atravesar las calles se precisaban mulas, burros o caballos, por allá de donde soy las botas y los zapatos agarran moho, hay que quitarles lo verde, ya les cuento, tullido y dama estaban a los besos y no la muy zonza, por emocionada, se le ocurre revolverle la cabeza encrestada al tullido, jugando nomás, mi vida y mi amor, pus cuál no sería la sorpresa de la niña cuando el tullido, cual gallo, peló la navaja y se la metió en la panza antes de que la novia tuviera tiempo de decir pío quedó tendida con ojos pelones le lloró hasta que los ojos se le hicieron chiquitos, truenos y relámpagos arreciaron cuando Pánfilo la vio muerta boca arriba, gallina roja, enseñando corazón, el aguacerazo torrencial puso al tullido triste, chilla abrazando a su novia, y el agua cayendo sobre las tejas como lágrimas mojadas, y entonces unos chamaquitos descubrieron el asesinato y fueron a avisar de lo ocurrido, meten en la cárcel al tullido Pánfilo, ni siquiera chistó, manso corderito, a ella la echaron al hoyo, día nublado, les digo, entierro con caja forrada, lloronas morenas y música de cilindro, las amigas de la novia dijeron te moriste, Dulce, pero te compramos vestido nuevo, la habían acostado con él en la caja, peinada y maquillada, bonita, y le pusieron flores para oler en el camino y la besaron maldiciendo al tullido de la cresta de gallo, luego el sacerdote pronunció palabras de entierro y echó agua bendita sobre la caja, ya les cuento y les digo, con lo que nadie contaba es que Dulce volviera a la tierra en calidad de espanto a reclamarle al tullido, quien en sus bravatas borrachas decía que ni a los muertos les iba a permitir que lo despeinaran, pues entró Dulce a la celda, colgándole la carne antes maciza, ojos putrefactos, lengua morada, mostrando vísceras agusanadas, el carcelero tomaba su cafecito, tanta humedad metida en los huesos, y que se le paran los pelos como cresta de gallo al ver a la aparecida y desmaya por culpa del fantasma entre verde y negro y gris y morado, verdá, la novia, olorosa a cadáver, encontró al tullido dormido, bueno, lo primero que hizo fue despeinarle la cresta, le revolvió bien y bonito el pelambre y el otro despertó con el instinto encanijado pelando navaja acuchilló a la muerta, ay, nanita, Dulce había regresado a desgreñarlo cayó redondo ahí en el pueblo está su tumba, la sexta de la izquierda donde crecen matorrales a lo bestia semejando la greña del diablo, ya les digo que al pobre lo enterraron despeinado pelos tiesos, los enterradores no pudieron peinarlo.

Marinero.
La historia del tullido Pánfilo acompañó a Anilú muchas noches de insomnio, la barajaba en la cama componiendo y deformando, compadecía al marinero y de paso a ella misma, pues no podía levantarse al baño y qué ganas, pese a la bondad de Dulce: a lo mejor me espera enfundada en su vestido rojo y quiere enseñarme las tripas pasadas, y quiere removerme el pelambre creyendo que soy el marinero, y quiere hablar y se le cae la lengua podrida, y quiere abrazarme y apesta, Pánfilo no era bucanero, pero sí seguidor de la religión de la sangre, en realidad el tullido fue enterrado vivo, sufría catalepsia y, como pudo, salió del hoyo a montar en su caballo negro en la espesura de la noche.

Anilú suspira, ya, que el maldito mocoso se apresure, piensa en la lagartija que mira, miraba, la miró de manera y modo que Caperuzo el cilindrero cuando, inocentemente, le saltaste un ojo con la punta de tu bicolor en el patio de la escuela, ojalá que el bebé salga completito con cabeza y patas, a las lagartijas les vuelven a crecer los ojos como a los cangrejos las patas, dentro de una semana tendrá ojo nuevo, bendición, en el mundo de las lagartijas no hay anteojos, tuviste mareos y ganas de vomitar, el bebé se llamará Silvino, será borracho como Bul, mujeriego, la profesora te llevó a casa, no debes ser tan cruel con los animales, imagina un gigante con su lápiz, ella lo había hecho

333

por curiosidad, ganas de comparar consistencia con la de las canicas, que nazca vivo, ay, que se parezca a su padre, nalguiza y dos semanas sin domingo porque la lagartija jamás volvería a mirar, en fin, sólo en pesadillas se encontraban lugares como el ojo de Caperuzo el cilindrero, laguna del tuerto, donde una se hunde en gelatina movediza, Ani habría tomado el camino de la calle y la pobreza de no haber oído sobre las bandas de roba chicos, sacan ojos, marcan, ay, Silvino, el cilindrero ha terminado y el changuito Titerín circula entre el público el trastecito donde la gente deposita monedas de cobre que cencerrean dentro del trebejo agradecido, Titerín está contento y salta, corre, escapa, va a meterse bajo las ruedas traseras de un camión de carga, llora el ojo de Caperuzo, Anilú recuerda a su muñeca Negrina, ojos de lentejuela verde, fijos y resplandecientes, el camión machucador hace vibrar el quirófano, mamá contempla, ojos cerrados, el juego de dos pelotitas de mercurio, la más gorda salta, huye, cambia de forma, se hace cuadrada, oblonga, piramidal, la pequeña la sigue siempre.

XV

ANIBELLA.

Añoras el interior de tu madre (ayer y hoy, panza calentita), has sido lanzado al mundo, otra vez, ¿después de cuántas vueltas?, para buscar crecimiento de conciencia, único agujero de escape en el pasado revivido (¿cierto que Dios ha previsto el escape, apelando al libre albedrío? Contradicción. ¿Chorrillo escapó de las garras de Dios asesinando? De ser cierta la expansión de la conciencia, sería el único punto no predestinado por Dios). Cuando la enfermera te presenta, Anilú, tu madre, mamá, mamacita, permanece inconmovible, en fuga: si ustedes no disponen otra cosa, voy a clavar el pico -con la esperanza de que al despertar los problemas hayan volado, pues Anilú duerme para no encarar desaires, alzas de precios, miseria, guerras y hasta el mismo infierno (¿habrá almas condenadas a no dormir?).

Castillo de los blasfemos.
Ani trae siempre chal raído color azul que no se quita ni para dormir, reduce la geografía a su recámara, habitación amplia con ropero gordo y raspado (era de la abuela, será mío cuando mamá fenezca atacada), mesita redonda pintada de rojo, tocador antiguo también herencia de la abuela, cama de latón, veinte o treinta estampas de santos colgadas en las paredes alrededor del crucifijo y un calendario detenido en la misma fecha (nazco y muero, asomo la cabeza y me entierran, mientras mamá fuma churros y más churros).
Remueve velas y veladoras, según concuerda el día con uno u otro santo: san Tuno es favorito, repudiado por la iglesia, cuelga dentro del ropero para protegerla de Chorrillo: forzaron las cerraduras e irrumpieron en la casa de piedra con escapularios, túnicas, sotanas, cruces, ostias, decididos a

profanar, ritos negros (San Tuno no ha absorbido esos crímenes atroces, ¿podía haberlo hecho si Dios estaba en contra?) cumplieron y se esfumaron los canallas, la ley nunca les ha puesto las patas encima (¿favoritismo de Dios o del diablo?, ¿simplemente conveniencia del virrey Gudejas y Malpinto?): Chorrillo triunfa eternamente -mata y huye, desaparece, persona invisible-, por eso mi madre mandó poner cuatro pasadores en la puerta de entrada y pidió al tío Nico que bendijera su rinconcito al fondo de la vecindad. Ani (loca) concibió la idea de adquirir grabadora y preparar una cinta con efectos y voces de ultratumba a fin de recibir con hórrida sorpresa a posibles bandoleros y asesinos como los de la casa de piedra, nombrada por la gente del barrio El Castillo de los Blasfemos, donde -imaginación de los vecinos-, persistirán por siempre los muros untados de sangre (manteca mística), frescas las leyendas lúbricas en escaleras, muebles, cuadros, columnas, arcos, el jardín taciturno, la pesada reja de hierro forjado, los balcones de piedra, la cerca gris coronada de verdes hiedras y solferinas bugambilias, donde sonarán -milenios- los gritos de víctimas y renegados (repercusión del hecho a nivel espiritual, en esa dimensión el efecto perdura martillando, como si tratara de adquirir sentido didáctico), ecos de las risas, insultos y oraciones al revesadas, donde emergerán -infinitamente- cual fantasmas en diversos puntos de la mansión miembros mutilados, hocicos cerrados con groseras costuras, llagas purulentas, cosa espeluznante que influyó e influye en la venta de estampas, escapularios, misales: en las puertas de la vecindad aparecieron crucifijos y veladoras y en las viviendas se pusieron de moda los santos de cabeza, Dominico habló de traer exorcista y de hacer procesiones mayúsculas, Bul salió regalado con medalla protectora, llévala a todos lados, cariño (todas las cantinas) colgada del cuello junto con un frasquito de agua bendita, pero Bul vendió la medalla y se la bebió. Por cierto, papá fue asaltado dos meses después de mi nacimiento, pasaba casualmente por el Castillo de los Blasfemos y dos policías le pidieron lumbre, él se dirigía al hospital, pues la borrachera le decía que su esposa apenas paría y le llevaba un segundo ramo de flores, los policías ladrones lo molieron a golpes, porque no hallaron nada que quitarle.

Marihuana.
Apenas la dejan sola y me llevan a la cuna colectiva, Anilú se levanta, saca del escondite su tesoro y permanece en suspenso, ¿prendo o no?, revisa el baño, nada, ¿prendo?, no bien salga del hospital se comprará caja fuerte, yo prendo y me vale, es hora de mi sopa de hierba, mira el ojo de la cerradura, luz, curiosidad luminosa entrando, babosa, no tuvo el cuidado de dejar la llave de modo que tapara por completo el hoyito metiche, observa, del otro lado del pasillo, a través del ojito, el número catorce, igual de triste que su cuarto, tal vez la perra convaleciente de allá, distancia chica pero amplia, mira también y sus ojos convergen, somos madres, nada, no pueden meterme a la cárcel, se dice, pensando en su proveedor, joven de labio leporino que "AniBella, no te azotes, cha, los pacharitos son líberos, no valen rejas pa volar con el espíritu burlón, ¿quién impide que mi cuerpo astral se regocije?, estoy aquí y estoy allá, en el parque de los espejos haciendo navegar barquitos de papel, frente a ti soy perro de labio partido, pero allá me paseo con mi cimitarra chingando enemigos (policías-guaruras jijos de la gran chingada, abusadores), porque ya lo dice el sabio Mustafá, la imaginación no existe, AniBella, es tan efectiva como la realidad, significa Mustafá que lo que pasa por tu cabeza es verídico, AniBella, yo no vivo en el diario, me he inflamado absorbiendo, sé feliz como yo con humo y pan, soy el rey del trinque, AniBella, hago puros, píldoras, pasteles, ¿sabes cómo se llama mi hija?, Fulgirela, mama y yo queremos que nunca se detenga en este siglo caduco, le hemos dicho adiós mi chava y yo y fuego con ella en la nave como hicieron los papás de Superman, cha, mi chava y yo comulgamos con el río, agriamos el ambiente, AniBella" -mamá se considera

afortunada, ahora muerde un pedazo de bolillo que tenía envuelto en papel de estraza y acto seguido abre el bultito de periódico, dotación de marihuana suficiente para sostener iluminada su estancia en el hospital: me quiere, no me quiere, dice hurgando, luego forja, enciende, aspira y retiene bajo la ventila del baño, maravilloso, mota de primera la que vende el del labio leporino, clava la vista en el picaporte, toma su bolso del buró, rocía el ambiente de perfume y prende un largo cigarro importado, aberración quemarse las pestañas cuando los conocimientos salen de mí misma, oye pasos cerca de la puerta y brinca a la cama.

SIGNOS.

La casa de piedra, Castillo de los Blasfemos, recibió a los forajidos -leerá Silvino en el periódico sucio, amarillento que contiene también la relación negra de los hechos, redactada por uno de los herejes: se dejó violar la puta casa por la ganzúa de Chorrillo, dice el narrador, quien olvidó de propósito su bitácora encima de la mesita del vestíbulo; la puerta vengativa -las crías la azotaban de continuo-, facilitó la masacre, sus sueños de madera dieron cabida a los malvados, rostros torvos, los oyó llegar, rió con las cosquillas provocadas por la ganzúa del maestro poseído por Tezcatlipoca, adelante, dice la puerta, soy mexicana, precaución, la familia extranjera tiene el sueño ligero-aguantándose las ganas de rechinar, echar afuera los crujidos de satisfacción reprimida, coqueta y corrompida, dio el sí y ellos entraron de puntitas, se quitaron los zapatos y los pusieron bajo la escalera, juntos y ordenados, como en la noche de San Nicolás, y realizaron casi volando, joy, la primera tarea, pues empaparon los algodones en cloroformo y subieron como el viento, no hallaron ni una cáscara de plátano derribadora en la escalera cómplice, a señas se repartieron la faena en el pasillo: Loco al cuarto de las crías, Mocho y Guapo contra la servidumbre en la azotea (el anciano mayordomo, mozo y dos sirvientas), Chocolate se enfiló a la recámara de las jóvenes y a

Chorrillo le toca la de los amos, espejos intrincados, vericuetos que convergen en la entrada del túnel que lleva al más allá (infierno, hotel, cabaret Cancerbero), lo que ves de este lado, lo verás del otro, la familia asesinada se refleja, eco repetido trascendentemente, han vuelto, se reitera el horror: chingo a mi madre si Loco no traía los riñones cocidos de emoción cuando subimos descalzos la escalera igual que zopilotes carroñeros, algodón empapado en las diestras, pedorros, gaseosos y a punto de zurrar, puritos nervios, bueno habría sido ponerse un tapón en el culo y lo digo por Chorrilo que ensució (mojón y luego moco, agua) y no quiso que pasaran el trapo, déjenlo, amados míos, que apeste el pasillo, baja el olor por las escaleras, resabiando a baño de cantina el comedor y la sala de los que, claro, merecen el acto cagorífico de Chorrillo, mismo que los apendejó junto con el humo del cloroformo, preparado en el cuarto sin techo donde maquinábamos nuestras villanas fechorías, situado en una vecindad que tiene por lo menos doscientos años corridos y donde nadie asiste, paredes carcomidas, sin baño, obrábamos a lo largo de los barandales que asoman al patio por donde dicen que en otros tiempos entraban diligencias y caballos, bueno, ahí nuestros nombres están pintados al lado de otros signos que nomás nosotros sabemos descifrar.

CALZONES.
Mi padre le muestra unas pantaletas a Anilú, dice:
-Soy débil (huele), infame (huele).
Ella responde con sencillez neurótica:
-No seas tonto, Bul, sospechoso sería que no te gustaran las perras, además, tú no tienes la culpa de ser tan guapo.
-Se me está yendo la voz.
-Pues que se largue, ya encontrarás mejor manera de ganarte la vida.
Bul y la de los calzones, perra flaca, se hacen primera y segunda, rancheras y boleros cantan en camiones, poniendo

melancólicos a los pasajeros, así obtienen el diario sustento de tequila y ron, voz de barítono, Bul soñaba que sería descubierto por un forjador de ídolos.

-Deberías ahorcarme con los calzones.

-¿Y la soledad?

-Es cabrona, amor. Quiero confesarme, Ani, contigo.

-Ve con Dominico, yo no soy cura, además, cuando te entra esta pesadumbre vienes a mentir acerca de tu persona.

-Soy malo.

-Qué va.

-No tremendamente malo, pero malo.

-Qué va, andas decaído.

-Me llama la cantina, allá está Chema con los tragos.

-En vez de estar oliendo esas pantaletas muertas, ven y acurrúcate conmigo en la cama.

-Si no fuera tan pendejo, vendría más a menudo a cogerte.

-Tienes otras obligaciones, Bul, yo estoy bien, estaré perfecta mientras vengas a cogerme con la misma regularidad, aunque no niego que me agradaría verte más seguido, pero tengo miedo, te veo y me asusto, Bulito de mi alma, te miro y siento que te voy a conocer, cosas, estamos de pelos como estamos, amor.

-Todo te lo digo, Ani.

-Lo sé, así acordamos, no es eso, me refiero a otra clase de conocimiento, me refiero a que yo puedo verte de otro modo, ¿entiendes?, eso sería catastrófico, no es cuestión de honestidad, no es cosas de verdades o mentiras.

-Creo que me quedo en Babia, siempre has sido más inteligente que yo.

-Qué va, para vivir como tú vives hay que ser un genio. Toma, huele mis pantaletas y compara.

-Imposible comparar.

-Usa la nariz y dime qué hueles.

-Voy camino del mercado.

-Cabrón.

-Paseo en el jardín.

-Ya estoy mojada, Bul, entra por favor.

-Dejé el condón en la farmacia.

-Cabrón, entra, no importa.

COMADRE.

Papá va a la iglesia a jurarse (cero copas, cero cantinas, adiós al tintineo de los hielos y al dominó), se hinca y promete delante de la virgen de Guadalupe, a la salida reparte, mecánicamente, entre los teporochos que se juntan a beber en la escaleras de entrada la limosna recibida en un día de cantar en los camiones, luego se dirige a la tintorería de sus compadres para que le planchen y limpien su traje con gasolina, y, mientras espera, envuelto en una sábana, pondera la abstinencia: lo que es yo, ya me despedí del trago for ever, comadrina, de hoy en delante seré quien, me cansé de andar de don nadie, mi próxima visita vendré rico y famoso, invitaré a comer sopita de cebolla con abulón. Y la comadre:

-Es tan cierto, compa, como que estoy aquí trajinando, un perro de su clase y inteligencia sube como la espuma de la noche a la mañana, nomás manténgase en palabra, tan fregadísimo que está, se le caen los ojos.

Bul se golpea el pecho:

-Por mi culpa y grandísima, si no le paro pronto me pondré el disfraz de la parca y mis amigos me llevarán al hoyo, ¿se imagina qué jolgorio?, carroza, procesión, desfilamos por las calzadas del campo santo, llegamos a la tumba y resuena el réquiem, yo lo escucho en mi papel de muerto, Ani recita las estrofas del adiós, llovizna, señor mío todopoderoso, aquí sube Bul, tu siervo, lánzame a las llamas o siéntame a tu diestra en el nombre del Padre, pero, ¿llora usted, comadrita?

-Ya no le siga compadre o tendré que volver a limpiar sus pantalones llorados.

-Hay seres, comadrita, malditos, despidiéndome de usted el diablo se me aparecerá en cualquier callejón invitándome las cubas, lo he visto, cada vez que me juro ronda vestido de negro, hace ruido de vasos, golpea mesas imaginarias con el salero, pues finge que se chinga sus tequilachos con limón.

-Entons no salga, compadre, quédese con mi compañía.

-Pero ¿y cómo va a retenerme, comadre?

-Pus con los calzones.

-¿Viene pronto el compadre?

-Nada de eso, puede oler mis pantaletas un buen rato.

ACUCHILLAR.

Desde el camellón, detrás de una palmera, Chorrilo observa la mansión de grandes ventanales, fumando, decidiéndose, mira los muros, enredadera, jardín, adentro vive el viejo banquero, pulcro, moral, ojete, los riesgos del hurto le están untando los nervios: melaza y excitación sexual, daño, hay daño, viene si lo haces antes de morir, viene mucho, premonición, venida, tu no te irás con la muerte dientes mazorcas (a la invisibilidad), puta, corta de labio superior, escasa de carne y de ideas, vacía (¿a qué le decimos muerte?, ¿muerte es persona?), ríe la puta calaca lo mismo de santidades que de adulterios (es más que tú, más que Dios, más que el universo), puta, ríe cuando defecas o haces el amor a machos y hembras (ella mira fijamente sin sentimientos), al final la muerte te quitará de en medio, exprimir, librará a tus enemigos, acuchillar, los nervios te mandan a desaguar chisguetitos sobre la palmera, tres gotitas, sacudir y guardar, la palmera quedará preñada, ya, esta vez no habrá masturbación, cagarás adentro de la casa en plena alfombra, tiras la colilla del cigarro, retuerces los bigotes altaneros y manos a la obra, atraviesas la calle.

ALACRAN DE SIETE COLAS.

Linda sufre pesadilla verde, consistencia de cartón y jaletina, cueva, se oculta ahí alacrán de siete colas, cuerpo sembrado de relucientes lentejuelas, dice el bicho que en ciertas casas el costo de las medicinas resulta prohibitivo, la carne ni se huele y los juguetes son corcho latas y botes, palitos de paleta chupada, madre santísima, el alacrán se frota haciendo música hilarante, señor alacrán, no haga jiji jojo juju, la pobreza es cosa seria, nacen las ronchas, ay, Dios mío, jiji jojo, el grito viene de hocicos pedigüeños, briagos enamorados, jiji jojo, el alacrán levanta la cola, me va a matar, Linda despierta, oscuridad olorosa a perfume de limón, bendito Dios, estoy lista, seré santa, quiero ganarme mi aureola, ayudando a los miserables.

Carajo, al llegar a la barda, Chorrillo siente renovadas urgencias de orinar (río de las penas, abismo donde la muerte sumerge el hocico), así que regresa a dejar correr el río convertido en goteo ridículo (el tiempo es goteo ridículo, pasa y avejenta, hará feo a tu novio Prudencio, seminarista mocho, calavera en flor), recarajo, mientras te sacudes el pito piensas en el tiempo en que los árboles serán de plástico y las vocaciones consideradas lujo innecesario, ¿tu no estás buscando lujo, o sí?, el río de tu ira no se compra, las corrientes de tu odio son trascendentes, pendejadas, las ganas intermitentes de miar convierten el cerebro más brillante en molusco -balbuceas, evocando a la madrecita y al bello Prudencio, robo, saquear, saltarán de las calaveras las canicas de color azul, pero antes de morir, pues la muerte embarra tiempo y personas, nulifica la acción del horror, vas cabrón, concéntrate, entras por ventana abierta, coño, ¿lo dijo el español que te habita?, ¿el coño emerge de la boca de Prudencio?, Prudencio no tiene coño sino pito y culo, coño, qué pito y qué culo, fuerte, eres un chango, amor, truenas cocos, amor, en tiempos pasados las congregaciones de satánicos hacían sus fiestas en bosques cerrados, hoy también se sacrifican crías tiernas saqueadas en la noche luego de adormecerlas con gotas de elixir derramado en la nariz (el bebito duerme, a la ruru ruru, palpitan sus entrañas, caga tiernamente el bebé, mea tiernamente antes de morir, morirá, embarramiento de la puta parca), fresca, caliente, la sangre de la víctima se vierte en jofaina (no es un puerco el sacrificado), los adeptos prueban con lengua envuelta en forma de falo, apenas un gustito pa hacerse responsables del crimen, joy, rezos, cantos, epilepsias, los huesos carbonizados de la criatura se usarán como pinceles, dibujan círculos, caras, animales, por qué los pendejos se punzan formando corro alrededor del tambor mágico, pom, pompom, catolicismo invertido, ah, vaya, reguemos las bugambilias, sacrificios y tortura, Tezca manda.

Chorrillo atraviesa la calle poniendo los labios a modo de silbar, pero sólo lanza aire, acompañamiento de grillos, soplidos desafinados.

Monja.

Linda sueña que el alacrán de siete colas se convierte en monja vestida de negro, gruñe la monja mantecosa, habla el lenguaje de los guarros, señorita monja, los cochinos moriremos, ¿qué cochinos?, los cerdos que han aparecido para ir al matadero, porque la navaja es puerta del cielo, paso al gran santo, en vez de corderos las víctimas son cerdos, en vez de leones en el circo romano, pero eso sí, los animalitos son cristianos recalcitrantes, ¿por qué?, porque los gorrinos son necios y mochos; ahora los puercos se colocan como jugadores de fútbol americano y la emprenden contra Linda, he venido a ayudarlos, soy cristiana como vosotros, pero los guarros sonríen, señorita monja, sírvame de intérprete, voy a enseñarles a los puercos gorrinos el cristianismo, ¿pero quieren aprender los cochinitos del cuento?, ¿no resulta más prudente dejarlos revolcándose en su zahúrda?, la monja negra gruñe, soy buena -asegura Linda, simplona -responden los cuchis. Linda despierta boca abajo, sed, alarga el brazo hasta el garrafón de agua, sirve y bebe pensando en las razones de los puercos cristianos, ¿los lanzarán a los leones?, eso me pasa por comer de más, me acabé el plato de nata y dos panes morenos, dos costillas, leche, me hincaré sobre los mosaicos del baño, Linda cierra los ojos y se persigna, señor, mándame el dolor de mis padres y el de los pequeños gorrinos.

GANSOS, MARTIRES.

Chorrillo, apoyándose en una saliente de la barda pega brinco dentro del jardín, se aúnan a los cantos de los grillos los graznidos de un sinnúmero de gansos que lo apuntan con las lanzas de sus lenguas, el batallón se precipita sobre el con valentía, Chorrillo corre y trepa por el tronco del árbol, frondosa Jacaranda, hijos de la chingada, lárguense, gritas, ya sin importar que los viejos moradores de la casa te oigan, y lo han oído, porque la luz del porche se ha encendido y la puerta blanca, al abrir, deja ver al anciano pum, pum, resuenan dos balazos al aire y Chorrillo soy yo, soy yo, dice atragantado, alto a los fregadazos que me matas (embarramiento inútil en el olvido, camina, pisa, arrumba). El anciano suelta sonora carcajada, se golpea los muslos, bamboleándose como borracho, el júbilo se le ha subido a la cabeza, pues claro que eres tú, quién otro, gran idiota, bien puedo equivocarme y soltarte un plomazo, no, no dispares, mamá, mamá, mi papá quiere asesinarme, pum, truena el plomazo y corta una rama, Chorrillo suelta el llanto, eso es, maricón, señorita remilgosa, me avergüenzas. Los gansos continúan acompañando el concierto de grillos más enfurecidos por los tiros, bájate de ahí y entra, esta vez te entregaré a la policía, dice el anciano escupiendo, y manda otro plomazo sobre uno de los gansos, los otros se atontan, traición, el ratero está encima del árbol, ganso compañero agoniza, su cuerpo se sacude la vida como gotas de lluvia, nuevo plomazo derrumba a otro guardián, inconcebible, ¿a pesar de todo ama al hijo desviado?, los gansos se dispersan, los graznidos condenan la debilidad de su amo, huyen despavoridos ante lo incoherente, moriremos los inocentes (los pobres, los verdaderos cristianos), baja, hijo, voy a romperte el alma a cabronazos, no bajaré hasta que no venga mi mamá, qué pasa, vocifera la madre, Flecos, dime, te estoy hablando.

-Ahí en el árbol está el marica de tu hijo.

-Ay, Dios mío, que huya, Flecos, por favor, si lo dañas me iré.

345

-Venía a robarnos, robará a otros, lo sabes, por eso fuimos a hablar con la policía, matará a otros, te lo he dicho, hay que aplastarlo como a cucaracha, míralo, tiembla como flor, cobarde, baja y lárgate.

-Dile que se haga pallá, mamá y bajaré.

Las luces de las casas vecinas se han encendido y los curiosos siguen la escena.

-Y ustedes qué ven, cabrones, no estamos en el cine, algún día lo verán de cerca y yo me arrepentiré por no haberlo ajusticiado en nombre de Dios.

Mamá se lleva a Flecos al porche para que Chorrillo pueda huir, gansos en agonía, mira lo que hice, maté inocentes en vez de al diablo, cualquiera de ellos valía más, una lagartija es más digna, pero métete, Flecos, insiste la madre, anda, hazlo por mí, somos los padres, hemos tratado de denunciarlo, lo hicimos, pero … El padre desaparece por la puerta blanca rumiando y la madre corre hasta el pie de la Jacaranda donde se halla encaramado Chorrillo, saca de la bolsa de su bata un fajo de billetes y los arroja al suelo a unos metros de los gansos ya inmóviles, sabía que vendrías, llévate ese dinero y cuando necesites más háblame por teléfono -y camina hasta la puerta. Chorrillo toma los billetes y luego trepa la barda como cirquero, buena señal, Tezca triunfa, el cristianismo decaerá.

Hijo malo.

En el cuarto de los padres de Chorrillo, a oscuras, la madre dice en voz baja:

-Está muerto como los gansos que tiroteaste.

-Debí matarlo, lastima inocentes. Pudiste darme otro hijo.

-Ya no me lo reproches.

-Dame un hijo, te lo ordeno.

-Esta noche no, por favor.

-El muerto vive, lo dejamos ir, murieron los gansos por él, subieron a la cruz, la debilidad de las madres es irracional, casi malvada.

-Hablamos con el policía y no nos creyó.

-¿Tú crees?

-Yo tampoco lo creo, es mi hijo, soy la madre, se corregirá, está extraviado.

-Al contrario, con el tiempo su maldad tocará puntos inconcebibles.

-Imposible. A veces siento que lo odias, Flecos, que tu odio inventa.

-Ojalá, pero aún le tengo lástima, como si todavía fuese mi hijo.

-Lo es, nuestro hijo, recuerda que el policía nos regañó.

-Policía pendejo.

REVOLVER NEGRO.

Felisandro mira a Silvino como si quisiera saber qué ha comido, qué pensamientos agitan su confusa cabeza de bailarín frustrado (esta vez los ojos tratan de penetrar de manera independiente al dueño del rostro, lentes, cristalinos curiosos, ahondando intentan apoderarse del misterio presentido más allá. Los ojos del pintor son su inteligencia).

-Creo que ha llegado el momento, Silvi.

-No lo haré, te lo dije.

-¿Aunque desees que me convierta en calabaza sangrante?

-¿Calabaza? (¿Se metió en mis pensamientos?)

-Mis novias serán tus novias.

-No lo haré.

La calabaza sangrante hace movimiento sorpresivo y se coloca frente a Silvino, encañonándolo con un revolver negro (esto es injusto, don Cuco condenaría al gato marrullero), risa de gelatina en el hocico ladino, ja, ja, ja, nunca se te quitará lo pendejo (no, si Dios no quiere, no si El escribió estupidez en mi sangre, tinta), yo sí te mataré, no te cubras la cabeza, anda, ve al rincón, acomódate entre el librero y la pared -pasas de asesino a víctima, como en La Guillotinita, idiota, podrías haberlo lanzado al abismo, hacer que su cabeza rebotara en el pasto en absoluta ceguera, pero eres romántico y moralista.

-Hazlo, Felisandro, de todos modos siempre acabo suicidándome (pero no es lo mismo subir la pistola a la sien con propia mano). Si me prestas la pistola te ahorro el trabajo.

-Te daré gusto, pero antes tendré que amarrarte (¿suicida amarrado?, el cabrón está bromeando). Silvi se deja atar en silencio mirón, hipnótico, ojos de la calabaza, dormir, lago tumefacto, no estoy solo, jamás lo estaré, su mirada cristalina te acompaña eternamente, nada en tu interior, rebusca su mirada, encontrará lombrices.

LAS ANIMAS.

Pero antes, tiempo atrás, Salomón, Felisandro y Silvino, achispados y habladores, caminaban por la calle de Las Animas, olorosa a queso, fritanga, sudor, la calle hormiguea, romería, vienen y van, gordas, flacas, tetonas, nalgonas, hocico de mamadora, ¿quién con la coja?, carnicero sonríe con las encías, el plomero trae las patas en las bolsas, ¿fornicará?, vean al chofer olvidado de la familia, ¿entrará?, limosnero ciego cencerrea bote de puré de tomate, ¿qué me ves?, hazte a un lado, tu chingada, casa número ocho, la de los geranios, pasen, aquí atiende la Pluma, encaminen sus deseos hacia la reja destartalada color rojo sangre, adelante, las hay redondas, altas, con y sin pintas, negras, oxigenadas, reja de la pelirroja (apúrate, ¿pus que nunca?), Silvi hace una mueca, Felisandro dice:

-Silvi, espero que esta vez no te apendejes y logres correrte dentro del hoyo peludo, no me jodas, es broma (en realidad broma de Dios), el recuerdo marea, sólo muerto el chismoso y agusanada la lengua soplona adquiriré paz, ai como lo ven, este mocoso babas me pagó y lo mandé a pajuelearse, ven, ven, dicen las putas en otras casas, voces pesadas, anclas, caminamos, ven, cómprame el mondongo, mi rey, amor puesto a mosquearse entre fritangas, sueños gastados al lado de Dominico y de las putas personas, finalmente Silvino lo comprende, él no posee ningún talento, ven, ven, llaman las prostitutas desde rejas, balcones y ventanas, la imagen de San Tuno cintila en el fondo de su alma, San Tuno el comedor de pecados, lleva a cabo las acciones malas de sus iguales: crímenes, adulterios, sadismos, aberraciones (¿matará San Tuno a Felisandro?, ¿se suicidará en vez de Silvino?), San Tuno, consuelo de su madre, venido a menos por las enseñanzas de Modesto (púnzate, Silvi, la saliva lava la tinta divina, borra lo que fuiste y lo que serás, púnzate y lava), no obstante la mugre, la grasa y el rostro cadavérico de la vieja vendedora, tengo ganas de llevarme al hocico cuatro o cinco enchiladas con picosas rodajas de cebolla, pero no me atrevo, miro la bicicleta del afilador encadenada por el manubrio a un poste de luz, también cogen: afiladores, carpinteros, mecánicos, albañiles (Dios les para el pito), dice Felisandro frente a la reja: aquí hasta las ratas tienen gonorrea, ja, ja, ja, ja (¿por qué no me voy por la taza del excusado?, la mierda también lava, embarrando, la mano divina embarró mi destino, ¿podría aceptarlo y ser feliz?, qué pendejada), la camiseta de la gorda de la esquina transparenta mamas super sobadas, pellizcadas, mamadas, hambre, rasca y encontrarás desvarío, en cada momento de la espiral histórica nos sentimos vanguardia del saber, ¿sabes tú lo que son los espermatozoides?, hastío, ¿podrías explicarle a una célula que pertenece a un organismo más complicado?, mientras duermes, Silvi, el universo crece, se estira, ¿lo notas?, el gigante que nos comprende camina en otra esfera temporal.

Cuantos fetos yacerán bajo las lozas de estos patios, te preguntas, cuántos bajo las duelas podridas de los cuartos, hijos malogrados se disuelven, lloran, azar, sífilis, chancros, casas chaparras con balconcitos, "no tan aprisa, Felisandro, quiero ver a la albina de ojos irritados", demonio, Dios mandó al mundo el negativo de la foto, ella resucitará en los cuadros del gato, calabaza sangrante: la función del arte consiste en restregar en el hocico realidades lacerantes, vean, vomiten, quién sabe que pasa ahí, dijo Silvino señalando al grupo de perros que vociferaba a la entrada de una casita rosada con cicatrices de cemento, vamos a ver, respondió Felisandro espoleado por su perenne curiosidad, pero Salomón: aquí los espero. Cruzaron la calle lodosa: "esta perra tiene ladillas voladoras" -grita alguien y se caga de risa, ladillas tu chingada, maricón, responde la dama, mientras Felisandro y Silvi ganan prioridad visual y baño de orines, hijas de la fregada, olla de frijoles.

CAJA.

Espejo del tocador, refleja tus ojos inyectados, estas encerrado en caja de cristal (el mismísimo espejo que no suelta), muros gruesos, te rascas la nariz con el cañón del revólver, sensación metafísica (Dios le pone humor al suicidio), mirada penetrante, de genio, chupas el ropero de la abuela (la caja de cristal -espejo donde estás encerrado- pertenece a la abuela, pertenece a su pasado), guarda siete pares de zapatillas nuevas, mediocre, apunten, fuegooo, no eres bailarín, ni maestro, ni hijo, ni padre, ni amigo, ni nada, pero el espejo te retrata, aquí estoy, ron, pistola, carajo, ¿por qué tenía que tocarte el cuarto de una muerta para suicidarme? (¿se supone que al apretar el gatillo aparecerá San Tuno?), la abuela vive en otra vuelta de la espiral, quizá ahora también se mira al espejo, la prostituta albina también tiene ropero en casa, calle de Las Animas, hola, abuela, ¿usted fue pelirroja del coño?, los "amigos" de la palomilla van a pasear con sus compañeras mientras tu - animal- fracasas en los laberintos de la danza, ¿laberintos?, no para las personas dotadas (se supone que San Tuno ya debía haber aparecido y tomado el suicidio), mal bailarín se hace coreógrafo, crítico, historiador, el arma apunta tu sien, Felisandro, Niqui, Salomón, Trompo, la Chispa, sueño eterno, tantos muertos, tu madre, Farina, Felisandro, los de la casa de piedra, recuerdas (memoria enterrada en el ropero de la abuela, en el espejo, caja de cristal), la Pipa y Salomón, ambos fenecidos, recuerdas un párrafo de Swift, lo recitas, amartillando la pistola: *"De manera que las crías pueden, al año de edad, ser ofrecidas en venta a las personas de calidad y fortuna del Reino, aconsejando siempre a las madres que los amamanten copiosamente durante el último mes, a fin de ponerlos regordetes y mantecosos para una buena mesa"*, vitrina, caja de cristal, apunten, fuego, tu dedo acaricia el gatillo, sesos volando, embarraré el espejo de la abuela, Dominico explica: De todos modos se hubiese suicidado, de todas maneras, siempre, le dimos sueños, miramientos y metas, Dios lo perdone, pero qué pasa, es Farina (¿habré disparado ya?, ¿no me salvó San Tuno?), Farina, niña buena, dice: no quiero a Silvi, me da miedo su pata chueca, memoria (¿era de la abuela o de Anilú el espejo?), ellos, la palomilla, iban juntos a la matinée, días de campo, tardeadas, pasean en la carcacha de Niqui, se llama Cachito (el coche), bautizado por la Chispa, "no te olvides de los humildes cuando triunfes, Silvi", Chispa alegre, vacía, boba (no sentí el balazo, pero de seguro he disparado, ¿no?, ¿borrachera?, tal vez es vómito lo que empaña el espejo), revivo, fiesta de cumpleaños, entonces, la Chispa andaba de novia de Niqui, el eterno deportista, fantoche, antes de saludar, gira como si estuviera lanzando el disco, corría los cien metros planos en la calle, bonito y estúpido, tu saca la cara, Niqui, pero por favor no hables, timidez, se te entiesan los músculos de la lengua, tal parece que la lagartija crucificada eres tu, el animal lloró como los hijos malogrados de las putas, en el jardín del hospital deshabitado, llora como los locos del manicomio, Chocolate, la perra sin nombre, olla de frijoles cae y aparece la vieja de los tamales, un trago para olvidar, ves la cara de Cari y de Felisandro, Salomón, la pelirroja prostituta y la pelirroja del manicomio (dos coños pelirrojos, apúrate, Silvi), Felisandro te pone la pistola en la sien, la Chispa dice en la pachanga: Silvino acaba de decirme que está loquito rematado por mi, hasta me hizo unos versos, miren, ja, ja, ja, mocos de coraje, lágrimas al excusado, jalo, voy llorando por la cañería, tenía talento, dirán (si no me salva San Tuno), luego la Chispa pendeja se puso fea, la vi gorda, fodonga, caja de cristal (ropero de tu madre, ahí te encerraba cuando la regañabas por fumar), no me dejará salir, Caperuzo le da a la manivela, exprime sonidos sufridos del cilindro envejecido, himno en honor del changuito atropellado, Titerín travieso, malas fueron las ruedas contigo, en la sala de expulsión del hospital, persiste tu lucha instintiva de topo, tienes que nacer, te abres paso en el túnel, coño dilatado (¿tu madre es pelirroja?), Anilú levanta una oración, el ginecólogo golpea la batuta contra el atril, hospital, flores en los pasillos atenuando el olor a medicina y estrechez, justo a un lado del cuarto de Anilú una joven se retuerce bajo el yugo del tétano, el viento habla, SilbaSilvino, mamá, recién parida, apapachando la depresión, teme al contagio, tus sueños de bebé se pueblan de torcimientos tetánicos, el gato te persigue con clavos oxidados, tétano dentro del espejo, tétano embarrado (¿son mis sesos?, ¿he vomitado?), Dios podía haberte hecho ciego y mudo, ajá, siempre existe alguien más fregado, ajá, sueñas con la joven del tétano, bosque brumoso, combates con los bacilos de la muerte, personajes negros, encapuchados, hábiles, lanza y caballo, sus escudos de latón dorado llevan impresas calaveras, la joven del tétano te abraza, príncipe encantado, vamos al castillo, árboles, frutos rojos, amarillos, verdes, lagos y cascadas, alfombras del pasado, el rey, la princesa y el bufón se aburren, vida resbalosa cual jabón, casi aprietas el gatillo, pum, tu cabeza reventará (embarramiento de sesos, tétano, vómito), la vieja de los tamales se para con su carrito en la esquina de La Estrella, panadería, regresas a casa borracho, te detienes a comprarle dos verdes y dos rojos, la señora posee los mismos ojos comprensivos de la joven del tétano, mismas encías rojas, mismos cachetes flojos y caídos, ay joven, dice, a usted le hace mas falta cariño que comer, asté es el vivo recuerdo de mi hijo Soplado, que en paz descanse, la conciencia es luz (¿el balazo ha relampagueado?), el tío Dominico pagó la cuna, misma que Anilú vendió para comprarse pan blanco, estamos unidos seres y edificios, calles, plantas, sonidos, macetas, lluvias, viajes, presentimientos, sufres de agruras porque no te formó bien el estómago, culpa de la leche en polvo, Anilú no quiso fastidiarse las mamas "perra vieja con pechos como globos desinflados es la cosa más deprimente", echa lágrimas de cocodrilo cuando le cortan la leche (inyección, balazo, suicidio, embarramiento en el espejo), ay, Dios santísimo, nunca le importó dejarte envuelto y apretado con quien fuera para largarse al cine, y cuando la rata se metió al cuarto, si no hubiera sido por doña Chata que oyó tus berridos, espantosos los ataques de Anilú, más frecuentes y terribles, una o dos horas antes de padecerlos Anilú alucina y le duele de manera infame la cabeza, pierde el sentido del equilibrio y la identidad, espuma y quejas salen de su hocico poseído de gestos y palpitaciones, durante las pérdidas de identidad que se prolongaban hasta dos días después del ataque, dialoga frente al espejo como tu, Silvino, dentro de la caja de cristal, espejo de la abuela, ropero, quién, quién me viene a visitar desde el lago del otro lado, decía tu madre, quién me llama por mi nombre, Anilú, lago seco, ah, el nombre se pudre al sol, falso yo, yo es yo, pues yo, tú, la del espejo, yo es patita y colmillo, yo es lo mío, cuerpo soy yo, ella soy, me quiere Bul, hola, qué tal si nos comemos media pieza de pan y nos damos gran toquezón, quién, quién, te saludo, cómo he estado yo, Anilú -la incineraste no obstante que ella pidió - multitud de veces- descansar en tierra, cabrón, te pasaste mi última voluntad por las tumbas etruscas, te lo ruego, dijo Farina, ni madre, es más limpio quemar, que su entierro no se preste a pensamientos morbosos, catalepsias, gusanos, no, la quema brota en tu conciencia borracha como enfermedad, flores en llamas, gusanos en llamas, ojos fuego, retorcimientos en el crematorio igual que la joven del tétano, ¿y tú qué sabes si los muertos sienten dolor, Silvino pendejo?, Farina enterró las cenizas de Anilú en una caja de terciopelo, casi un joyero, casa del gnomo, Farina pone dentro de la cajita un alfiler curvado para recordarle el Eterno Retorno, fundamento de la religión de la sangre, púnzate, mamá, aquí y allá, la sangre diría a las cenizas muertas: ya has vivido esto, ya tuviste a Farina y a Silvi, ya sabes que el changuito Titerín se meterá bajo las ruedas del camión hundiendo el lago del tuerto en lágrimas, ya otras veces le has chispado el ojo a la lagartija con tu bicolor, ¿y Modesto?, Modesto no asistió al crematorio, pero sí a la inhumación de las cenizas porque Farina lo llevaba en el corazón, la mente de Farina (laberinto) se había debilitado, caries mental, esquizofrenia, adoraba a Modesto, en la sangre hay un barco donde Dios navega sorteando borrascas, comulguemos, hermanito, si hubieses pegado el oído a la cajita de las cenizas, habrías escuchado al malvado viento, león enjaulado, viento drogado, árido, exprimido, mamá tendrá que superar sola los ataques de vacío, Silvi, púnzate, quiero que Dios navegue en las arenas de mamá, gotas de sangre caen sobre las cenizas, ¿ves hermanito?, dos gotitas bastarán para que nos reconozca y sepa quién es ella allá, quién, quién, ellaYo, ambas encerradas en caja de cristal, adicción al pan blanco y la marihuana, ambas perdimos a nuestro amor, Bul y Modesto, el uno borracho de ron y el otro ebrio de Dios, Farina se jala las greñas en los rincones, risas inmotivadas: ves, mamá y yo estamos juntas siempre, mezclamos soledades, mami, pide a Dios que te arroje un salvavidas, ve, Silvi, hermanito, por tu culpa no fui actriz, por tu culpa bendita me enamoré de Modesto, me lo presentaste, pero no fui ama de casa ni me encontré a mí misma en la actuación, Farina tomó el lugar de Anilú en el rincón de la vecindad, hermanito, he olvidado a mamá, en las noches despierto con los oídos empapados de su voz, me punzo y bebo gotas de mi propia sangre, recuerdo así mi origen divino, tu sientes amargo gusto a misa negra, templos subterráneos, danzas orgiásticas, coitos turbios, Chorrillo vestía levita rota la noche de la cosecha de las bugambilias, piensa en los gansos muertos a balazos por su padre, nadie conoce la verdadera historia de esos crímenes impunes, hoyos negros en los gansos inocentes (laberintos), placer contrario a la abstinencia de los ángeles, Chorrillo cruza la puerta y ve a sus discípulos sentados alrededor del tambor, beben, nos espera larga noche de relámpagos, tú y tú, dice, bajen a la madrecita, tráiganla aquí, del lado derecho del tambor, y tú y tú caven una zanja del lado izquierdo, pobre madrecita, mal con el diablo y con Dios, como Silvi, intermedio, madrecita a punto de ser sacrificada, escaleras abajo, crucifixión de la lagartija, odio homicida por Felisandro, asesino frustrado, no pude matarlo, nunca lo haré, ¿al menos jalaré el gatillo frente al espejo?, Dios mío, mediocridad absoluta, tengo que untar mi estúpida inteligencia en el espejo, posesión, madrecita, ojos fijos en lo astral, murmura, contactará con Tezcatlipoca, está re mala la vieja, dice Chocolate, amados míos, no va a sentir, ritmos monótonos del tambor, pom, pom pom-pom, cada discípulo descargará puñaladas sin ver, aquel que toque los órganos vitales será premiado por Tezca, tamborzazo ronco, pommm, madrecita muerta, Chorrillo le ha enterrado punta venenosa en el corazón, llora entusiasmado, los discípulos pican, gansos, más, ella vomitaba bilis, ahora vomita sangre, bugambilias, hemorragias de rencor, saldrán con bien de la casa de piedra, Castillo de los Blasfemos, Tezca ha surgido en nosotros mismos y Chorrillo ve a Prudencio, su amado, de pie en el balcón, delante del cuarto que fue de la madrecita, sotana y cruz que lanza cardillo, amados míos, el enemigo está con nosotros, rayos y truenos estremecen la vecindad, Prudencio cae atravesado, amados míos, sientan, Tezca nos envuelve, hemos degollado al cristiano, Chorrillo bendice a los malos marcando una cruz invertida en sus frentes con la sangre de la madrecita, fotografías en el periódico viejo que guardaba Anilú como reliquia, periodistas, curiosos, policías rodean el hoyo donde ha sido encontrada la madrecita, familia ultrajada, cuerpos, rostros, Linda, la más pequeña, pela los dientes en un gesto de asombro, ojos vacíos (salta el pez dentro de la calavera y nada entre pensamientos), ya no, ya no quiero ser santa, caja de cristal, espejo del ropero de la abuela, encierro, alcancía de sufrimientos, Linda va al refrigerador, qué felicidad, saca la olla de frijoles, la pone sobre la mesa de piedra, busca en los anaqueles la sartén para calentarlos, sartén servida sobre la hornilla y en seguida abre la puerta que da al jardín para evitar que la cocina se llene de humo, al pie de los escalones ve una lagartija herida, pobrecita, la toma, entra de nuevo a la cocina, los frijoles hierven a borbotones, no permitirá que el animal agonice en el basurero, llevarla al jardín, da un paso y derrama los frijoles, Dios bendito, ¿de qué lado del espejo estoy?, apretaré el gatillo, camino a la parroquia veo a Modesto sentado en la escalinata que da acceso a la puerta principal, habla con Dandy, dice: Los ciegos tenemos ventaja, Dandy, con la vista se me fue la vanidad, abandoné la iglesia, porque ya no hago diferencias entre lagartijas y faisanes ja, ja, habito en barraca, soy aviador, vivo con la señora Carroña, así le nombran, en tiempos de su juventud se dedico al oficio de puta la Carroña, mi nueva novia, la de la calle, tuve otra en la iglesia que no nombro, hermana de mi amigo, hermana mía y de Dios, la venció la droga, soy limosnero ahora como San Francisco, extraño a la novia de la iglesia, hice estudios psicológicos antes de que Dios apagara mis luceros, ja, ja, Carroña y yo guardamos nuestras historias en el ropero, bajo llave, ni ella cuenta del burdel ni yo le rasco al apagón, desperté en un basurero, agonizando igual que lagartija, y luego me encontré con Carroña de la siguiente manera, verás, un catrín miserable había arrojado una colilla y Carroña y yo coincidimos al tratar de pepenarla, no te voy a hacer la tambora de lado, viejo zoquetón, dijo, nomás pásame las tres y estamos, nos hicimos seres nuevos juntos, soy libre y próspero gracias al apagón, ya no veo a la novia que tuve, ya no la veré, aquí estoy de paso, me punzo y sangro, bebo de mi sangre, respiro, soy pobre, feliz, para mí el agua es milagro, milagro un beso, fue una puta Carroña, y qué, encantadora, en la sangre llevo mi única posibilidad de modificarme, cuando nos punzamos, como ahorita, recordamos que fuimos creados, somos ensayos, de la sangre sabemos que es sagrada, en ella están las claves, ¿sabes tú, Dandy, lo que es la voz?, pruebo mi sangre y me reconozco, aprendo a morir, púnzate, bebe, la sangre puede ser lavada, hemos venido para deshacer la cebolla emocional que nos ata, ahora, Silvino corre, cruza el mercado de San Cipriano entre olores, puestos, atarjeas, calles, personas, ruidos, miradas, llega a la iglesia de La Redención, la que parte en dos la calle de los borrachos, entra, va al confesionario, el coro canta, almas circulares, abismo, cae, va a desmayarse, la vieja de los tamales le sonríe, por lo visto rezaba el rosario, es que señora, invoqué al demonio, encerrado aquí, en la caja de cristal, crucifijo de cabeza, Lucifer, lobo negro de levita y bombín, para qué soy bueno, Silvi, te vendo el alma si me haces el bailarín más famoso, el demonio sonríe, estás alto, Silvi, tu alma vale una pata sana pa caminar, pero mira, el diablo llora, yo ya estoy cansado, por qué no agarras el buen camino, Silvi, naciste por accidente, mi madre dice: más vale que me pases los domingos que te da tu tío Nico, pero mamá, por qué, porque soy tu madre, a quien reclamo en otra ocasión: me rompiste mis zapatillas de baile y sabes que las necesito, cabrón, ella responde, te pedí que fueras por el pan y no fuiste, porque te hace daño, mama, mamá decía lo que le llegaba a la cabeza sin pasarlo por el rasero de la conciencia, merecía amor, dinero, consideraciones, pero si alguien le pedía un favor "si no soy tu gata", ¿he disparado? espejo rojo, ataúd, reclamo: por qué me dejaste con tío Nico, ella para las orejas extrañada: qué preferías, ¿que te hiciera un inútil con mis mimos?, espejo, ¿he muerto?, jalé el gatillo finalmente?, desde el principio, mi pata trasera izquierda se rebela y para someterla, nube en el ojo izquierdo, ojo morado, ligo nube con mi pata, borracho apestando, charcos de lluvia, pudiste ser, burdeles, mariposas nocturnas, pendejo, te enjaulaste solo, canto de las mochas en la iglesia, Niqui y la Chispa, un hijo, mi automóvil, la escuela, manicomio y diablo, me haré limosnero, ¿vender tamales? serás, soy, Chorrillo, nacimiento, punzar y beber, coincidir, espejo, disparo, mi cabeza explota, Linda piernas abiertas, tizón caliente en vez de pene, Chocolate patea a la madre, pom, pom tambor, Linda invoca, una espina le salta el ojo izquierdo, ahora tiene adentro una nube, de la nube gris emerge un punto morado y luego una lanza roja, cae el ojo, mira el ojo en el suelo, miran los ojos de la madre, cae la canica, bota la canica en el suelo, caja de cristal, disparo suicida, entro a la rueda del tiempo, relojería sensible, repetición en infinitas fases, maldita sea, una tarde del mes de febrero, fecha viva, rítmica, tautología biológica, sólo para arrastrar las patas en las flatulentas entrañas de México, donde mal se digieren culpas de un pasado inexistente pero al parecer vergonzoso, yo soy, yo he sido, yo seré,

XVI

EN LA LUNA.

Desde el principio, mi pata trasera izquierda se rebela y para someterla (jamás lo conseguiré y pienso en eones, respiraciones completas de Bramah, Shiba y Visnú) aplico mi voluntad a ejercicios ingratos, pata obstinada, porfía en abrir cuando la práctica consiste en lo contrario (terquedad transpersonal puntualizada por la histeria de Dios), pero Dominico, con tal de ver materializado su sueño, ¿qué sueño?, se hizo de la vista gorda y premió mis esfuerzos con pequeños privilegios: cinco centavos más de domingo, dos platos de postre, media hora más de recreo. En mis ratos libres serviré de acólito, canté en el coro, voy y vengo con la charola de las limosnas. El nacimiento de mi hermana Farina absorbió las aspiraciones del párroco (succión premeditada con alevosía y ventaja por la mano divina, lo imagino tronando en carcajadas que rayan en lo soez, pienso en un Dios carcajeante y despreciativo, sus criaturas permanecemos distantes, su corazón está vacío como huevo sin sustancia). Aceptaré el cargo de maestro de historia de Danza en escuelas oficiales, prisiones, ignorancia congelada (permanecimos apendejados, porque el Divino, levantando la ceja, subrayó el grado de desconocimiento, a El no le agrada la competencia, prefiere súbditos bobos y así los inventa aunque luego bostece de aburrimiento), Cuervo es el único de mis alumnos que vale (se parece a mí), muchacho despierto, escucha y comprende, pregunta con humildad (no tanta como la de los santos, humildad inculcada por dedazo), los demás prefieren jugar a los naranjazos (hacen bien en despreocuparse sumidos en su reverenda estupidez, el Señor les dio dos gotas de materia gris, suficiente para irla tirando de ida y de regreso en el Eterno Retorno), maldigo al que inventó las ligas, ¿fuiste tú, señor Cristo durante tus meditaciones en el Monte de los

Olivos?, me tocó el chingadazo cerca del ojo izquierdo (saltaría el pendejo si Dios así lo hubiese dispuesto) y fue la Cucaracha, malcriado, pobre, hambriento, esa cría siempre se la pasa hablando y contando chistes colorados, saboreo el tirón de orejas y la expulsión (que se chingue el mocoso altanero, al fin que Dios puso en mi destino escrito esta escena), pero ahora viene el momento en que Dominico me llevó a comprar mis primeras zapatillas al mercado de San Cipriano, seis cuadras con puestos, entramos en uno (marcado por Dios), pregunto por las zapatillas que me gustan, esas no me comprará Dominico, luego soñaré con la dependienta del puesto, perra con una nube en el ojo izquierdo (mi pata izquierda, defectos zurdos), estas zapatillas o ningunas, dijo el cabrón de Nico, sin tomarme en cuenta, y entonces, en casa, el castigo, ojo morado, sin querer, Silvi, vaya, se me fue el trancazo así como volando, es que me sacas de quicio, caracho, razón tiene a veces tu madre, caracho, lloro la noche entera, garganta inflamada, ronquera al día siguiente, robaré de las limosnas (Dios, ¿te parece blasfemo?), la cantidad para comprarme las zapatillas que quiero (albedrío berrinchudo, pateador), mismas que me pondré un solo día y escondido, porque me producen sueños con la perra de la nube en el ojo, demasiado materiales para ser sueños, ligeramente tocables, huelen apenas esos sueños, dejos de coladera y de rosas, humores suaves a sudor, le confesé mi robo al tío Nico y vinieron cuatro semanas sin domingo, hora diaria en el rincón, escribir mil veces soy ladrón, soy ladrón (Dios imaginó la posibilidad de hurtar y la sembró), tanto me obsesiona el ojo de la vieja dependienta en la tienda de zapatillas que comienzo a regresar a casa por la calle de los borrachos, con tal de no atravesar frente al puesto de las zapatillas, ¿estoy repitiendo?, por supuesto, gracias a Dios, la vieja de la nube vive (respira, piensa, come, caga), vivirá en mi vida eternamente, repugnancia, ligo su nube con mi pata, ligo los defectos humanos con el sacrificio de Jesucristo (bajó porque se sentía culpable escribiendo tantas infamias en su libro de destinos, bajó porque tenía que sufrir lo que nosotros, sus creaciones) y con la lagartija crucificada, estoy enfermo, enfermaré, me da miedo la calle de los borrachos, silbo y me topo con don Cuco: "Muchacho, no pases por esa esquina, esos malditos mecánicos del taller "Los Chatos" me pusieron un cinturón para volar y me mandaron a la luna de plata, allá conocí al diablo cabezón, ya está viejito el demonio, se baña en albercas grandes de agua termal que echan harto vapor, ya ves que la Luna humea, ya ves que fría y lejana, tanto que entristece, el diablito viejo nada en las albercas de vaho, encima nada por sus aguas medicinales dándole a los brazos arrugones, pero antes de meter pie en los estanques se chispa cuernos y los deja en la orilla no le pregunté por qué, se ve jodido el diablo y más sin cuernos, falto de vigor, me dijo que ya no puede con la carga, ya no, porque los perros hombres, desgraciados, creen que me divierte andarlos empujando a las maldades y estropicios, la cosa me agradaba antes que a Dios se le metiera en la cabeza el Eterno Retorno, he hecho el mismo trabajo tantos años que me aburre hasta el grado de la postración, Dios le quitó interés al pecado haciéndolo reiterativo y fijo, nulificó la noción del mal creando todo desde el principio, ¿comprendes?, yo empujo porque Dios así lo escribió en su libro, yo tiento porque Dios así lo desea, entonces, viene el sin sentido y mi postración, me tiro a la cama, me cago en los calzones y dejo de comer, el Diablo no es nada porque nada modifica, sólo Dios conserva la potencia, sólo Dios posee el milagro, entonces, que se vaya mucho pal carajo, yo me rindo, dijo el diablo valiéndose de un trompabulario del carajo, Silvi, así habló: figúrese don Cuco, ando en tratos con Dios pa que me jubile, ya no hago falta, me refiero a mi presencia física, la imaginaria sí cuenta, sí empuja, sí chinga pero en verdad no, convención, el trabajo marcha solo, antes, me refiero al Eterno Retorno, las personas desesperadas me vendían el alma a precio de oro, corromper era una profesión, requería de estrategia, en cambio hoy, vacío, lo supe de pronto una mañana de julio, ¿cuál?, supe que el total de mi contenido había sido implantado, Dios había garrapateado todo cuanto soy, mi maldad era la maldad inventada por el Eterno, le creí su cansancio, Silvi, si vieras la angustia de sus ojos, ojeras entre negras y moradas, bolsas infladas, casi podría asegurarte que el diablo estaba a punto de sufrir una conversión hacia la santidad, su cansancio profundo lo emparentaba de pronto con San Francisco y Santo Tomás, pero sobre todo con Judas, el pobre traidor, no dudes, Silvi, que el diablo se cuelga luego de bañarse en las aguas termales, no dudes que permanece ahorcado horas enteras, días enteros, el diablo llora estando colgado, padece escalofrío y dolores que lo acercan definitivamente a la canonización, hacer el bien bajo el régimen del Eterno Retorno es sencillo, amigo, lo contrario pesa, deprime, apabulla, yo me pregunto, Silvi, ¿será esa la forma en que Dios redimirá al diablo? -el borracho apesta a cañería, pasa el día bebiendo, esposa y seis hijos, alguna vez Niqui lo insultó, pinche viejo briago, y el perro comenzó a llorar, verdad, abandoné a mis hijos, verdad, abandoné a mi mujer, verdad, dejé el trabajo, verdad, comencé a comer cáscaras de plátano, verdad, el peor de los malos vive conmigo, me reconozco en mi voz, me veo en los charcos y digo Cuco, pudiste, pero preferiste andar pintado en burdeles, Cuco hinchado, se papuja, pendejo, ni pa cabrón eres bueno, Cuco, te enjaulaste solo, nariz roja, boca negra, mataré a Niqui por haberlo insultado, subo a la azotea, Niqui camina abajo, sobre la acera, muy quitado de la pena en traje blanco recién estrenado, cuando pasa delante de mi alcance le aviento -lanzo -arrojo -derramo el agua repleta de cacas de paloma acumulada en la cubeta roja, regocijo, la mierda adorna el traje blanco de Niqui, pone medallas a su orgullo, apesta militarmente cada mojoncito palomero, bombas pedorras, el tío Nico, enterado del ataque aéreo y dándoselas de Espíritu Santo, querrá reconciliarnos, dijo: Silvi, te ordeno, invita a Niqui a comer cajeta y le pides perdón, lo hago, perdón, Niqui, ¿me perdonas?, nos damos un abrazo oyendo el canto de las mochas en la iglesia: bendito, bendito, bendito sea el Señor, alguna vez, recuerdo, antes, le mordí una nalga a la más gorda de las viejas cantoras, no me dolieron los cinturonazos, Dominico, el cabrón, también me golpeará cuando guarde un mojón en una caja de camotes y lo lance a la terraza del vecino, como venganza porque me mojó con la manguera (intercambio de agua por mierda), maldades, rompí los mosaicos del baño del tío Nico, le eché porquerías en la sopa luego del ojo morado, estoy cansado, Niqui no se casó con la Chispa, pero tuvo relaciones con ella (se la cogió, le metió la verga con autorización divina), tuvo un hijo, lo vi en la carriolita, qué feo, y ella, la Chispa, como si me escuchara, palabras textuales, reafirmó: "Verdad que es un bodoque, Silvi?, está tan hórrido que a ratos dudo que sea de su padre, mío es, me lo merezco completito, por eso lo cuido y hasta le doy sus besos, me dejé joder por Niqui, Silvi, no te hice caso, pero es que me parecías medio baboso, ahora veo que no, contigo a lo mejor sale cojo pero no tan feo, contigo habría tenido otra clase de borracho, sé que bebes, amigo, sé que empujas la botella igual que Niqui, aunque tus sentimientos sean superiores, lo mismo que tu cultura, pero en lo pedo son iguales, ojete Niqui, ojete Silvino, yo, y ojete mi mejor alumno, Cuervo, el ojete arruinó mi automóvil después del esfuerzo bárbaro que significó juntar para el enganche (Dios sopló la travesura en su aparente aplicación, paradoja), sueldo raquítico de maestrín raído, apenas alcanza para lo estricto, gracias, echó azúcar en el tanque de la gasolina y adiós motor, inservible, un kilo o dos, melaza, interrumpí la clase y lo golpee, pas (la satisfacción del desquite la agradezco aunque haya sido implantada), y entonces, saliendo, después de pedirme perdón y arrepentirse, después de asegurar que lo habían obligado los perros mayores, Cuervo incendió el coche (malvadez gratuita salida de la pluma de Dios), de milagro no explotó, el fuego no llega al tanque de gasolina, rufián por vocación, gangster espiritual, no acabó en el Tribunal de

Menores, pobres padres, sigo prendido, tiemblo de ira, pas, cachetada y expulsión (El Señor hizo a Cuervo perfectamente hipócrita, perfectamente inteligente y maligno, como si en realidad el canalla hubiese sido diseñado por el Demonio), ¿puedo pensar que te corregirás, Cuervo?, tú me lo aseguras pero lo dudo (lo que Dios enchueca nadie podrá enderezarlo, ¿ni el mismo Dios?), no tengo vocación de maestro sino de bailarín, soy maestro con vocación de bailarín, mal maestro y mal bailarín, Dios se las gasta fuertes, sumemos ese otro fracaso, gracias al Señor aquel día voy a dar a la calle de los borrachos (otra vez, de nuevo caigo ahí, me veo ahí y no entiendo por qué, ¿amenaza del Demiurgo?, ¿advertencia?, bebo por destino, ¿entonces?), me detuve en el sitio donde don Cuco me habló por primera vez (lugar calentito, propiedad del ausente, propiedad del gobierno y del alcohol, ¿será mi cama?) y conozco en la esquina, buenas noches, a la vieja de los tamales, joven, lo veo preocupadòn, ceño fruncido, como si supiera, seriamente, lo que va ocurrir en el futuro, pasos de adivino, de seguro alguna catástrofe, ¿no me diga -lo está sugiriendo su gesto- que se vendrán abajo las estrellas?, porque acabo creyendo y llorando, tan bonito que es el universo así como está, así de marcada trae la expresión, rostro que sabe, soberbio, duro, boca que no ha probado un durazno en siglos por auto castigo, no me diga que el diablo anda cachondeándose por ahí, porque su gesto es más bien reflexivo y ateo, joven, lo miro como pensando que la vida no se compone ni a madres (Dios la compuso en sinfonía disonante), ella sola recomponiéndose, digo, vida alimentada por el milagro, yo así era, creía en la compostura súbita, creía en el cambio vertiginoso, desperdicié hasta cuarenta de mis años sonrientes en la compostura, porque me obsesionaba la idea de que ya la cosa estaba jodida de antemano, ¿qué cosa?, pues la cosa, en general, y sí porque nací pobre, crecí pobre, cosa jodida, aparentemente, no en mi interior (paradoja), adentro comencé a ser diferente, la que Dios deseaba que fuera (paradoja), ¿Dios quiere?, la otra de la oportunidad (sorpresa paradójica), como no era o como en realidad soy, como estaba preparado que podía ser, semilla sembrada, de adentro germinó la vieja de los tamales, según todos la misma vieja cabrona, pero según yo otra vieja con alma nueva, estrenando espíritu y ganas, pero eso sí haciendo lo mismo que ayer y que hoy, pero pintándole un violín al demonio que nos ata del pescuezo o nos pone nubes en los ojos -estiro la mano para recibir el ojo de la vieja, la nube concreta sobre la palma, y me dan una limosna, la acepto para contrariar a la vieja, en vez de nube dinero, sonrío, saco mi anforita, conozco el futuro porque beberé, dos tragos frente a los atónitos transeúntes, frente al ojo de la tamalera, empiezo a ser teporocho, iniciación venturosa, tomaré la voz de don Cuco, hablaré de justicia, abandoné mi carrera, verdad, abandoné a mis alumnos, verdad, los desprecio, me desprecio, ¿soy acaso hijo del demonio?, ¿hijo de Tezcatlipoca?, acuérdate de Florencio, Silvino, su padre se empeñó en que fuera médico cuando él quería ser prestidigitador (¿padre poseído por Tezcatlipoca?), le destruyó la vida (serás lo que yo soy, lo que yo no pude ser, lo que me gustaría haber sido, dice el padre, pero en realidad lo dice el diablo Tezcatlipoca, Dios lo dice en náhuatl), yo soy y seré y sería bailarín o nada, ¿estamos Silvino?, fuiste engañado por El, por el gran chocarrero, el cabrón, pondrá la pistola en tu sien (la puso, estoy muerto, explotó mi cerebro), se acabó el volantín, ahora cambiamos de broma (Tezcatlipoca se agarra la panza y se golpea los muslos entre carcajadas, se cree chingón), inauguramos el círculo de las torturas, la vieja con la nube en el ojo debe haber muerto ya, volantín, tín, ¿qué no es la misma? no me reconocerá si la veo, ¿la veré?, más de la mitad de los que poblamos el país salimos sobrando (por eso las bromas de Tezcatlipoca, siquiera morir en son de burla), guadañazo, por favor, señor Tezcatlipoca, sí, aquel día, el mismo, engañado por el dios mexicano, el cabrón, vas en sueños de visita con la perra de la nube en el ojo (¿es la misma perra de los tamales?, posiblemente, también se creía vieja distinta, también se creía hija del otro Dios, el europeo, aunque escurría nacionalidad por cada poro, ¿habrá descendido a dormir como cadáver?, posiblemente, porque el lugar apesta, en alguna parte se huele la presencia de la vieja, ¿huelen los tamales?), te dices: esta perrita que veo debe ser su hija, tiene nube en el ojo izquierdo igual que la madre, herencia, idéntica cara y hocico, idéntico pelambre, aliento, idéntica horriblez, debe odiar a Tezcatlipoca por el ojo saltarín, pez que miró tu nacimiento ahogado en sangre, buzo enrojecido, recuerdas a Caperuzo tuerto, chango tuerto, ¿dónde quedó el ojo de Caperuzo?, anda navegando en el río de los pedinches limosneros, tal vez, rueda como Silvino cojo en la rueda de la fortuna, buenas tardes, señorita, mi nombre es Silvino, verá, de cría conocí a su mamá, ¿vive aún?, vaya, me alegro, sólo quise pasar a saludarla, pues pase, ella se encuentra algo enferma (la vieja de los tamales no está mala), señor, ve la televisión en este otro cuarto, mira mami, aquí está este joven que viene a verte, sí, pero usted no debe recordar, cuando era cría vine con el párroco Dominico, mi tío, a comprar unas zapatillas de baile, sí, sí, recuerdo que debió venir antes, porque hoy me encuentro seca, soy mala ropa tendida, mato el tiempo con una pistola de chocolate, pum, pum, mal corazón, ingratón y retozón -canta y la hija le hace segunda, son pueblerino, nacido entre garnachas y tamales-, verá, mi hija tiene más necesidad que yo de caricias y agradecimientos, debía haber venido en punto, clan, reloj puntual, voy a explicarle, porque estamos en el futuro, ¿verdad? es decir, que ya lo he soñado, cuatro, tres, dos, uno clan, se acabó, marcha atrás, allá le cerraré el ojo, clan, obviamente no va a pedir ahora, en el futuro, la mano de mi hija (identidad absolutamente igual, pedir esa mano sería solicitar la de la vieja, chiste de Tezcatlipoca, ahora resulta que podrías casarte con una vieja mayor que tu madre, quien se hace pasar por joven), entonces, como si no hubiese venido, falta la petición, falta en vuestro interior todo el proceso de guapificación de mi hija, Silvino, usted soñaba baile y yo matrimonio para la niña, quien se casó con nadie y tuvo una hijita, mi nieta, con una nube en el ojo izquierdo, clan, las alegrías llegan tarde, verá usted, mi marido fue a la cárcel y se enamoró de mi estando en encierro, condenado por ratero, trató de robar un banco siendo policía, cierto día, ratatata, cogió la ametralladora y puso a todos contra la pared, clan, arriba las manos, clan, en este momento, reloj a la hora del hurto, llenó un saco con dinero malo pero no pudo contener la euforia, ratatata, se puso tan, clan, contento que en vez de salir huyendo con los billetes comenzó a bailar y a gritar que era rico, soy rico, por fin, ratatata, y cuando dejó la ametralladora lo aprehendieron, queda usted arrestado, esposas y vamos al calabozo, arrestado por euforia, perdió la chaveta, reloj de manicomio, Dios y sus lecciones extrañas (¿Tezcatlipoca o Jesucristo?), desde la cárcel me escribía cartas cariñosas diciendo que lo iban a soltar por su extraordinaria conducta, ¿soltar?, vaya broma, era en verdad un buen hombre (lo que tú podrías ser sin la obsesión bailarina, vaya broma), buen padre era, pero antes de salir se enfrascó en una discusión, ¿quién la provocó?, acaloramiento, manazos, un perro San Bernardo le mordió el cuello, al otro barrio, reloj de luto, ¿es eso justo?, (al menos chistoso), yo ya había recibido esperancitas, clan, esperanzas, clan esperanzotas de matrimonio rutina, uno que otro enojo, enfermedad, le suplico que se vaya, Silvino, lárguese, quiero decirle lo que ha ocasionado su visita, revivió un sueño viejo, ¿vino por mi hija?, clan, el divino Silvi, bailarín egregio retorna a solicitar la mano de la princesa Fabiola, felicidades por venir a removerme, es posible que le guste el ojo de mi hija que la hace rara, clan, usted ya no tiene remedio, mente averiada, ríe de cosas serias, ríe cual demonio, ¿donde estás, amigo?, parado sobre el lugar delirante de don Cuco, frente a la vieja tamalera, ja, ja, lo esperaba, Silvi, para comunicarle que la nube en el ojo de Fabiola equivale, en broma, a su pata trasera izquierda, ja, ja, Dios y yo nos cagamos de risa, ja, ja, la única forma en que puede salvarse del suicidio es casándose con mi hija, conmigo misma, ja, ja, con la horrible princesa Fabiola, reloj misterioso, tan, Fabiola, trae la guitarra, hija mía, reloj amargo, cadena alimenticia, perdimos el tren, quizá Fabiola se llame en realidad Azucena y yo sea la vieja de los tamales, quizá la conozca en un puente, señor cretino, ja, ja, en el mismo puente del que usted se quiere arrojar, ja, ja... -pero ya en el puesto, callejón, sitio alucinante de don Cuco no hay nadie (la vieja era nadie, nadie la princesa Fabiola, nadie el que la embarazó, ¿quién es nadie?, Tezcatlipoca, el engañador, la parte que tiene de alguien se tira de risa, ja, ja, pinche dios, pinche demonio) y te imaginas despertando al lado de la perra con la nube en el ojo (¿me casaré?, ¿me la cogeré?, nacerá de su vientre una hija llamada Fabiola?), ciclos que se cumplen, ahora recuerdas o vives la visita al cementerio, tumba de Anilú, muerta quizá escuche, no puedes identificar al desconocido, traje negro, lentes oscuros, sombrero, paraguas, algún adepto de Modesto, me digo, o Modesto mismo que sabe del aniversario de mamá, oiga, grito, pero se esfuma, ¿Tezcatlipoca ha venido a punzarse sobre la tumba de mi madre?, ella no ha cambiado, ni muerta, mamá fastidió su existencia (Dios la fregó), y la de Farina (culpa de Dios), las extrañas aunque Anilú jamás te quiso, fueron enterradas juntas, descorazonamiento, noche, después de ingerir variadas copas te encaminas al río que traspone la ciudad, con el firme propósito de matarte (ja, ja, será de un tiro, Silvino, explosión cerebral, puta madre, qué gracioso, ja, ja), ahí conoces a una perrita pelos de alambre con mismas intenciones, Farina estuvo maravillosa en "La Proposición", variaciones sobre un tema de Jonathan Swift, habría alcanzado las estrellas de no ser por tu influencia y su afición (dios le enseñó a fumar marihuana y a comer pan blanco, pese a los delirios y ataques), Farina se parecía a la perrita suicida, se levanta el telón, te ves como esposo de tu hermana, como amante de la nueva amiga, dice: Moriré en dos minutos cuando más, falta de aire en la frescura del agua, mi rigidez es mía, menos mal que no hay abajo peses comelones, ¿o los hay?, yo también voy a morir, respondes, por eso estoy en el puente (broma, los hijos que te de Azucena servirán para alimentar al gobierno), "niño rubio", pronuncia Azucena en el puente, asomada, "niño loco", arrojando una caja envuelta en celofán, al ver dos cadáveres flotando creerán que fuimos novios, la perra de los tamales parió a Soplado (falleció porque la infortunada no pudo pagar la incubadora, pese a sus ruegos, dios inconmovible, sólo sabe desternillarse de risa, la vieja enterró a Soplado en el cementerio de San Cipriano), le vinieron várices tremendas, aún guarda la cunita y le llora en secreto al hijo inexistente (podría resucitar, piensa la vieja de los tamales, cosa que dios quiera, pero dios no desea ayudarla, le jugó la broma y ahora se aguanta), Soplado se movió en las entrañas de la tamalera, pez en el agua, jamás venderás tamales, rojos y verdes, no estés triste, querido, dice Azucena con la cara de Farina, odio a los que toman champaña en mis zapatos (la imagen de Dominico lastima restriega mi insignificancia, dice: estoy de acuerdo con Tezcatlipoca, el mundo sin comedia sería muy aburrido, ja, ja…), Azucena recuerda, frunce el entrecejo, bebe de la botella de coñac que pones en su hocico, mira el río y le parece falso, agua nadie, nadie pintado, palpa la baranda, tienes que lanzarte antes que ella, ahora Silvino, cambia el destino, en vez de pistola ahogo en la frescura de los peces mirones, tanto reculaste para tomar impulso y aventarte por encima de la baranda del puente que (broma de Tezcatlipoca) eres arrollado por una carroza funeraria, Azucena te lleva al hospital y, al cobrar conciencia, ves a la suicida dormida en la penumbra, Dios mío, estás todavía en la tierra, carajo, triste deducir que también la imaginación divina se agota (ja, ja, ja…), por supuesto que la vieja de los tamales la recibiría llorando (Tezca se revuelca haciendo drama a la mexicana, ja, ja…), es la clase de perra que espera para mí, religiosa, abnegada, duele (para Ti los peores tormentos son llevaderas bromas, eres Dios, escribiste en son de telenovela el suplicio de todas tus criaturas), a la mierda, te dices, con unas cuantas copas volverás a vencer el pánico (pistola en el río de las bromas, sesos regados en el chiste), sientes hambre, ¿comerás?, mal síntoma, Silvino, el apego a la vieja de los tamales haría rodar el carrito, rojos y verdes, te dio vergüenza llevarla al cine, ¿cuántos días permanecerás en el hospital soñando?, soñaste con una cámara de tortura, tu pata trasera izquierda dentro de las fauces del perro danés, ríe el perro con el hocico peludo de Tezca, ríe con dientes infinitos, ríe tanto que va a terminar cagándose en los calzones de tristeza, pinche perro deprimido, diablos con cuerpo de hombre y cabeza de gato presionan palancas para que las mandíbulas del perro cierren y muerda (mordida mecánica, mística, chirriadora, muestra regular de las aberraciones que ocurren en el infierno: se entra por la puerta que dejó abierta don Cuco, callejón y río para deambular por encima al estilo de Jesucristo sobre las aguas, haciendo milagros poderosos, echando eructos graciosos de indigestión, tanto tequilacho y tanta cerveciada van a podrir hígado y estómago, ja, ja, ja, mente inmensamente depravada la de dios, somos sus bufones) Salomón (telenovela baratona) se quitó la vida porque Tezcatlipoca o Jesucristo le arrebató su amor, qué pendejada, ja, ja… amó a la Pipa, su Pipa, su perra, sabe Dios lo que sintió al verla espachurrada debajo del camión de leche (¿cosquillas?, ja, ja…), Salomón (telenovela ascendiente) vivía por ella, trabajaba para ella, tanto talento le impidió terminar sus estudios en el Conservatorio, el solfeo, la armonía tradicional y ciertas nociones de composición le bastaron para acomodarse con "éxito" en varias orquestas de baile y luego para formar su propia banda, cuando hago música, Silvi, me transporto a la dimensión de yo mismo, donde yo mismo, el pesado de Salomón, se esfuma, aquí adentro del Mi mismo ya no estoy para la ira, en esta casa del Yo soy no entra -siendo el (mismo) tan silencioso, se enamoró de la Pipa que hablaba hasta por los codos, en parque, restaurante o cabaret, argüendeaba sin ton ni son, tú no comprendes, amigo, la Pipa hace música silabeando desde su región de sí misma, no paró de hablar ni el día de la boda musical, en los balcones altos de la iglesia dos ensambles de metales, abajo, a los lados del altar, dos bandas de maderas, estruendo, atropellaron a la Pipa, pocos días más tarde recogimos a Salomón en su departamentito en estado de descomposición, la carta fúnebre agradecía a Dios, ja, ja, el entierro también fue musical, vida truncada por la inconsciencia del camionero (acelera, compadre, le dijo dios, cruza la calle sin ver), tanto odio revuelve (asco por los intestinos de la Pipa rezando), el camionero no respetó el alto, Dios santo, has soñado que apachurras lecheros, esposas e hijos de lecheros, náusea (tripas flotando en el río, mierda dentro de las tripas, el espíritu voló, tomó las alas de una mariposa negra y fue a volar encima de mi nacimiento), los instrumentos de Salomón pasarán a manos de la vieja, tristeza verlos arrumbados, con lo que le den en el empeño mejorará el negocio de tamales, Silvi, los sonidos saben que no voy a dañarlos, vuelven los sueños, ¿me he pegado el tiro ya?, gatos rojos dan un concierto para serruchos en el Teatro Nacional, arreglo de la danza del fuego, coros de maullidos, Felisandro dirige, miles de lambiscones le pedirán autógrafo, besarán sus manos, por Dios, no es una divinidad (¿lo es?, ¿se trata de Tezcatlipoca disfrazado nuevamente?), también se encuentran en el "concierto" sus cuatro esposas juntas en amable convivencia, drogándose con alcohol y mota, Cary se hinca delante del director como si éste fuese el mismo Jesucristo resucitado, me acerco, el es un genio, Silvino, tú no entiendes porque te mata la envidia, Cary, tú no eres feliz, el gato practica homosexualismo con sus discípulos, es drogadicto y polígamo, fanfarrón, una gata rica le besa la pata cuando le caigo encima y muerdo (río de sangre, ojo saltarín), ojos vidriosos en la calavera del genio, las perras gritan, los músicos gritan, finalmente lo he asesinado pero en sueños, ¿es igual?, Cary toma una botella y me la sorraja en la cabeza, ¿estoy soñando?, otra de sus esposas ha sacado de la bolsa un trinche para el asado y trata de clavármelo en la panza, corro, la imagen de su muerte corre conmigo desde que soy niño, vuelvo al departamento de Felisandro, estoy encañonado (pistola contra mí, así lo desea Tezcatlipoca, destino pistolero, pistoleril), el gato ríe, la broma del río sangriento refresca este momento, lo tiñe de rojo broma, hay que carcajerase, pendejo, te voy a matar yo, dice, haciendo percutir el gatillo, escucho el fulminante y la risa de cristales del gato, ja, ja, Silvi, te engañé otra vez, grandísimo animal, perro inferior, la pistola es de fulminantes, ja, ja, ahora sí puedes arrojarme del balcón, pero yo estoy paralizado, toco las paredes de cristal del cuarto en la casa de huéspedes, debía matarte, pinche gato, lo haré en sueños, lo haré de broma sobre mi propia sien en la dimensión del Mi mismo, yo me chingaré creyendo que te chingo a ti, Cary dice: Felisandro deja una obra monumental, sí, contesto - le pido matrimonio, claro que no me casaré contigo, Silvi, aún muerto Felisandro es superior, si quieres probarme paga, Silvi, podemos hacer el amor junto a su cabeza sangrante, como si estuviera reglando, sabes, amigo, vergüenza da tu insignificancia, la abofeteo, corro, Cary también corre a mi lado y el cadáver de Felisandro, deseo emborracharme, lo hago en mi cuarto de huéspedes, ron con Coca cola, dice Felisandro en el recuerdo: Cary, cuéntale a Silvino del hijo mío que tienes escondido, el engendro, ¿verdad cariño?, hembra y macho, mitad perro y mitad gato, tiene poderes sobrenaturales, yo saco la lengua, me siento poseído, grito, morderé la cabeza del engendro, bajo por una escalera de mármol, luz difusa, plateada ilumina el pasillo estrecho y cuajado de cuadros, al torcer hacia la izquierda algo puntiagudo rasga levemente mi costado izquierdo, el alto relieve de la figura de Felisandro trabajada en un metal helado y brillante, lamo las gotitas de sangre y sigo adelante hacia el cuarto del engendro, entro, el está acurrucado sobre un almohadón blanco, por el ventanal abierto se cuela la luz de la luna y el murmullo del río, alcoba enorme, pienso: el universo mantiene su equilibrio por hambre, los peces grandes comen a los pequeños, la araña a la mosca, la mosca a la araña... estás soñando, Silvi, murmura el engendro, la amargura te hace alucinar como si estuvieses drogado, no vas a poder matarme, ¿no?, el piso se mueve cuando suelto el cuerpo inerte del engendro prendido a mi hocico, inmensa conmiseración, sueño, estoy recostado en el cama del hospital, en mi hocico hay sangre, encía lastimada, Azucena duerme, se la presentaré a la vieja de los tamales, cierro los ojos y otra vez comienza el concierto de serruchos en el Teatro Nacional, arte universal de pollos, gatos, perros, patos, hombres y lobos, lo que para la mosca es un drama constituye placer y necesidad para la araña, las moscas leen historias de moscas atrapadas en la telaraña, pathos, catarsis, fobos, anagnórisis, la escasez de moscas en la telaraña es un drama, las arañitas piden pan y no les dan, ¿el mismo Dios para todas las criaturas?, la mosca piensa que las arañas son consentidas, el teatro griego es válido en todas las escalas, es tan grande que sólo pudo haber sido concebido por Dios, ¿cuál?, dormir, estoy cansado, mi padre se opuso a que yo fuera artista, suspendió domingos, Bul tenía miedo de que fuera igual que él, borrachera y fracaso, papá perteneció durante un lapso breve de su vida al circo Hernández, pudo ser equilibrista, cantante, actor, pero prefirió las cantinas, Farina aprendió a comer pan blanco por culpa de Anilú, ándale hija, come y dame, cuando a mamá le faltaba, destruía muebles, golpeaba, Farina empezó a comer pan blanco y a fumar mota con mamá para poder relacionarse, así las dos viajaban, así las dos golpeaban y arañaban, así las dos dormían, gracias a Modesto Farina dejó de comer pan blanco y de fumar durante un tiempo, milagro, Modesto el de las gafas parecía bueno, la arrastró a punzarse, pero ella volvió y los ataques nos obligaron a encerrarla en el cuarto de la azotea, día y noche llamaba al perro de las gafas, cuerpo en convulsiones, trajimos a Pedro, párroco de San Mateo, le practicaron un exorcismo, dejó nuevamente el pan y la droga pero se hizo taciturna y amargada, abro los ojos en el hospital, pregunto ¿cómo te llamas?, Azucena, Silvino, responde ella (se parece a Farina), los médicos casi te dan de alta, no tengo familia ni trabajo, soy modelo profesional, pero ahora quisiera ser ama de casa (como mi hermana), madre, cuando te conocí en el puente creía amar, pero ahora, Dios me puso en tu camino para cuidarte, creí amar a un niño rubio, se llamaba Ferdinando, me sedujo en el parque, donde a diario se sentaba bajo una palmera y permanecía ido mirando el horizonte, donde a veces escudriñaba las estampas que cargaba en un libro con mirada febril, tenía el brazo izquierdo encogido y seco, Ferdinando adoptaba aires de persona mayor cuando encendía el cigarrillo, a escondidas, cuando nadie lo veía, dirigía la brasa del cigarro a la palma de su mano izquierda, ojos de maldad, sentí amor por él en una dimensión enferma, Silvino, acepté que me quemara hasta que un día lo vi forcejeando con una perra, Ferdinando le clavó una navaja en el cuello, ya muerta la violó y en seguida se hizo un tajo en la muñeca izquierda, lo internaron en un sanatorio y de ahí lo pasaron a la cárcel, a mì me dio por no bañarme, el colmillo izquierdo, este, me dolía, no me peinaba y por supuesto, ni hablar de lavarse los dientes, los traía verdes de sarro, quería ser fea, al matarla a ella me mató a mí, a la otra perra nadie le lloró, no hubo entierro, como ignoraba su nombre la bauticé, le puse Modesta, sabes, soñé que paría un ser deforme, me sentí liberada como tú, sé que los médicos hicieron lo posible, fue la gangrena, tuvieron que amputarla, tu pata.

PEZ MIRON.

Sangre, punto central de la religión de Modesto, esencia, quizá, miedos y antipatías están contenidas en el torrente sanguíneo, durante los días que estuvo encerrada en el cuarto de la azotea, Farina se punzó y bebió, yo lo hice cuando fui herido por el alto relieve de Felisandro, Modesto aseguraba que todo aquel que chupa una herida es adepto suyo, buscador de la fuente de la eterna juventud (la conciencia modifica el contenido rojo, abre puertas perceptivas nuevas y extrañas), la sangre no debe derramarse, Salomón derramó su propia sangre, de haber tenido religión sería la música, sangre sonora, su cabeza no produce pensamientos sino armonías, arpegios de las venas, la voz de Dios no es más que mi propia voz, soy el sapoDios, creador del cielo y la tierra, hinchado de vacío, lastimado de inflación hueca, oquedad malsana, me escucho a mí mismo, aire sonoro, sangre convertida en silabeo, soy palabras, articulación verborreica, rueda infinita de silbidos, la serpiente sopla palabras, la gallina las cacarea, el gallo las maldice, Azucena, morirás, fría, Chorrillo arranca uñas que desean convertirse en cuernos, despelleja, placer de la crueldad, Chorrillo briago, poco más atrás de mi historia padeciendo cruda, sed inagotable y agruras revoloteando al rededor de la hernia hiatal, beodez perpetua, el maestro ha clavado una aguja en la palma izquierda de su mano, eso está pasando en otra capa de la cebolla del tiempo, rojas gotitas de sangre brotan y Chorrillo se las lleva a la boca, ¿Chorrillo?, llora echado en un rincón, delirium, aprieta los párpados y se punza de nuevo, encierro, caja de cristal, es diestro arrancando pelos, pinzas apretando genitales, sus víctimas gritan, sequedad, en el baño canta, ha pedido a sus discípulos que le traigan flores, desea recordar lo ocurrido en la casa de piedra, volverá Chorrillo por el vientre de su madre, jugando se lastimará el tobillo, mamacita linda, llorará como niña, Chorrillo se punza y deja una mancha roja junto a otra más antigua que salpicó la colcha, ayeres, habla a media voz, su cuerpo se convulsiona, canta el gallo y sus labios tiemblan de ira amarga, ha mordido la cabeza del sapo, muerde las puntas de la almohada, falsos pezones de doncella, grita, el vómito deja puntos de sangre anunciadora de muerte, vendrá la hora del féretro, ¿por qué aúlla Chorrillo?, enchueca la boca asqueada, pela los ojos, delirium, ¿qué intenta expulsar su lengua de ahorcado?, el fuego crepita en la chimenea, melancolía, ¿por qué se punza?, ¿desea transformarse en seminarista como Prudencio?, desfilan en su mente las caras de sus víctimas españolas, personas estructuradas como otras personas, personas al fin y no animales, seres que decían buenas tardes y hola, Chorrilo, le digo, ¿cuántas veces precederás mi nacimiento?, ahora, desde allá, desde el otro corte tempóreo, Chorrillo me punza, mi cuerpo cae, abismo, ambos sangramos y bebemos, Chorrilo, das miedo paralítico, y el responde: no soy más extraño que tú, la araña o el gusano, ¿por qué nos punzamos?, los gusanos son otro tren, coincidiremos en la estación que sigue, cierran el círculo los reptadores hambrientos, los reconocerás en la próxima parada, Silvino, no esperes peces o pájaros, serás gusano, pero pensarás como gusano, gustos de gusano, orgullo inferior, de gusano, cada vez que quieras matar a Felisandro, púnzate y recuerda que la sangre es sagrada, imbécil, o te convertirás en lo que yo, púnzate hasta que mueras, Silvino, y quizá no vuelvas a verme subiendo de puntitas la escalera de piedra, abriéndole las piernas a Linda, la pequeña y metiéndole un tizón caliente por ahí, la madre grita y mi amigo le tumba los dientes a patadas, pide auxilio el señor y recibe dos puñaladas en el pecho, los arrastramos escaleras abajo, sangran, ¿sangran?, sangran, es sangre derramada, bendita sangre de Dios, ¿Dios?, Dios, los hemos punzado, serán santos los muy pendejos, pasarán a la historia, los muy pendejos, retumban las cabezas sobre los peldaños, pom, pom, es mi tambor, Tezca rejuvenece, chupa, me da amor, vitalidad, hombría puta, ahora le toca recibirme por el culo a la madre, Linda reza, invoca, una espina le salta el ojo izquierdo, veo con el ojo de ella, ojo saltarín, pez, ojo trucha, truchón, ahora tiene adentro una nube el ojo viscoso, de la nube gris emerge un punto morado y luego una lanza roja, cae el ojo, me mira el ojo en el suelo, me miran los ojos de la madre, sáltale el ojo a esta cabrona que me está mirando, pido, y así pasa, cae la canica, bota la canica en el suelo, nos levantamos, somos aire, me estoy viniendo, carajo, qué corrida tan grande, tan sifilítica, tengo en las manos piel y cabellos púbicos, usamos las tijeras, no hay música igual al dolor, Salomón, Tezca nos sublima cuando sabemos tañer, cuando percutimos con amor el cuchillo, hoja, verdad, ¿verdad?, los actos son verdaderos, quedan en alguna parte, flotan, el pensamiento en cambio se disuelve en el agua donde nada el pez mirón, truchón, ahora tiene adentro una nube el ojo viscoso, de la nube gris emerge un punto morado y luego una lanza roja, cae el ojo, me mira el ojo en el suelo, me miran los ojos de la madre, sáltale el ojo a esta cabrona que me está mirando, pido, y así pasa, cae la canica, bota la canica en el suelo nos levantamos, somos aire, me estoy viendo, carajo, qué corrida tan grande, tan sifilítica, tengo en las manos piel y cabellos púbicos, usamos las tijeras, no hay música igual al dolor, Salmón, Tezca nos sublima cuando sabemos tañer, cuando percutimos con amor el cuchillo, hoja, verdad, ¿verdad?, los actos son verdaderos, quedan en alguna parte, flotan, el pensamiento en cambio se disuelve en el agua donde nada el pez mirón,_